中国财政立法权纵向配置研究

RESEARCH ON
VERTICAL ALLOCATION OF
FISCAL
LEGISLATIVE POWER IN
CHINA

宁立成　杨在平　著

法律出版社
LAW PRESS · CHINA
—— 北京 ——

图书在版编目(CIP)数据

中国财政立法权纵向配置研究 / 宁立成，杨在平著
. -- 北京：法律出版社，2023
ISBN 978-7-5197-8502-4

Ⅰ. ①中… Ⅱ. ①宁… ②杨… Ⅲ. ①财政法-立法-研究-中国 Ⅳ. ①D922.204

中国国家版本馆 CIP 数据核字(2023)第 210562 号

中国财政立法权纵向配置研究
ZHONGGUO CAIZHENG LIFAQUAN ZONGXIANG PEIZHI YANJIU

宁立成　杨在平 著

策划编辑 李　军
责任编辑 李　军
装帧设计 李　瞻

出版发行 法律出版社
编辑统筹 法律应用出版分社
责任校对 李慧艳
责任印制 刘晓伟
经　　销 新华书店

开本 A5
印张 11.625　　字数 327 千
版本 2023 年 10 月第 1 版
印次 2023 年 10 月第 1 次印刷
印刷 北京建宏印刷有限公司

地址:北京市丰台区莲花池西里 7 号(100073)
网址:www.lawpress.com.cn
投稿邮箱:info@lawpress.com.cn
举报盗版邮箱:jbwq@lawpress.com.cn
销售电话:010-83938349
客服电话:010-83938350
咨询电话:010-63939796

书号:ISBN 978-7-5197-8502-4　　定价:68.00 元
凡购买本社图书,如有印装错误,我社负责退换。电话:010-83938349

目　录

第一章　引　言

第一节　研究的时代背景

财政、财政立法及其权力无论是在民主法治社会还是在前民主法治社会都是一个国家和社会非常重要的问题。从历史上看，前民主法治社会财政收支完全由“官府”决定：统治者收取苛捐杂税不必征得人民同意，财政支出也不受人民监督，财政支出不是为了人民而是为了自己的享乐。民主法治国家的财政是民主的、法治的、公开的、服务于人民的、受制约的财政。从宪法上看，财政立法和财政立法权关涉宪法的核心问题：公民和国家的关系，一个国家确立什么样的财政理念和制度直接取决于其政治法律理念和制度，“财政首先或从根本上说是一种政治的和法律的制度，然后它才是一种经济制度，有什么样的政治和法律制度，就有什么样的经济问题”。新中国成立后，我国的法治建设经历了长期的曲折过程,作为法治建设重要组成部分的财政立法制度也同样几经波折。党的十一届三中全会以后,我国的法制建设走上了一条快速健康发展的道路,财政法制建设也取得了可喜的成就。

一、社会主义市场经济体制改革背景下的财政改革的目标和要求

1992 年中央确定以社会主义市场经济体制为目标以来的财政改革使我国的财政体制发生了深刻变化。2013 年 11 月召开的党的十八届三中全会通过了《关于全面深化改革若干重大问题的决定》,其中对深化财税体制改革做了重要论述,指出应当"深化税收制度改革",这些论述为我国当时所进行的财政体制改革指明了原则和方向。

《中共中央关于制定国民经济和社会发展第十三个五年规划的建议》提出:"深化财税体制改革,建立健全有利于转变经济发展方式、形成全国统一市场、促进社会公平正义的现代财政制度……"党的十九届五中全会通过的报告《中共中央关于制定国民经济和社会发展第十四个五年规划和二〇三五年远景目标的建议》明确提出:"建立现代财税金融体制。加强财政资源统筹,加强中期财政规划管理,增强国家重大战略任务财力保障。深化预算管理制度改革,强化对预算编制的宏观指导。推进财政支出标准化,强化预算约束和绩效管理。明确中央和地方政府事权与支出责任,健全省以下财政体制,增强基层公共服务保障能力。完善现代税收制度,健全地方税、直接

税体系，优化税制结构，适当提高直接税比重，深化税收征管制度改革。健全政府债务管理制度。”这些论述对财政体制改革提出了比较明确和具体的要求。

习近平总书记在党的十九大报告中明确了“建立现代财政制度”的宏伟目标，要求“加快建立现代财政制度，建立权责清晰、财力协调、区域均衡的中央和地方财政关系”。这段话将财政体制改革作为建设现代化经济体系的重要组成部分，为我国的财政体制改革指明了方向。党的二十大报告也对财政体制改革提出了要求“健全现代预算制度，优化税制结构，完善财政转移支付体系”。

1. 总目标是“建立现代财政制度”。党的十八届三中全会公报认为财政是“国家治理的基础和重要支柱”，首次提出要建立现代财政制度。

2. 具体要求是“权责清晰、财力协调、区域均衡的中央和地方财政关系”和“建立全面规范透明、标准科学、约束有力的预算制度，全面实施绩效管理”两个方面。这两个方面中，前者是对财政体制的纵向要求，即处理好中央和地方的财政关系，后者是对财政体制的横向要求，即处理好同级人大、政府等国家机关的财政关系，建立完善的预算制度，两者相互依存、缺一不可，形成一个完整的体系。

二、社会主义市场经济体制改革背景下的重要财政改革举措

（一）分税制改革

国务院于 1993 年 12 月 15 日发布，1994 年 1 月 1 日起施

行的《关于实行分税制财政管理体制的决定》对我国的税收管理体制作了重大改变，该决定标志着我国确立了分税制的税收体制。[①] 分税制从 1994 年开始实施，到 2018 年实行国税地税合并，我国的分税制实行了 24 年。

（二）增值税改革

我国自 1979 年就开始进行增值税改革，其间经过了 1984 年、1993 年和 2012 年三次重要改革，增值税的范围逐步扩大，重要性不断提升，2016 年 5 月 1 日开始，增值税课征范围扩展到建筑业、房地产业、金融业和生活服务业，营业税被彻底取消，“营改增”顺利完成，这是我国税收制度的重大变革。我国现行的增值税征收的法律依据是 1993 年 12 月 13 日国务院制定的《增值税暂行条例》，分别于 2008 年、2016 年、2017 年进行了修订。

（三）国税地税合并

2018 年 7 月，中共中央办公厅、国务院办公厅印发的《深化国税地税征管体制改革方案》开启了我国新的税收征管制度，自 1994 年以来我国已经实行了 24 年的分税制宣告结束，我国财政税收体制发生了重大变革，建立起了统一的税收征管机构。

---

① 焦国华：《1994 年财税体制改革以来的回顾与总结》，载刘积斌主编：《我国财政体制改革研究》，中国民主法制出版社 2008 年版，第 80～82 页。

第二节　研究的意义

一、研究的理论意义

（一）丰富和深化我国财政制度和财政体制

我国正在努力建立的现代财政制度应当是法治的、权责明确的财政制度，对我国的财政立法制度、财政立法权的纵向配置等问题进行研究和分析非常必要，这有利于为我国建立现代财政制度提供理论支撑。

（二）充实对我国立法体制和制度的理论研究

财政立法是立法的重要组成部分，财政立法体制和制度是我国立法体制和制度的重要组成部分，对近些年来我国持续进行改革的财政立法体制和制度进行理论研究有利于充实我国立法体制和制度的理论研究。

（三）将财政制度的研究与立法制度的研究相结合

从立法学的视角对我国财政制度和财政体制进行分析，对我国财政立法权的纵向配置进行研究，将域外有关的研究成果进行梳理，吸收和运用适合我国国情的理论，进而研究我国现实问题。

（四）深化国家结构形式以及央地关系研究

财政立法权的纵向配置归根结底是中央与地方权力的配置，属于国家结构形式的重要方面。研究财政立法权的纵向配置也就是研究中央与地方关系的具体表现，有利于深化国家结构形式以及中央与地方关系的研究。

二、研究的实践意义

(一)有助于我国建立科学、合理的公共财政体制,建立现代财政制度

财政制度的法治化,最基本的就是财政立法权配置的法治化,只有实现了财政立法权纵向和横向配置的法治化,才可能实现财政权力的法治化,才可能建立现代财政制度。

(二)有助于理顺央地财政立法权配置关系

深化财税体制改革应当理顺中央和地方的财政关系,特别是财政立法权关系,合理配置中央和地方的财政立法权,在我国这样一个幅员辽阔、人口众多、地区差异较大的大国,实行财政立法权完全归于中央国家机关显然不适当,如何改革现行的中央和地方财政立法权的配置也是我国财政体制改革的重要课题。

(三)有助于加强中央对地方立法权的监督,保障财政法制的统一和权威

财政立法权的纵向配置不仅仅是静态的配置,还包括动态的监督。全国人大以外的国家机关行使财政立法权,依法都应当受到相关国家机关的监督,依据宪法和法律进行立法。现实的情况是我国的立法监督“有法可依”而无“法”落实,也就是说有关立法监督的规定很多都未被实施。财政立法权的纵向配置的研究有利于实现财政法制的统一、尊严和权威。

(四)有助于提高我国财政立法质量

党的二十大报告提出:“加强重点领域、新兴领域、涉外领域立法,统筹推进国内法治和涉外法治,以良法促进发展、保障善治。推进科学立法、民主立法、依法立法,统筹立改废释纂,增强立法系统性、整体性、协同性、时效性。完善和加强备案审查制度。”科学、合理配置中央与地方的财政立法权有利于明确各个立法主体的权力和责任,强化监督,激励立法主体尽职尽责制定科学、合法、合理、高质量的立法,规范财政立法程序,改进财政立法技术,从而在整体上提高我国财政立法质量。

第三节　研究的基本思路

党的十八大以来,我国财政体制改革明显提速,2016 年 5 月 1 日开始,增值税扩容,营业税被彻底取消,“营改增”顺利完成;2018 年我国实行国税与地税合并改革;《预算法》分别于 2014 年和 2018 年进行修正;国务院于 2016 年发布《关于推进中央与地方财政事权和支出责任划分改革的指导意见》,国务院办公厅于 2018 年发布《基本公共服务领域中央与地方共同财政事权和支出责任划分改革方案》;2018 年 3 月,中共中央办公厅印发《关于人大预算审查监督重点向支出预算和政策拓展的指导意见》;2020 年 8 月 3 日,国务院通过和公布修订后的《预算法实施条例》,自 2020 年 10 月 1 日起施行,这一系列的重大财税体制改革举措既解决了一些现实问题,同时提出了很多理论和现实问题,需要我们进一步研究和探索。

财政立法权在一个国家的财政体制中居于源头和上游的、基础的、核心的地位,因为立法权是制定规则的权力,既处于权力的源头和上游,又是立法权和司法权遵循的依据、标准和基础,还是立法机关制定规则用以规范和约束其他国家机关权力的核心权力。财政立法权的纵向配置涉及财政权力、立法体制与国家结构形式,是一个综合性、系统性、现实性很强的问题,近些年的财政体制改革与财政立法权的纵向配置都有着直接或间接的关系。不可否认的是,我国财政立法权的纵向配置近些年有所改进,但仍迫切需要进行理论探究和现实分析。

为了更好地对我国财政立法权的纵向配置进行研究,我们采取了一些新的研究思路。首先,对财政立法权进行了纵向分类,将其分为财政立法的提案权、审议权、表决权、公布权,并将财政立法权分为财政收入立法权和财政支出立法权;其次,将财政立法权纵向配置分为三个层面:宪法法律对财政立法权的纵向配置、被配置的财政立法权的行使、行使被配置的财政立法权而立之法的实施,将其作为一个动态过程;最后,将财政支出立法权从两个维度和三个步骤进行分析,即将规则制定权分为纵向财政支出规则制定权和横向财政支出规则制定权两个维度,财政支出决定权配置及行使的三大步骤,即财政支出权的纵向划分和行使、横向划分和行使、监督。

一、财政立法权的分类

依据不同的标准可以将财政立法权做不同的分类,为了更细致、深入地进行研究,一方面我们对其进行纵向分类,依据法在一个时间轴上经过一系列权力的运作而形成，这些在时间上呈现先后有序的权力就是立法权的纵向表现形式，依据时间先后，我们将其分为提案权、审议权、表决权、公布权、监督权等权力。另一方面我们将其分为财政收入立法权和财政支出立法权，因为财政收入立法和财政支出立法在很多情况下是分开进行的，许多规则的差别也很大。

（一）财政立法权及其纵向分类

1. 立法权的横向与纵向分类

立法权是“由特定国家机关行使的，在国家权力体系中占据特殊地位的，用来制定、认可和变动法的综合性权力体系”。[①] 这个定义比较明确地指出了立法权的内涵和外延，认为制定、认可和变动法的权力都属于立法权，也就是我们常说的“立、改、废”，即制定、认可和变动法的权力，都属于行使立法权的横向表现形式，是立法权的横向分类；而法的提案权、审议权、表决权、公布权等是立法权的纵向表现形式，另外从广义上说立法权也包括立法监督的权力，例如批准权、否决权、撤销权、改变权等，立法监督权也是立法权的纵向表现形式，大多数立法监督都是在事后进行。因此，笔者认为法的提案权、审议权、表决权、公布权、监督权是立法权的纵向表现形式，这是对立法权的纵向分类。

立法权的横向分类：制定法、认可法和变动法等权力。这种划分方式考虑新产生的法最终是制定出来的、认可的还是变动现有的法而得来的，例如我们说全国人大常委会有制定非基本法律

---

① 周旺生：《立法学》（第2版），法律出版社2009年版，第198页。

的权力,其表现形式就是制定、认可和变动非基本法律的权力,这是对新产生的法的最终产生形式所作的分类,是一种横向的表现形式。

立法权的纵向分类:提案权、审议权、表决权、公布权、监督权等权力。这种划分方式考虑法在一个时间轴上经过一系列权力的运作而形成,这些在时间上呈现先后有序的权力就是立法权的纵向表现形式。依据时间先后,我们可以将其分为提案权、审议权、表决权、公布权、监督权。这里需要对立法监督权做一简单说明,多数情况下,人们并没有将立法监督权当作立法权,而是将其单独列出作为一种权力,但是立法监督无疑是一种有关立法的权力,从广义上是立法权的一种表现形式。将监督权放在提案权、审议权、表决权和公布权之后不是非常准确,立法监督有事后监督也有事中监督,并不是所有的立法监督都在事后进行,但是因为大多数立法监督都是在事后进行,也为了表述的方便,我们将监督权放在提案权、审议权、表决权和公布权之后。

2. 财政立法权及其纵向分类

依据我国的实践,财政立法权可以界定为特定国家机关行使的有关财政的权力,是制定、认可和变动财政立法的权力,包括财政立法过程中的提案权、审议权、表决权、公布权、监督权等权力。

通常我们说到立法权就是指表决权,一类法律性文件是由哪一个国家机关表决通过的,我们就认为这个国家机关拥有哪一类法律性文件的立法权,但是这很不全面,“按照法治说,立法主体是依法有权进行或者参与法的制定、认可和变动活动的国家机关的总称……有权立法不仅是有权进行完整的法的制定、认可、修改、补充和废止等立法活动,也指有权参与立法活动中某方面或某项立法如提案、审议、表决或公布等活动中的某一活动”。[①] 因此，为了深入研究财政立法权，我们将其作一个纵向的分类，将财政立法权分为提案权、审议权、表决权、公布权、监督权等权力，其中的监督权包括批准权、否决权、撤销权、改变权等财政立法监督的权力。较之表决权意义上的财政立法权，法治意义上的财政立法权的外延更广，通常包括提案、审议、表决、公布和监督等权力，其权力主体也更多，包括提案、审议、表决、公布和监督财政立法等权力主体。

（二）财政收入立法权和财政支出立法权

财政无非收和支两方面，相关的立法或是规范收和支两方面，或是规范收和支其中的某一方面。我国的财政收入主要包括税收收入、非税收入、转移支付收入和债务收入，相应地财政收入立法权也就是这些方面的立法权；我国的财政支出依据不同的标准可以做不同的分类，例如按经济性质将财政支出分为生产性支出和非生产性支出；按财政支出的经济性质，即照财政支出是否能直接得到等价的补偿进行分类，分为购买性支出和转移性支出等，相应地，财政支出立法权也就是这些方面的立法权。

之所以将财政立法权分为财政收入立法权和财政支出立法权，而且将财政收入立法权和财政支出立法权进一步细分，是因为财政收入立法和财政支出立法的差别也很大，具体的财政收入立法权和财政支出立法权的配置和实施情况也各不相同。财政收入立法权与财政支出立法权的特点有很大的不同，最主要的区

① 周旺生：《立法学》（第 2 版），法律出版社 2009 年版，第 164 页。

别是,财政收入立法权是通过一步完成的,就是确立收税或者收费的税率、数额、主体、程序等规则,无论是通过一部法律还是几部法律进行规定,都是通过比较纯粹的立法或者规范性文件制定完成财政收入的立法;财政支出立法权则是通过两步来完成的,第一步就是确立财政支出的投向、主体、程序等规则,第二步就是以预决算程序确定每一年的具体的财政开支项目的额度。财政支出立法权为什么要分两步实现呢?为什么不能像财政收入立法权特别是税收立法权那样直接规定每一项开支占总收入的比例,几年甚至十几年、几十年不变动,这样不就一步就完成了财政支出立法了吗?这显然不可能,因为政府财政支出事项不是一成不变的,而是随着社会经济的发展及政府职能的变化适时调整的,因此,不可能只通过一部法律对各项财政开支占总财政收入的比例做一个确定的、一劳永逸的规定,更不用说确定各项财政开支的具体额度,毕竟财政开支立法不同于税收立法,某一税率确定以后,一般情况下几年甚至十几年、几十年不变动,有比较强的稳定性。

因此,财政收入立法权就是或者说就等于财政收入规则立法权,而财政支出立法权包括财政支出规则立法权和财政支出决定权,从严格意义上说,财政支出立法权应当就是财政支出规则的制定权,财政支出决定权从严格意义上说不是立法权而是执行规则的权力,但是由于上述财政支出立法的特点,也由于包括我国在内的当今世界各国普遍遵循由代议机关通过预决算的方式作出财政支出决定,类似于立法程序,带有一定的立法性质,甚至可以说税率是几年、十几年或者几十年通过立法程序调整一次,所以说财政支出的比例是每年通过立法程序调整一次,财政支出决定权也是立法权。

总的来说,我国财政收入立法权包括的税收收入、非税收入、转移支付收入和债务收入等方面的立法权,税收立法权基本在中央,税收立法也比较明确和规范,税收收入的实施也比较规范;但是非税收入、转移支付收入和债务收入的立法权则中央和地方都有,相关立法比较粗陋,导致实施也比较混乱。我国财政支出立法权,包括两个环节的权力,财政支出规则制定权和财政支出决定权。相对而言,我国的财政支出立法权主要在中央,但是相关立法比较疏阔,财政支出的随意性较大,收钱的规范相对严格,而支出的规范相对宽松。相对于地方的财政收入特别是税收收入,中央对于地方的财政支出却管得很松,《预算法》基本只对预决算的程序作了规定,至于财政支出应当用于哪些方面,不能用于哪些方面,基本不作要求,《预算法》第 27 条规定一般公共预算支出按照其功能分类,包括一般公共服务支出,外交、公共安全、国防支出,农业、环境保护支出,教育、科技、文化、卫生、体育支出,社会保障及就业支出和其他支出;一般公共预算支出按照其经济性质分类,包括工资福利支出、商品和服务支出、资本性支出和其他支出。这样的规定实质上与没有规定一样。正因为这样,就出现了市政府给主要领导发巨额奖金,各级政府每年给上市公司发放巨额补贴的事情。[①] 为什么严管税收而放宽财政支出呢?

① 杨萌:《地方政府扎堆补贴上市公司 35 家企业获 11.53 亿元》,载《证券日报》2013 年 11 月 22 日,第 3 版。文章的编者按说:年关将至,上市公司财政补贴的公告也屡见报端,今年 10 月以来,共有 35 家上市公司获得财政补贴约 11.53 亿元。目前,政府补助已经成为上市公司尤其是中小上市公司业绩的中流砥柱,在 ST 类公司中,“逢死必补”已经是公开的秘密。改善上市公司财务状况,何时才能实现“断奶”?

照理来说，财政支出比税收更重要，因为收税的目的是用钱，最起码税收和财政支出应当同样重要。出现这种现象，主观上可能是国家对财政支出不如对税收那样重视，客观上也有不宜给财政开支非常严格的规定，因此不得不给予地方相当大的财政支出自主权有关，《预算法》基本上就是规定财政开支的程序，不可能像税收法律那样严格细致，也就是上文所说的，财政立法权通过财政支出规则制定和财政支出决定两个环节实现，第一个环节制定的财政支出规则往往是较粗疏的，那么就给第二个环节财政支出决定留下了较大的资助空间。

在过去，人大预算审查监督往往过于强调赤字规模与预算收支平衡状况，缺乏对财政支出预算的关注度。2018 年 3 月，中共中央办公厅印发《关于人大预算审查监督重点向支出预算和政策拓展的指导意见》，提出人大对支出预算和政策拓展开展监管。该指导意见强调财政支出预算为人大预算审查的重点，对其实施全口径审查与全过程监管，实现审查范围和内容的全覆盖；要求通过法定程序、运用法定方式，加强人大对财政预算审查的监督；此外，该指导意见明确对预算法、监督法关于人大预算决算审查监督进行深化细化，规范政府财政支出的决定事项，从而推动政府依法行政、依法理财。

二、财政立法权纵向配置的三个层面

财政立法权纵向配置并不仅仅是一个静态的规定，还是中央与地方权力的互动与博弈的动态过程，这个动态过程基本上表现为三个层面或者说是三个环节：宪法法律对财政立法权的纵向配置、被配置的财政立法权的行使、行使被配置的财政立法权而立之法的实施。一项立法权被配置给了某国家机关,这个国家机关依此制定了科学、合理的立法,所立之法在实施过程中没有被异化和扭曲,这时立法权的配置才得以完成,立法权配置的目的才算得以实现。这三个从上到下的层面或者环节都很重要,缺一不可。我国财政立法权纵向配置的动态过程常见的问题是:中央享有立法权,但是所立之法非常疏阔和粗线条,地方依据这些立法制定规则和执行的自由度非常大;中央享有立法权,但是地方可能会利用信息优势在执行过程中改变立法的本意。

(一)宪法法律对财政立法权的纵向配置

我国《宪法》、《立法法》以及其他法律性文件对财政立法权的纵向配置的规定,加之在实践中形成的惯例,都是财政立法权的纵向配置的规则。这些规则是如何规定的,其背后的原则和理念是什么,这些规则本身是否合理合法,应当如何改进等都是应当加以研究分析的,也是我们研究财政立法权纵向配置最基本的问题。

(二)被配置的财政立法权的行使

一个国家机关被配置了某些财政立法权之后,它是否行使了这些财政立法权,如何行使的,是否制定了科学合理的法律,这是第二层次的问题。一个国家机关虽然被配置了制定某类法律的权力,但是实际上它是否行使这一权力,是否制定这类法律,它是否依此制定了科学、合理的法律,它是否通过一个决定授权给了别的国家机关,它制定的法律是非常疏阔和粗线条的,以至于给了别的国家机关很大的立法权和自由裁量权,还是很细致和严谨的,以至于别的国家机关的自由裁量权很小,诸如此类的差别和不同是立法权配置之后的具体行使,是财政立法权纵向配置的重要组成部分。

(三)行使被配置的财政立法权而立之法的实施

虽然一个国家机关被配置了某类财政立法权,这个国家机关也依此制定了科学、合理的法律,但是所立之法并不一定能够得到很好的落实,主要是地方可能因考虑自身利益而消解了立法的本意,使得立法的目的不能得以实现。

财政立法权被配置给了某一国家机关,这一国家机关严格认真履行了职责,制定了相关法律,并不是就万事大吉了,毕竟立法的最终目的是执行和实施,只有所立之法得到严格实施,立法的目的才算是达到了,如果所立之法被异化和扭曲,那么前面的两个环节,即纵向配置和行使立法权的目的都无法得到实现。所立之法的执行是财政立法权纵向配置的最终目的,是财政立法权纵向配置的重要组成部分。

三、财政支出立法权配置的两个维度和三大步骤

财政支出立法权就是政府开支和用钱的权力,本书将财政支出立法权分为财政支出规则立法权和财政支出决定权,鉴于我国的国税和地税已经合并,全国的税务和财政系统均只有一个,而且我国的财政收支基本上已经实现了“全口径预算”。因此,财政支出立法权就是整个国家机关体系对整个国家的财政收入进行开支的规则制定权和决定权,本书将其财政支出规则立法权配置分为两个维度,将财政支出决定权配置分为三大步骤。

（一）财政支出规则立法权配置的两个维度

总的来看，我国的财政支出规则立法权基本属于中央和省级政府，主要主体是全国人大、国务院与省级人民政府。出于研究的需要，我们将财政支出规则立法权分为两个维度。所谓两个维度就是将财政支出规则制定权，分为纵向财政支出规则制定权和横向财政支出规则制定权，前者是规范中央和地方，上下级政府之间在财政支出方面的规则，其核心是上下级政府之间的财政支出的权力怎么划分，各级政府之间财政事权和支出责任怎么划分，我国现在的法的渊源主要是国务院的规定和省级人民政府的规定，如2016年国务院发布的《关于推进中央与地方财政事权和支出责任划分改革的指导意见》、2018年2月国务院办公厅印发的《基本公共服务领域中央与地方共同财政事权和支出责任划分改革方案》、江西省人民政府2017年发布的《关于推进省以下财政事权和支出责任划分改革的实施意见》。后者就是同级政府机关之间在财政支出权方面的权限划分和运行规则，我国现在的法的渊源主要是《预算法》和《预算法实施条例》。需要指出的是前者实际上已经由《预算法》授权给了国务院，《预算法》第29条规定："中央预算与地方预算有关收入和支出项目的划分、地方向中央上解收入、中央对地方税收返还或者转移支付的具体办法，由国务院规定，报全国人民代表大会常务委员会备案。"《预算法》中也有一些有关前者，即纵向财政支出的规则，主要是财政转移支付的规则，本质上是对央地收入和支出项目划分的微调和再次分配，可以用图1－1表示。

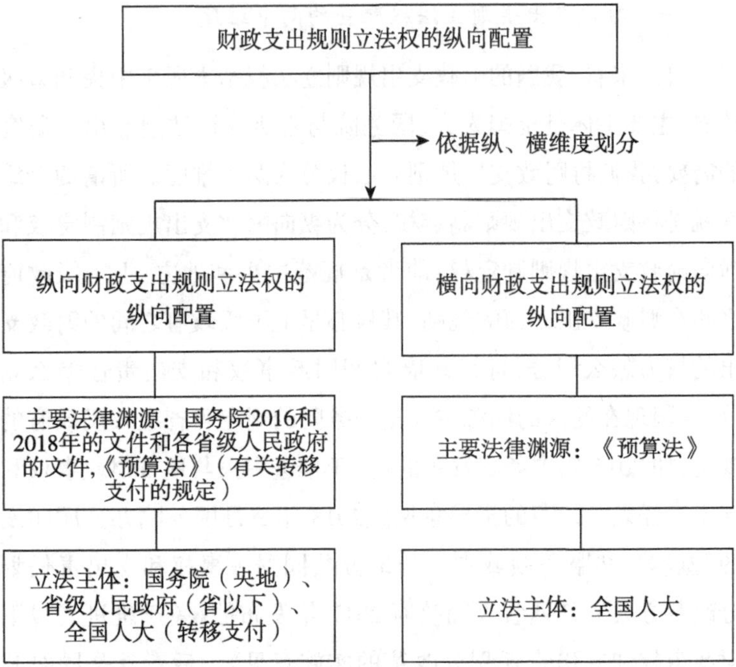

图1－1　财政支出规则立法权的纵向配置

通常,我们是将财政支出立法权的纵向配置等同于横向财政支出立法权的纵向配置,这样的理解比较狭隘:既然我们已经实现了国税和地税的合并,政府的财政收入就是一个整体,将整个国家的财政收入的支出权力在整个国家机关之间,包括上下级政府之间以及同级国家机关之间进行配置就应当是我们研究的范畴,也就是说,研究的起点应该是全国的财力和财政支出权限还没有被分配的初始状态,而不应该是将全国的财力和财政支出权限已经被分配到了各级政府作为起点。

对于横向财政支出规则,我国《预算法》明确了这一方面的权力配置,建立了各级政府编制和提交预算草案并执行人大通过的预算规则,政府提出的预算草案由同级人大批准并由其监督预算的执行方式。对于纵向财政支出规则,我国对于这一方面的权力配置却没有像对待横向配置一样通过全国人大制定法律进行规制,而是由国务院的决定进行规定,例如在财政支出的权力配置方面如此重"横向配置"而由全国人大制定《预算法》进行规范,轻"纵向配置"而由国务院的规定进行规范,这样厚此薄彼显然不适当。因为,财政支出权力在上下级政府之间的配置与在同级政府机关之间的配置的重要性是相当的,甚至说前者比后者更重要,因为前者更宏观也更基础,前者是第一步,只有先将财政支出权限在各级政府之间进行配置,才能进行第二步,即横向配置,将已经配置给各级政府的财政支出权限在同级政府不同的国家机关之间进行配置。

因此,既然我国横向财政支出规则都已经由全国人大制定《预算法》进行规制了,比这更重要的纵向财政支出规则更应当由全国人大制定法律进行规范,由国务院制定规定对纵向财政支出权限进行配置的现状相当不合适。国务院的规定一方面不如全国人大的立法有权威且符合民主法治;另一方面内容也比较抽象模糊,只是一些宏观的原则;再一方面这也不符合公平公正原则。这一状况应当尽快加以改变。

(二)财政支出决定权配置及其行使的三大步骤

在将我国财政支出规则划分为纵向的财政支出规则和横向的财政支出规则两大类的基础上,我们可以将我国整个政府的财政支出活动,也就是财政支出决定权配置及其行使分为三大步骤。

第一步是财政支出权的纵向划分和行使。就是将整个国家的财政支出权(对多大份额的财政收入和财力有多大的、怎么样的支配权力),依据不同层级的政府承担的支出事项的多少在不同层级的政府之间进行配置。我国中央与省级政府之间的财政支出权限划分的决定权在于国务院,省级政府与省以下政府之间的财政支出权限划分的决定权在于省级人民政府。

第二步是财政支出权的横向划分和行使。各个不同层级的政府将自己分得的财政支出权在同级政府机关之间,包括人大、政府以及政府的职能部门之间进行配置,这一过程除了依据各个部门承担的支出事项以外,还应当坚持人大审批和监督等原则。我国各级政府的财政支出权的配置和行使都是通过制定各级政府财政预算的方式进行的,有较强的稳定性。

第三步是对财政支出决定权的监督,上级政府对下级政府,人大对政府行使财政支出权力的行为进行监督,这种监督主要是对已经配置给本级政府的财政支出权限的监督,极少规定监督上级政府如何分配财力和财政事权给下级政府,例如关于中央如何监督省级政府,如何划分其与省以下政府之间的财力划分,很少有规定,其主要依据是《预算法》等法律。其实第三步的大多数监督行为几乎都是在第二个步骤中进行的,本书只是为了论述的方便而将其与事后的监督一起放在第三步。

这三大步骤就是财政支出决定权配置及其行使的过程,分别也是财政纵向配置权、横向配置权和监督权实现和行使的过程。我们可以将这三大步骤用图 1－2 表示。

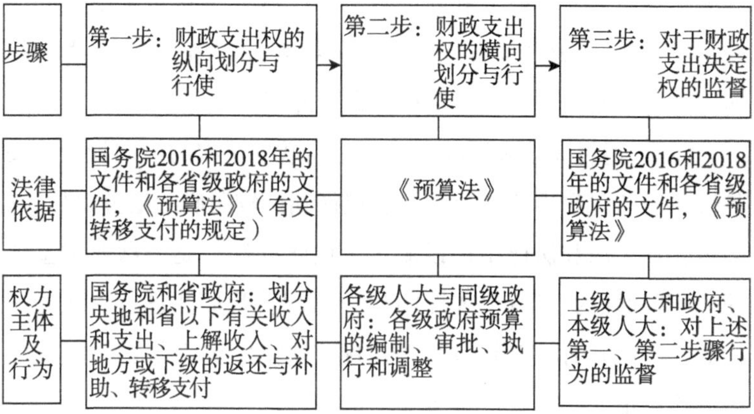

图1-2 财政支出决定权配置及其行使的步骤

四、我国财政立法权纵向配置改革的基本思路

在研究分析我国现实情况并借鉴各国的经验的基础上，认为应当从以下几方面改革我国财政立法权的纵向配置。

首先，应当合理配置各级政府的财政事权。2016年国务院发布的《关于推进中央与地方财政事权和支出责任划分改革的指导意见》提出“推动进一步理顺中央与地方的财政分配关系，形成财力与事权相匹配的财政体制”。在第三部分“改革的主要内容”中规定“（一）推进中央与地方财政事权划分”，其意思是应当先划分中央与地方财政事权。

其次，以财政事权和财权为依据配置各级政府的财政立法权。2016年国务院发布的《关于推进中央与地方财政事权和支出责任划分改革的指导意见》提出“财力与事权相匹配”，换言之，配置给某一级政府多少财政事权，当然就应该配置给它完成这些事务所需要的财力和财政权力。财政权力是包括财政立法权、执行权、司法权、监督权等在内的综合性权力，财政权力的纵向配置包括也决定财政立法权的纵向配置。

再次，通过宪法和法律明确规定财政立法权的纵向配置。在各级政府的财政事权和财政立法权得到比较明确的划分以后，应当将其在宪法和法律中加以规定。由于立法权是一项非常重要的、更基础性的、带有根本性的权力，因此，我们在进行财政立法权的纵向配置时，应当考量我国的政治制度、国家结构形式、立法体制等国情。

最后，完善财政立法监督和责任追究制度。有关立法机关在制定财政立法的时候应当依据宪法和上位法的规定行使立法权，不得与宪法和上位法相抵触，这就需要依据法律加强财政立法监督和责任追究，以维护财政法制的统一和权威。

（一）合理配置各级政府的财政事权

财政权是指财政法规赋予财政法主体享有的某种权力，包括财政立法权、行政权、司法权、监督权等权力。财政事权是一级政府应承担的运用财政资金提供基本公共服务的任务和职责。既然政府存在的价值就是为人民提供公共产品和服务，为人民“办事”，那么各级政府和各个部门应当享有多大的财政权力则取决于其为人民“办事”的需要，也就是财政事权决定财权。合理配置各级政府的财政事权是财政立法权纵向配置的前提和基础，如果财政事权没有比较清晰合理地配置，甚至出现“财政事权层层下移，财权层层上收”的情况，那么财政立法权的纵向配置就没有意义，虽然给了一级政府较大的财权立法权，但是要求其承担更多的财政事权，就没有任何意义。

这里需要特别说明的是，广义的财政事权几乎包括了所有的权力，例如，人财政事权、重大事项决定权、监督权等。本书讲的财政事权是狭义的财政事权，基本等同于财政事权，即需要财政支出保障的、需要支出较多的财力作为支撑的财政事权，其能够提供有关公共服务。如果没有特别进行说明，本书中提到的“财政事权”是狭义上的财政事权，也就是财政事权。

国务院于 2016 年发布的《关于推进中央与地方财政事权和支出责任划分改革的指导意见》和国务院办公厅于 2018 年发布的《基本公共服务领域中央与地方共同财政事权和支出责任划分改革方案》为合理配置各级政府的财政事权指明了方向：明确各级政府的财政事权，建立财政事权划分动态调整机制。

（二）以财政事权和财权为依据配置各级政府的财政立法权

中央与地方各级政府之间的财政事权得到科学合理的配置与划分以后，应当依据财政事权配置财权，财权是一个综合性的权力，其中财政立法权是其最基本和核心的权力，故应在财权得到合理配置以后，再依据财权确定财政立法权。中国作为法治国家，国家机关、社会组织和公民都应当严格依照国家法律行为，立法权就更加根本和重要，只要严格依法办事，立法权得到合理配置并加以正确行使，其他问题就会迎刃而解。如果我们将中央和地方财政立法权的关系理顺了，那么中央和地方的财政关系，甚至中央和地方的总体关系也都会得到比较好的解决。

(三)通过宪法和法律明确规定财政立法权的纵向配置和调整机制

财政立法权的纵向配置应当实现法治化,通过法治的方式进行配置,首先,应当通过宪法、立法法和其他法律明确规定财政立法权的纵向配置。其次,通过立法修改、行政诉讼等方式实现财政立法权的纵向配置的微调,尽可能不要出现一个通知和决定就改变整个国家财政体制的情况。最后,财政立法权具体的纵向配置,应当体现法治精神与法治原则,符合建设社会主义法治国家的总体要求。

(四)完善财政立法监督和责任追究制度

"监督"一词的含义有两种:"①监察、督促。《后汉书·荀彧传》:'古之遣将,上设监督之重,下建副二之任'。②旧时官名。"[①]本书用的是它的第一种含义,即"监察、督促"的意思,另外本书的"监督"是国家制度层面上的,而非日常生活中或者公司企业内部人与人的关系。有学者在著作中认为监督制度有六个基本特征:(1)权力性,监督必须以权力为后盾,它是一种权力对另一种权力的约束;(2)外在性,监督必须由被监督主体以外的力量实施;(3)平等性和独立性,监督与被监督者之间必须是两个相对平行的行为主体;(4)强制性,无论被监督者是否愿意都必须接受监督;(5)权威性,监督应具有相应的权威;(6)制约性,监督者本身必须受到制约。[②] 这些观点大多数是符合事实的,但

① 辞海编辑委员会编纂:《辞海》,上海辞书出版社1999年版,第4543~4544页。

② 蔡定剑:《国家监督制度》,中国法制出版社1991年版,第2~3页。

有一点笔者并不认同，这就是第一个特征“权力性”。如果说监督必须以权力为后盾，这就否认了公民监督的存在，但是事实上公民监督是一种重要的监督形式。除了第一个特征“权力性”不符合实际以外，其他特征还是比较客观的，揭示了监督的内在特点。

“监督”一词中国和其他社会主义国家使用较多，而在资本主义国家则很少使用这一词语，“在资本主义国家的宪法中，权力制约的原则主要表现为分权原则；在社会主义国家的宪法中，权力制约原则主要表现为监督原则”。①

我国2018年修正的《宪法》有不少条款使用了“监督”一词，主要有：“全国人民代表大会和地方各级人民代表大会都由民主选举产生，对人民负责，受人民监督。国家行政机关、审判机关、检察机关都由人民代表大会产生，对它负责，受它监督。”（第3条）“一切国家机关和国家工作人员必须依靠人民的支持，经常保持同人民的密切联系，倾听人民的意见和建议，接受人民的监督。”（第27条）“全国人民代表大会……监督宪法的实施。”（第62条）“全国人民代表大会常务委员会……监督宪法的实施……监督国务院、中央军事委员会、最高人民法院和最高人民检察院的工作。”（第67条）“国务院设立审计机关……进行审计监督……依照法律规定独立行使审计监督权。”（第91条）“最高人民法院监督地方各级人民法院和专门人民法院的审判工作，上级人民法院监督下级人民法院的审判工作。”（第132条）“中华人民共和国人民检察院是国家的法律

① 周叶中主编：《宪法》（第3版），高等教育出版社2000年版，第103页。

监督机关。”(第134条)

分析我国现行宪法以及我国其他法律中的“监督”一词,发现有这样几个特点。

第一,监督的主体主要包括人民、各级人民代表大会及其常委会、人民法院和人民检察院以及审计机关等专门监督机关。

第二,监督的内容主要有两类,一类是全方位的监督,如人民和国家权力机关的监督;另一类是专门的、某一方面的监督,如审计监督、审判监督、法律监督。

第三,监督者与被监督者的关系也有两种,一种是监督者的地位高于被监督者,如人民高于人民的代表机关和国家工作人员,全国人民代表大会及其常务委员会高于国务院、中央军事委员会、最高人民法院和最高人民检察院,上级人民法院高于下级人民法院;另一种是监督者的地位并不高于被监督者,只是由于监督者的职能是进行专门的监督所以才有权实施监督,如审计机关和它所审计的机关,检察院和它所监督的人民法院、公安机关。

第四,监督与领导的意义不同。宪法中规定国务院对全国地方各级行政机关实施的是“领导”,上级检察院对下级检察院实施的也是“领导”而非“监督”。领导包括监督,但是监督并不等于领导,监督是监督者依据一定的原则精神和法律法规对被监督者实施监察、督促,以防止被监督者违反有关原则精神和法律法规,但监督者并不具体指导和指挥被监督者如何工作。例如,上级法院对下级法院实施审判监督,只能对下级法院的判决实施监督而不能要求下级法院对具体的案件如何判决,但是上级检察院就可以对下级检察院的具体工作进行指导。

第五,监督具有单向的特点。监督仅指监督者对被监督者实行监督，一般情况下不包含被监督者对监督者的监督，例如人民监督人民代表大会；人民代表大会监督行政机关、审判机关、检察机关；审计机关进行审计监督；上级人民法院监督下级人民法院的审判工作等都是单向的。这一点与资本主义国家的三权分立与制衡是不同的，权力制衡是相互的，立法权、行政权、司法权之间相互监督、相互制约。我国不照搬资本主义国家的三权分立制度，而是实行人民代表大会制度，我国的人民代表大会制度的政体的特点就是人民选举产生自己的人民代表组成全国人民代表大会和地方各级人民代表大会，其他国家机关都由人民代表大会产生，对它负责，受它监督。作为立法机关的人民代表大会是国家权力机关，它与行政机关、司法机关不是互相制约、互相监督的关系，而是单向的制约与监督关系。正因为如此，我国以及其他社会主义国家在规定国家机关之间的关系时更多地使用“监督”一词，而很少使用制衡、制约等词语。

第六，监督具有否定性。监督的出发点就是对被监督者的行为的担心和提防；监督的目的就是对被监督者进行监察、督促、鞭策，使被监督者的行为不至于脱离法律规定的轨道；监督关注的是被监督者违法的、不当的行为，而不是被监督者合法的、正确的行为，也就是说监督的重点在于否定被监督者违法的、不当的行为而不是肯定和褒奖被监督者合法的、正确的行为。因此，监督是一种否定性的行为，而不是一种肯定性的行为，当然我们并不否定监督事实上也包含着肯定的意义，因为监督者如果对某一被监督者的行为没有提出批评、建议和其他否定性评价，其实就意味着对这一被监督者的肯定。

第七，监督体现了国家机构的相互关系并体现了国家的性质。在我国,监督者或者地位高于被监督者或者负有专门的职责,如果不是专门监督,那么监督者的地位就高于被监督者,例如人民监督人民的代表机关,人民代表大会监督其他国家机关。另外,国家的监督体制还体现了国家的性质,从我国人民监督人民的代表机关,人民代表大会监督其他国家机关的监督体制来看,我国人民在国家中处于最高地位,我国是一个民主的、人民当家作主的国家。

第八,监督体现了人民对国家权力变异的担心和提防。最主要的监督对象是拥有权力的国家机关,最终的监督主体是人民,这实质上表明人民对自己选举产生的代表机关及其产生的其他国家机关并不完全放心,否则人民就只需要选举权而不需要监督权了。权力的本性具有扩张和腐败的倾向,"一切有权力的人都容易走向滥用权力,这是一条千古不变的经验。有权力的人直到把权用到极限方可休止"①。因此,任何国家机关都需要被监督,甚至最高国家权力机关——全国人民代表大会也不例外,应该"受人民监督"。选举权体现了人民当家作主,选出自己信任的人行使国家权力,监督权则体现了人民对掌握了国家权力的人行使国家权力过程的监督,同样体现了人民民主。

我国现行的监督体系可以依据不同的标准对其进行分类。依据监督主体的不同可以将监督分为社会力量的监督和国家机关的监督两大类。社会力量的监督又可以分为公民的监督、社会团体(包括政党)的监督、新闻媒体的监督、社会舆论的监督;国

---

① [法]孟德斯鸠:《论法的精神》(上),孙立坚等译,陕西人民出版社 2001 年版,第 183 页。

家机关的监督又可以分为立法机关的监督、行政机关的监督、司法机关的监督。立法机关的监督可以分为中央立法机关的监督和地方立法机关的监督;行政机关的监督可以分为各种不同的专门的监督,如监察机关的监督、审计机关的监督等;司法机关的监督依据司法机关的不同可以分为法院的监督和检察机关的监督等。

依据监督对象的不同可以将监督分为对社会的监督和对国家机关的监督两大类。对社会的监督又可以分为对公民的监督、对社会团体(包括政党)的监督,对国家机关的监督又可以分为对立法机关的监督、对行政机关的监督、对司法机关的监督等。

依据监督内容的不同可以将监督分为全方位监督和专门监督两大类。全方位监督主要包括公民的监督、社会团体(包括政党)的监督、立法机关的监督;专门监督又可以分为监察监督、审计监督、审判监督、法律监督等。

依据监督所依照标准的不同可以将监督分为宪法监督、监察法监督、审计法监督以及其他法律的监督。依据监督时间的不同可以将监督分为事前监督、事中监督和事后监督,当然还可以依据不同的标准对监督进行分类。

公民监督在我国监督体系中占有非常重要的地位,但是人们往往只注意国家机关的监督而忽视公民监督,本书即专门致力于研究公民监督和公民监督权的。

具体到财政立法权,在以财政事权和财权为依据配置各级政府的财政立法权之后,应当加强和完善财政立法监督和责任追究制度。如果我们给地方配置了一定的财政立法权,由于我国的立法监督制度并不完善、实践也比较欠缺,地方政府出于自己的利益考量违反上位法进行立法是一个大概率事情，因此，有必要在为地方政府配置一定财政立法权的同时加强立法监督。

中央与地方在财政上的互动和博弈是客观存在的，因为双方的利益并不完全一致，如果中央完全掌握了财政立法权，而地方完全没有财政立法权，那么地方就会在执行过程中利用自己的信息优势与中央的立法权进行博弈。与其这样，不如为地方配置一定的财政立法权并加强立法监督，让中央和地方在公开的立法上进行博弈和互动。这样就能够起到“开前门，堵后门”的作用，其效果类似于我国 2015 年修改的《立法法》赋予设区的市一定立法权，其重要目的是改变设区的市用红头文件或者执行的权力扭曲和改变国家立法本意的情况，让权力在阳光下运行并接受监督。

财政立法监督是立法监督的重要组成部分，建立完善的财政立法监督制度并严格实施对于树立财政立法权威、提高财政立法质量至关重要。人大的预算审查监督是我国国家权力机关对财政收支的监督，是我国监督体系中的重要方面，是国家治理体系中的重要一环，2018 年 3 月，中共中央办公厅印发的《关于人大预算审查监督重点向支出预算和政策拓展的指导意见》，指出支出预算作为人大预算审查监督的重点，分别从预算审查、预算执行监督、决算审查三个阶段，对支出预算的总量与结构、重点支出与重大投资项目、部门预算、财政转移支付及政府债务等主要内容开展重点审查监督。

第二章

我国财政立法权纵向配置的现状及其存在的问题

第一节　央地财政收入立法权的配置及问题

一、税收立法权的纵向配置

税收属于国家财政收入的主要来源，它不仅影响着政府的运行、国家经济的发展，也是关乎社会稳定的重要因素。在历史上，税收是伴随国家的产生而产生的，国家产生以后，就必然也必须取得征税权。国家征税必须有法可依，否则行政机关的税收征管权可能会脱离法律的“笼子”，对社会及公民造成极为不利的影响。建立正当、合理的税收制度的根本在于建立一整套优良的税收立法体制，规范税收立法的主体和权限，科学合理地配置和规范税收立法权。

(一)税收立法权的相关概念

1.税收的概念

在历史的发展过程中,税收有着不同形式,人们对其也有着不同的认识。古典经济学派的代表人物亚当·斯密指出,税收是"人民必须拿出自己以本人私有的收入,给君主或国家,作为一笔公共收入"。[①] 此外,西方国家的重要工具书也对税收有界定。英国《新大英百科全书》指出:"税收是强制的、固定的征收,它通常被认为是政府财政收入的捐赠,用以满足政府开支的需要,而并不表明是为了某一特定的目的。税收是无偿的。"国内有的学者认为:"税收是为了满足一般的社会共同需要,凭借政治权力,按照国家法律规定的标准,强制地、无偿地取得财政收入的一种分配关系。"[②]国内其他学者对税收的界定也大同小异。

本书尝试从宪法的视角,从规范国家权力和公民权利的角度对税收进行界定,认为税收是联系公民与国家的桥梁,关乎公民的财产权,国家机关在此活动中扮演着重要的角色。因此,在税收活动中应该良好地约束国家的税收权力,保障纳税人的权利。据此,可以将"税收"定义为:税收是国家通过立法规定的标准和程序,无偿和强制地取得财政收入,用于政府非特定目的的开支的活动,反映国家对公民财产的无偿征收的程度。

2.立法权的概念

立法权是"由特定国家机关行使的,在国家权力体系中占据

---

① [英]亚当·斯密:《国民财富的性质和原因研究》(下卷),郭大力、王亚南译,商务印书馆1972年版,第383页。

② 严振生主编:《税法》(修订版),北京大学出版社1999年版,第1页。

特殊地位的，用来制定、认可和变动法的综合性权力体系”。[①] 这个定义比较明确地指出了立法权的内涵和外延，认为制定、认可和变动法的权力都属于立法权，也就是我们常说的“立、改、废”，即制定、认可和变动法的权力，都属于行使立法权的横向表现形式，是立法权的横向分类；而法的提案权、审议权、表决权、公布权等是立法权的纵向表现形式，另外从广义上说立法权也包括立法监督的权力，例如批准权、否决权、撤销权、改变权等，立法监督权也是立法权的纵向表现形式，大多数立法监督都是在事后进行的，因此，笔者认为法的提案权、审议权、表决权、公布权、监督权是立法权的纵向表现形式，这是对立法权的纵向分类。

所谓立法权的横向分类，其表现形式有制定法、认可法和变动法等权力，其划分方式是依据新产生的法最终是制定出来的、认可的还是变动现有的法而得来的；所谓立法权的纵向分类，其表现形式有提案权、审议权、表决权、公布权、监督权等，其划分方式是依据法在一个时间轴上经过一系列权力的运作而形成的，这些在时间上呈现出先后有序的权力就是立法权的纵向表现形式，依据时间先后，我们可以将其分为提案权、审议权、表决权、公布权、监督权。这里需要对立法监督权做一简单说明，将监督权放在提案权、审议权、表决权和公布权之后不是非常准确，立法监督有事后监督也有事中监督，并不是所有的立法监督都在事后进行，但是因为大多数立法监督都是在事后进行，也为了表述的方便，所以我们将监督权放在提案权、审议权、表决权和公布权之后。

---

① 周旺生:《立法学》(第 2 版),法律出版社 2009 年版,第 198 页。

3. 税收立法权的概念

目前,我国学术界关于税收立法权概念有着不同的说法,具有代表性的有以下几种:(1)税收立法权是“特定的国家机关依法享用的进行税收立法的权力”[①]。(2)税收立法权主要包括“税法的初创权、税法的修改权和解释权、税法的废止权”[②]。(3)“税收立法权是有权机关制定、修改、补充、解释和废止税收法律规范。”[③]

笔者认为,上述观念并不全面。本书上文已对税收和立法权进行了界定,那么税收立法权的含义就基本明确了。本书所研究的税收立法权就是:特定国家机关行使的综合性权力,是制定、认可和变动税收立法的权力,包括税收立法过程中的提案权、审议权、表决权、公布权等权力,也包括批准权、否决权、撤销权、改变权等税收立法监督的权力。

(二)税收立法权纵向配置历史沿革

税收立法权的纵向配置是指上下级国家机关之间的税收立法权力的分配,其主要涉及中央与地方不同层级的立法机关之间的权力配置。意在划定各级立法主体的立法范围并明确税收法律文件的效力级别,从而更好地确立中央和地方在税收立法权力

---

① 刘剑文:《财税法专题研究》(第2版),北京大学出版社2007年版,第219~220页。

② 张守文:《税权的定位与分配》,载《法商研究(中南政法学院学报)》2000年第1期。

③ 许善达等:《中国税权研究》,中国税务出版社2003年版,第20页。

配置中的地位,并形成适当的制约。[①] 新中国成立之前,我国大多数时期处于中央集权的君主专制的状态,在短暂的共和时期,中央集权和专制也是其重要特点,税收立法权集中是这一阶段的重要特征。新中国成立之后,我国税收立法权的纵向配置随着我国社会主义现代化建设各项事业的发展在不断进行改革和完善,特别是在当今社会主义市场经济条件下,我国税收立法权的纵向配置更是在发生着深刻变化。

1. 新中国成立之前的税收立法权的纵向配置:地方政府不享有税收立法权是常态

新中国成立之前,我国绝大部分时期都实行中央集权的君主专制制度,税收立法权也集中在中央,地方政府只有征税、输税的权力,这是一种常态。“非常态的情况,即地方有一定税收立法权的情况往往是由于特殊情况造成的,典型的实例如清雍正时期曾推行过的‘火耗归公’以及清朝后期的‘厘金’制度。”[②]前者的出现是由于政府官员的酬金入不敷出,在没有中央统一规定的情况下越权实施的,中央了解情况后并没有制止,这表明了这项活动得到了授权,后来中央制定了统一的章程对其进行约束。后者是各地为镇压太平天国而编练军队,急需军饷而中央政府无能为力,地方政府实行“厘金”税收制度。

民国时期,在一定的历史阶段,中央通过立法赋予地方政府一定的税收立法权:1913 年年底北洋军阀政府财政部颁布《划分国家税地方税法(草案)》,该法案给予地方政府税收立法权,但

---

① 武晓慧:《论税收立法权的纵向配置》,华东政法大学 2011 年硕士学位论文,第 4 页。

② 胡小红:《税收立法权研究》,安徽大学出版社 2009 年版,第 153 页。

是并未真正实施;1923 年曹锟政府颁布的《中华民国宪法》规定部分税由省立法并执行或令县执行;1928 年颁布的《划分国家收入地方收入标准案》增加了地方税的种类,但并没有对省以下的地方财政收支进一步划分;1935 年国民政府颁布《财政收支系统法》解决了上述问题;1946 年《中华民国宪法》明确规定中央、省、县各自拥有立法权的税种。如何看待民国时期的这些立法赋予地方政府一定的税收立法权呢? 笔者认为,这并非当时的主政者的主观意愿,而是由当时客观情况造成的。因为民国时期的主政者普遍存在主政时间比较短、权力不稳固、需要平衡各地方和各派系之间的关系等问题,所以这些主政者就有必要,也不得不平衡中央与地方的关系,赋予地方一定的税收立法权。可以想象,从这些主政者以往和以后的作为也可以看出,如果他们大权在握、地位稳固,他们就会毫不犹豫地实行中央集权。因此,民国时期的一定的历史阶段,中央通过立法赋予地方政府一定的税收立法权是特殊时期因特定的历史环境和条件而带来的,是主政者采取的权宜之策,并不是他们的常态和长久之计。

2. 新中国成立后至分税制改革的税收立法权的纵向配置:放—收—放—收

(1)1954 年至 1961 年:地方有相当大的税收立法权。第一届全国人大常委会第三十五次会议于 1956 年 5 月 3 日通过了《文化娱乐税条例》(已失效),于 1958 年 6 月 3 日通过了《农业税条例》(已失效)。这些规定总的原则和精神是赋予了地方相当大的税收立法权和管理权。

《文化娱乐税条例》(已失效)第 2 条规定:“有下列情形的,免纳或者减纳文化娱乐税……(五)小型文化娱乐的企业、小型文化娱乐的组织,经市、县人民委员会批准,可以减税或者免税……”

根据《农业税条例》(已失效)第11条的规定,各省级人民委员会应当根据国务院的平均税率,结合所属各地区的经济情况,分别规定所属自治州的平均税率和所属县、自治县、市的税率。这些规定表明,地方政府享有很大的农业税收立法权,主要包括农业税率的决定权、减免权以及征收实施办法的制定权。

《国务院关于改进税收管理体系的规定》(已失效)指出,“凡是可以由省、自治区、直辖市负责管理的税收,应当交给省、自治区、直辖市管理”。该规定对其他税收管理的改进,作出如下的规定:“有关这些税收的管理权限,也应当同时交给省、自治区、直辖市掌握。”

《工商统一税条例(草案)》(已失效)第12条规定:“在省、自治区、直辖市范围内的减税、免税和个别产品纳税环节的变更,由省、自治区、直辖市人民委员会依照国家规定的管理税收的权限办理。”

(2)1961年的收权:昙花一现的税收立法权上收被打断。从以上三部法律性文件可以看出当时我国地方拥有相当大的税收立法权,但是这种趋势在1961年发生了一次转折。1961年1月,中央转批了财政部党组《关于改进财政管理体制、加强财政管理的报告》,该报告提出,凡属工商统一税税目的增减和税率的调整,盐税税额的调整,应当报经中央批准。凡是牵涉一个大区内两个省、自治区、直辖市以上的应当报经中央局批准。这些规定表明中央已经在上收和集中税收立法权,但是这种进程未能继续发展就被打断。

(3)1966年至1976年:税收立法权再次下放。1970年4月,财政部军管会向国务院报送《关于下放工商税收管理权限的报告》,国务院予以批准,该报告提出,经各省、自治区、直辖市革命委员会批准,可以给予定期的减税、免税照顾,不再报财政部审批。

1973 年,国务院颁布的《工商税条例(草案)》规定:"纳税单位适用的税目、税率,由省、直辖市、自治区革委会决定。"1973 年财政部在《试行工商税有关问题的解释》中,要求下放的税权"原则上应当集中在省、直辖市、自治区革命委员会,主要税收管理权不宜层层下放"。税收立法权不断下放的情况在"文革"结束以后很快得到了改变扭转。

(4)1977 年至 1993 年:税收立法权上收中央。1977 年国务院批转《财政部关于税收管理体制的规定》,规定:"税种的开征和停征,税目的增减和税率的调整,都由国务院统一规定。"此规定表明,税率调整权、较大范围内的开征停征权都上收到了中央。

从 1981 年至 1993 年中央上收税收立法权的趋势非常明显,1992 年全国人大常委会《税收征收管理法》的出台标志着我国税收立法权集中到中央基本完成,其第 3 条规定除了法律和行政法规的规定,任何组织和个人不得擅自作出开征、停征以及减税、免税、退税、补税的决定。此阶段也出现了一些税收授权立法,专门对税收授权立法进行规定的是"两个授权",即全国人大常委会分别于 1984 年通过了《关于授权国务院改革工商税制发布有关税收条例草案试行的决定》(已失效),1985 年通过了《关于授权国务院在经济体制改革和对外开放方面可以制定暂行的规定或者条例的决定》(已失效)。"两个授权"的决定虽然受到一些质疑,"基本上没有附加任何关于时间、内容、方式和范围方面的限定，是典型的空白授权，且一授20多年”。[①] 但是“两个授权”决定只涉及税收立法权的横向配置，未涉及纵向配置。1987年国务院发布《关于严肃税收法纪加强税收工作的决定》（已失效）要求任何地方和组织不得违反税收法律。1992年全国人大常委会通过的《税收征收管理法》规定除了法律和行政法规的规定，任何组织和个人不得作出开征、停征以及减税、免税、退税、补税的决定。

3. 1994年至2018年：适度下放税收立法权，主要税收立法权归中央

从1994年至今，国务院于1993年12月发布的《关于实行分税制财政管理体制的决定》虽然对税收实行分级征管，但是明确规定中央享有税收立法权。《税收征收管理法》也明确规定税收立法权统一归中央，但是话虽如此，实际上地方还是行使了一些税收立法权，甚至从严格意义上说地方行使这些立法权的行为违反了《税收征收管理法》。例如，依据1994年国务院《关于取消集市交易税、牲畜交易税、烧油特别税、奖金税、工资调节税和将屠宰税、筵席税下放给地方管理的通知》，省级地方政府可以决定继续征收或者停征屠宰税、筵席税。这一通知违反了《税收征收管理法》第3条规定除了法律和行政法规的规定，任何组织和个人不得作出开征、停征以及减税、免税、退税、补税的决定。依据这一条的规定只有法律或其授权制定的行政法规才有权开征或停征税收，没有规定其他可能的模式，而且授权立法也禁止转授权，国务院无权将此权转授给地方政府。另外，地方享有的税

① 刘积斌主编：《我国财政体制改革研究》，中国民主法制出版社2008年版，第26页。

收立法权还有部分税收具体适用税率、税额的确定权、部分税收减免的立法权、一些税收的税收要素确定权、实施细则制定权等权力。

由于我国“地方政府承担了大量支出责任,却没有得到相应的财力授权”。[①] 一些地区在执行的过程中就出现了问题,如越权减免税、先征后返等。这些行为显然违背了统一税政、集中税权的原则,从而抑制了财政的调控能力,扰乱了实践中正常的税收秩序。在此情形下,国务院于 1998 年发布《关于加强依法治税严格税收管理权限的通知》,强调:“对地方税的减免,也要在中央授权的范围内办理,不得自立章程,自行其事。”[②]这些现象也促使中央政府适度调整税收立法权的纵向配置。1994 年以来,地方政府曾在屠宰税、筵席税、部分娱乐营业税、企业所得税、农业特产税等方面享有部分的税收立法权,但后来被取消。

4. 2018 年国税地税征管体制改革之后的纵向配置

我国自 1994 年实施分税制财政管理体制,“国地税分设的历史意义是不容否认的”。[③] 但一些问题在分税制改革的过程中也是显然的,即纳税人主体为了履行义务所需要支出的成本(“遵从成本”)也大为上升。

2018 年 7 月,中共中央办公厅、国务院办公厅印发了《国税

---

① 江依妮:《中国式财政分权下的公共服务供给探析》,载《企业经济》2011 年第 7 期。

② 徐建国、庞凤喜、罗昕:《中国税权问题研究》,中国税务出版社 1998 年版,第 51 ~ 62 页。

③ 陈书垒:《“营改增”改革背景下地税机关职能履行问题研究——以南京地税为例》,南京大学 2017 年硕士学位论文,第 31 页。

地税征管体制改革方案》,明确了国地税征管体制改革的指导思想、基本原则和主要目标,提出了具体工作要求。国税地税合并之后与分税制情况主要存在如下一些变化:其一,税务机构变化,采取双重领导体制。其二,税收范围统一,解决原来经常出现的“纳税人出现重复纳税的情况。同时,也有漏税的情况”[①]。其三,税务职能扩大,将社保费和非税收入纳入征收范围。此外,依据《关于国家重大水利工程建设基金等政府非税收入项目征管职责划转有关事项的公告》,自 2019 年 1 月 1 日起,国家重大水利工程建设基金、农网还贷资金、可再生能源发展基金等各类原由财政部驻地方财政监察专员办事处负责征收的非税收项目,划转至税务部门征收。依据《国税地税征管体制改革方案》的要求,在条件成熟的情况下,“成熟一批划转一批”,划转到税务部门征收的非税收入的范围会不断扩大。

(三)我国税收立法权纵向配置的现行立法

1. 税收立法权纵向配置的宪法依据

我国现行宪法中对中央与地方的立法权限进行了原则性的规定。《宪法》第 58 条明确规定全国人大及其常委会行使国家立法权,并在第 62 条、第 67 条对其职权进行细化规定。同样在第三章第五节、第六节中规定省级人大及其常委会和政府可以制定地方性法规和政府规章,并没有把税收立法权的权限排除在外。

2.《立法法》与《税收征收管理法》的相关规定

2023 年修订的《立法法》第 11 条规定了只能制定法律的事

---

① 赵平:《国地税合并下的改革“红利”分析》,载《绿色财会》2018 年第 3 期。

项，其中的第六项是“税种的设立、税率的确定和税收征收管理等税收基本制度”。第12条规定《立法法》第11条规定的事项尚未制定法律的，国务院可以依授权制定行政法规，对除了只能由法律规定的以外事项进行规定。

2009年第十一届全国人大常委会第九次会议审议通过《关于废止部分法律的决定》，全国人大常委会于1984年通过的《关于授权国务院改革工商税制发布有关税收条例草案试行的决定》包括在内。至此，“两个授权决定”中只有一个，即1985年通过的《关于授权国务院在经济体制改革和对外开放方面可以制定暂行的规定或者条例的决定》仍然有效。总体而言，废止的实质意义不大，因为实际上1985年“授权决定”的内容更宽泛，涵盖了1984年的“授权决定”。由于全国人大常委会对国务院的授权立法是“打包”式的授权，所以客观上全国人大及其常委会与国务院在税收立法上已然形成了“双头体制”，全国人大的税收立法权似乎更处于相对虚置的状态。此外，国务院税收立法权转授的问题也很明显，2010年国务院授权上海、重庆两市政府发布“房产税实施细则”，2011年国务院又批复授权“上海市政府发布《营业税改征增值税试点》实施细则”。尽管以“试点”为名，但是在实质上说明存在国务院将部分税种的立法权转移到地方的情形，由其实行与其他地方不一样的税收管理制度，因而存在转授权的问题。

虽然，上述这些规定大多是关于全国人大及其常委会与国务院之间的税收立法权的配置，但是对中央与地方的税收立法权的纵向配置有着重要影响，也涉及中央与地方的纵向配置，特别是对地方的税收授权立法。

3. 相关的规范性法律文件

1994 年,为协调中央与地方,国家与企业的关系,我国开始实行分税制改革。取得成效的同时也逐渐发现其有时弊相随:成本增加,增加收税的人力成本和遵从成本;增加了信息沟通的难度和成本,引起矛盾,导致冲突。

2018 年 7 月,中共中央办公厅、国务院办公厅印发《国税地税征管体制改革方案》,明确国税地税机构合并后实行以税务总局为主与省区市政府双重领导的管理体制,完善了相关的征收管理机构,提出了很多具体明确的改革措施。

4. 税收立法权逐步向全国人大及其常委会回归

依据我国宪法和法律的规定,全国人大及其常委会享有主要的税收立法权,是最主要的税收立法机关。然而,在实践中,很多多的税收立法由行政机关,主要是国务院在行使。近几年情况有比较大的改观。党的十九届五中全会通过的报告《中共中央关于制定国民经济和社会发展第十四个五年规划和二〇三五年远景目标的建议》提出:“完善现代税收制度,健全地方税、直接税体系,优化税制结构,适当提高直接税比重,深化税收征管制度改革。”

(1)全国人大税收立法的地位和权限。从宪法和法律的规定来看,其地位和权限比较明确,但是由于“两个授权”,宪法和法律所规定的地位和权限未能实现,基本被虚置了,虽然 1984 年的授权决定已经在 2009 年被废止了,但是依据其制定的法律性文件并不会因此而失效。之所以说全国人大税收立法的地位和权限被虚置,是因为无论是立法的数量还是立法的分量,相对于国务院,全国人大的税收立法权都是很小很轻的。

(2)立法程序。全国人大进行税收立法的程序与其他方面的立法基本相同,不同的方面有二:其一,由于国务院的职权之一是“领导和管理经济工作和城乡建设”(《宪法》第89条第6款),所以提出税收法律案绝大多数都是由国务院行使,其他主体极少行使提出法律案的权力。至于国务院具体怎样提出税收法律案,由哪一个部门具体起草,那是国务院内部的事情,对此本书不做探讨,因为我们的研究对象是全国人大。其二,税收立法的公众参与程序。我国“税收立法中普通公民参与机制不健全”。[①]《立法法》第40条对此有一些规定:“列入常务委员会会议议程的法律案,应当在常务委员会会议后将法律草案及其起草、修改的说明等向社会公布,征求意见,但是经委员长会议决定不公布的除外。向社会公布征求意见的时间一般不少于三十日。征求意见的情况应当向社会通报。”税收立法直接关系到公民、法人和其他组织的经济利益,与其他立法相比应当有更高的公众参与程度。“2005年9月27日。全国人大常委会就个人所得税法修改中的工薪所得费用扣除标准问题举行了听证会。2005年10月27日通过的修改后的《中华人民共和国个人所得税法》吸收了听证意见。将费用扣除标准由草案规定的1500元提高到1600元。这次听证会是全国人大及其常委会立法史上首次召开立法听证会,被誉为中国民主立法的里程碑,透视了中国民主政治建设的巨大进步。”[②]不过,像这样的立法听证会还是太少,其具体程序和规则也需要完善。

---

① 胥力伟:《中国税收立法问题研究》,经济科学出版社2013年版,第64页。

② 施正文:《个人所得税法听证会与我国税收立法程序的完善》,载《税务研究》2006年第5期。

(3)法律解释。《立法法》第48条规定:“法律解释权属于全国人民代表大会常务委员会。法律有以下情况之一的,由全国人民代表大会常务委员会解释:(一)法律的规定需要进一步明确具体含义的;(二)法律制定后出现新的情况,需要明确适用法律依据的。”全国人大常委会对法律的解释实质上是对法律的补充和明确,本质上是一种立法活动,《立法法》第53条规定:“全国人民代表大会常务委员会的法律解释同法律具有同等效力。”全国人大常委会极少行使法律解释权,没有行使过税收法律解释权。

(4)立法技术和格式。《立法法》对制定法律所提出的一些原则性的、比较基本的立法技术和格式,税收法律基本上都达到了,但是税收法律在立法技术和格式上还存在一些不足,主要是不具体、缺乏可操作性、立法质量有待提高。

近些年,针对我国存在的税收立法权主要由国务院行使的问题,按照“税收法定原则”,情况有比较大的改观。原来的情况是18个税种中,由全国人大或其常委会以法律形式规定的只有3个税种(个人所得税和企业所得税、车船税),其余15个税种均由国务院根据授权以暂行条例的形式规定。[①] 近几年,税收立法权逐步向全国人大及其常委会回归。我国《城市维护建设税法》《契税法》已经十三届全国人大二十一次会议审议通过,于2021年9月1日起施行。“土地增值税法、增值税法、消费税法、关税法送审稿已联合有关部门上报国务院,目前司法部正在进行立法

---

① 李楠楠:《论优化中央与地方税收授权立法的法治路径》,载《北方法学》2018年第5期。

审查。印花税法已于2021年1月4日经国务院常务会审议通过，将提请全国人大常委会审议。截至目前现行18个税种中11个税种已由全国人大及其常委会制定了税收法律，其他由财政部牵头起草的税法均形成草案上报国务院。”[①]这些情况表明我国税收立法权逐步向全国人大及其常委会回归，正在逐步实现“税收法定”。

（四）税收立法权纵向配置存在的问题

1. 宪法和《立法法》对我国税收立法的纵向配置的规定不明确

我国现行宪法对中央与地方的立法权限进行了原则性的规定。《宪法》第58条明确规定全国人民代表大会及其常务委员会行使国家立法权，并在第62条、第67条对其职权进行细化规定。我国《宪法》第三章第五节、第六节中规定省、自治区、直辖市人民代表大会及常委会和人民政府在不同宪法、法律、行政法规相抵触的前提下，可以制定地方性法规。我国宪法对税收立法权的纵向配置只进行比较原则性的规定有其合理之处，因为宪法的规定往往比较宏观和原则，但是《立法法》作为专门规范立法的法律应当对税收立法权的纵向配置进行比较明确的规定，但其实际上并未进行明确规定。《立法法》仅仅在第11条第6项规定了法律对税收基本问题立法的保留，以及在第12~16条规定的授权立法与此有关联，其他条款几乎对此没有涉及，特别是在规定地方性法规、规章的立法权限时，并没有明确把税收立法权的

① 财政部条法司：《攻坚克难　推动财政立法工作取得新成效》，载《中国财政》2021年第8期。

权限排除在外。

2. 法律没有规定地方税收立法权

1994 年我国实行分税制以后，地方就只有极少的税收立法权，而且一些位阶较高的法律并没有对此进行明确的规定，只是实践中有一些地方行使了税收立法权，有些做法甚至有违反上位法之嫌；2018 年我国实行国税地税征管体制改革，将国税和地税两套机构进行合并，从理论上说地方税收立法权的空间减小的可能性大大增加，即便如此，地方税收立法权仍然还是有的，而且也应当有，只是多少的问题。

一方面，地方有制定执行或者实施法律、行政法规的税收性立法的权力，这类立法的独立性和自主性很弱，属于执行性立法，但是我们并不能否认这也是税收立法权，例如，《山东省地方税收保障条例》（已失效）、《甘肃省房产税暂行条例实施细则》、《山西省实施〈中华人民共和国房产税暂行条例〉细则》、《厦门市房产税征收管理办法》等就是这类立法。另一方面，地方进行税收方面授权性立法的现实性和可能性都存在，前文提到的 2011 年国务院授权上海、重庆两市政府发布"房产税实施细则"，2011 年国务院批复授权"上海市政府发布《营业税改征增值税试点》实施细则"，1993 年 12 月 19 日海南省政府颁布《海南经济特区机动车辆燃油附加费征收管理办法》试点燃油税，1996 年 9 月 18 日依据全国人大授予的地方特别立法权，海南省人大常委会颁布实施《海南经济特区机动车辆燃油附加费征收管理条例》，这几次授权立法的本质是国务院或者全国人大常委会授权地方政府或者地方人大常委会进行税收立法，此类情况在我国改革的过程中必然还会出现。

由此可见,我国地方税收立法权仍然还是有的,只是多少的问题,但是相关的法律对此没有进行比较明确的规定,例如,地方对于国家税收立法的执行或者实施性立法的界限在哪里,哪些方面可以进行细化规定,哪些方面不容置喙。地方进行税收方面授权性立法的更是缺乏规定,有的甚至存在违法之嫌。

3.国务院转授权地方进行税收立法明显不合法

前文提到的2011年国务院授权上海、重庆两市政府发布“房产税实施细则”,2011年国务院批复授权“上海市政府发布《营业税改征增值税试点》实施细则”,1993年12月19日海南省政府颁布《海南经济特区机动车辆燃油附加费征收管理办法》试点燃油税,这三次授权立法都存在国务院违法转授权的问题。1996年9月18日依据全国人大授予的地方特别立法权,海南省人大常委会颁布实施《海南经济特区机动车辆燃油附加费征收管理条例》,这一授权立法是全国人大常委会的授权,符合我国《立法法》的规定。

为什么说上述三次授权立法存在违法转授权的问题呢?因为国务院的税收立法权本来就是依据全国人大常委会的两个“授权决定”(1984年通过的《关于授权国务院改革工商税制发布有关税收条例草案试行的决定》和1985年通过的《关于授权国务院在经济体制改革和对外开放方面可以制定暂行的规定或者条例的决定》,前者已于2009年废止)而获得授权进行的立法,依据现行《立法法》第15条的规定“被授权机关不得将被授予的权力转授给其他机关”。作为被授权机关的国务院不能将税收立法权转授给地方政府。考虑到《立法法》于2023年进行了修正,而这三次授权立法都是在2023年之前,因此,我们还是要看

2023 年修正之前的《立法法》的相关规定,《立法法》(2000 年)第 10 条第 3 款也明确规定:"被授权机关不得将该项权力转授给其他机关。"由此可见,无论是 2023 年修正之前的《立法法》还是 2023 年修正之后的《立法法》都明确规定不得转授权立法,那么作为被授权机关的国务院当然不能将税收立法权转授给地方政府。这三次税收授权立法都明显违法了《立法法》关于不得转授权立法的规定。

二、非税收入立法权的纵向配置

(一)非税收入概述

1. 非税收入的历史演变

非税收入是财政收入的一种形式,在我国其名称和制度都经过了一个长期演变的过程。从 1986 年至今,我国经历了规范预算外资金、"收支两条线"改革、将"预算外资金"改名为"非税收入"等发展和演变。预算外资金逐步退出历史舞台,后以非税收入的形式进入大众视野。[①] 实际上"'非税收入'并未完全取代'预算外资金'"。[②] 2016 年财政部制定实施《政府非税收入管理办法》,比较全面完整地对我国非税收入的管理体制进行了规范。

2. 非税收入的界定

相比较于预算外资金而言非税收入的概念更准确合理,也更符合国际通行的表述。其具体内容各个国家和地区会有所不同。

---

① 刘尚希:《论非税收入的几个基本理论问题》,载《湖南财政经济学院学报》2013 年第 3 期。

② 田春燕:《"非税收入管理制度"改革探析》,载《前沿》2012 年第 1 期。

“非税公课包括规费、受益费，由于两者均以对待给付为要件，故合称为受益负担以及作为新兴财政工具的特别公课三种类型。”[①]“非税收入主要包括：捐赠、政府所有的企业和公共财产收入、公共设施使用费、行政性收费、罚款和没收资产收入。”[②]“在联邦政府层面，美国非税收入项目主要是政府部门在为居民提供服务中的收费收入和消费收入；而在州和地方政府层面则呈现不同的具体特点和结构。”[③]

2003年5月财政部、国家发展和改革委员会、原监察部、审计署在《关于加强中央部门和单位行政事业性收费等收入“收支两条线”管理的通知》中第一次对“非税收入”范围作了界定。2014年《预算法》开始了非税收入法治化。2016年财政部制定实施《政府非税收入管理办法》，对我国非税收入的管理体制进行了进一步的规范和完善。

3.非税收入的类型

我国在刚开始建设社会主义市场经济的时候，“为鼓励各级政府部门和地方政府积极筹措财政收入，制定了各种非税收入政策”。[④] 财政部和各地方设定了比较多的非税收项目，可大致分为四种类型。

(1)基于行政管理的非税收入，即行政事业性收费收入、罚没收入，主要包括管理性收费(如年检费、注册费)、证照类收费(如证照的工本费)、补偿性收费(如资源补偿费、排污费)等。

---

① 葛克昌：《行政程序与纳税人基本权》，北京大学出版社2005年版，第42页。

② 黄然：《美国的非税收入和预算外基金》，载《经济研究参考》2004年第18期。

③ 徐永翥：《美国政府非税收入管理》，载《中国财政》2007年第12期。

④ 李晓光、苗连营：《非税收入的宪法学研究》，载《中国宪法年刊》2015年。

(2)基于公共财产的非税收入,主要包括国有土地使用权出让形成的出让金、国有资本(资产)转让或许可使用取得的收入等。该类非税收入的取得依据在于国家通过宪法和法律的规定,对特定的土地、资源或其他财产享有专属的所有权。

(3)基于公共事业的非税收入,主要包括各种政府性基金和彩票公益金收入,即各级政府及其所属部门为了发展公共事业或进行基础设施建设,依据法律法规和中央的有关文件规定所收取的费用。"对于相应公共设施的建设与维护征收政府性基金,如铁路建设基金、民航发展基金、国家重大水利工程建设基金、水利建设基金、城市公用事业附加、城市基础设施配套费",进行收费。①

(4)其他非税收入,主要包括中央银行收入、政府收入的利息收入、以政府名义接受的捐赠收入、主管部门集中收入等几类收入。

4. 非税收入的特征

非税收入是税收收入的重要补充形式,因而在各级政府的财政管理当中都不容轻视,尤其在优化资源配置、加强宏观调控等方面发挥着积极的作用。相对于税收收入,非税收入有着如下特征。

(1)有偿性。非税收入最明显的特征就在于他的有偿性,这和税收形成鲜明对比。非税收入的征纳两方都有着直接的目的性,其原因主要就在于,政府向企业或个人征收非税收入,从而提供更好的公共产品和服务,而企业或个人则意在获取相应的利益

---

① 贾小雷:《我国非税收入法律规制与国家财权治理的现代化》,载《法学论坛》2017年第4期。

和更优质的服务环境，在这一过程当中，非税收入在一定程度上体现了有偿性原则，且征收标准与提供的准公共产品和服务直接相关，应当适时调整。1999 年美国在 Bolt v. City of Lansing 案中就曾指出“规费主要用于社会特定人群交换政府某些特定公共服务支付的对价，规费与该种服务之间存在一定合理的价值对等关系”。[①]

(2)非普遍性。非税收入的非普遍性主要原因在于，一方面，非税收入的主体较为特定，只有那些享受政府服务或获取相关收益的主体才会缴纳非税收入。另一方面，其受益范围也较窄，并不像税收那样会带来全民受益式的回报。如果政府的支出使民众无差别地受益，那么应采取税收方式来筹募资金，而不是仅牺牲少数人的利益。当前政府的非税收入与其社会管理职能密不可分，有其特定的收取和管理对象。

(3)专用性。和税收用途的较为灵活不同，非税收入带有鲜明的专款专用的特征，非税收入来源与其用途之间联系紧密，一般要保障其专项用途，如行政事业性收费所取得的收入应当用于补偿政府所提供公共服务的成本，“有些政府非税收入项目是为了政府某一特定时期的特定需要而在特定条件下设立的，一旦完成了既定目标或任务，通常会‘功成身退’”[②]。

(4)非强制性。非税收入是强制与自愿相并存，比较典型的是事业单位在提供服务所收取的补偿性费用等基本上就是自愿的，这一点与市场经济中的主体资源相互交换的本质是一样的。

---

① See 587 N . W . 2d 264 – 269 (Mich 1999).

② 许多奇：《非税收入的合法性探讨》，载《法学》2013 年第 4 期。

（二）非税收入立法权纵向配置的现状及问题

1. 非税收入的设立权

政府非税收入设立权，简称非税设立权，又称"非税立项权"。[①]《预算法》规定了我国的财政收入包括税收收入和非税收入。其中税收收入严格适用法定原则，但大多数非税收入的法律依据为财政部 2016 年制定颁布的《政府非税收入管理办法》。总的来说，非税收入的设立主体众多，法律依据也多，层次也比较多，没有比较统一规范的立法，法治化程度有待提高。

2. 非税收入立法权的纵向配置

非税收入立法权中最主要、最核心的是非税收入的设立权。我国《预算法》对非税收入立法权没有明确的规定，只是财政部 2016 年制定的《政府非税收入管理办法》对此有比较具体的规定，规定了八类非税收入。这是目前关于非税收入设立权最明确的规定，各地区也都依此来实行。

3. 非税收入立法权纵向配置存在的问题

（1）缺乏一部非税收入的基本立法对非税收入立法权进行纵向配置。我国税收收入立法比较完善，但行政事业性收费收入、国有资源（资产）有偿使用收入和其他收入等典型非税收入的权限则不尽然。[②] 目前我国政府非税收入立法存在的最大问题是立法层级较低，缺乏中央较高层次的立法。

最主要的问题是缺乏一部由全国人大或全国人大常委会制

---

① 谭立：《非税管理权配置的理论依据与基本原则》，载《江西社会科学》2012 年第 8 期。

② 贾小雷：《我国非税收入法律规制与国家财权治理的现代化》，载《法学论坛》2017 年第 4 期。

定的非税收入方面的基本法律。尽管当前中央已经制定了较多的有关非税收入的法律文件，涉及非税收入的众多领域，但是绝大多数都是由财政部或几个部委颁布的规章或其他规范性文件。

(2)由财政部制定《政府非税收入管理办法》显然不符合《宪法》和《立法法》的精神，这种制度安排也必然导致地方非税收入的设定权由各级人民政府及其财政部门、价格主管部门享有。由财政部制定《政府非税收入管理办法》本身就不合适也不符合宪法和法律精神，这也是其规定由政府财政部门设定非税收入的直接原因。由财政部制定《政府非税收入管理办法》，就必然会在其中规定由各级政府财政部门设定非税收入，因为财政部是国务院的职能部门，其对应领导或者指导的地方国家机关就是财政部门，财政部只能对各级地方财政部门的行为进行规定，财政部不是地方人大的上级机关，故无权对地方人大的行为作出规定。因此，只有由全国人大常委会制定或者由全国人大常委会授权国务院制定有关非税收入的基本法律，才有可能实现由各级人大及其常委会设立非税收入。

(3)地方拥有的非税收入立法权自由度较大。正因为缺乏一部由全国人大或全国人大常委会制定的非税收入方面的基本法律，缺乏权威的、系统的规定，再加之财政部的有关规定赋予了地方相当多的非税收入立法权，所以地方拥有的非税收入立法权自由度较大，地方拥有很多类别的非税收入的设立权、征收标准制定权等权力。一个部门往往仅凭借某部法律中的某个授权条款就可以自行制定有关的征收办法，征收对象和标准比较随意，不少征收部门在其中基于利益相关者的地位而在规范性文件的制定过程中过多考虑部门利益，造成政府非税收入收取领域的种种乱象。

(4)地方拥有的非税收入立法权几乎都掌握在行政机关手里。依据我国现行法律,各级人大及其常委会对非税收入的设立几乎不予置喙,这明显是不符合宪法和法律的原则和精神的。

其一,由代议机关对比较重要的财政事务行使决定权,掌握"钱袋子"是当今世界各国的通例,我国宪法和法律的相关规定也体现了这一精神。这也是人民主权原则的具体要求。

其二,非税收入的设定由各级人民政府及其财政部门、价格主管部门设定,不符合我国《立法法》的立法精神。我国《立法法》第11条第6、9项规定了税种的设立、税率的确定和税收征收管理以及财政、海关、金融和外贸的基本制度必须制定法律,这一规定表明我国财政税收的基本制度应当由全国人大及其常委会以法律的形式进行规定。依据这一精神进行推理,地方对财政收入的基本规定也应当由地方人大及其常委会进行规定。

其三,非税收入的设定由各级人民政府及其财政部门、价格主管部门设定,不符合我国《立法法》关于政府规章立法权的规定。我国《立法法》第93条对省级人民政府的立法权进行了规定,这一规定表明地方政府规章只是进行执行性立法,很显然,非税收入的设定并不是执行上位法,而是一种创设性的规则制定,也不属于本行政区域的具体行政管理事项,而是涉及公民基本财产权利的保障,因此,由政府规章对非税收入进行设定违反了本条的规定,也就是说由地方性法规设定非税收入才符合立法本意。

其四,由各级人民政府及其财政部门、价格主管部门设定非税收入不利于保证公民的财产权。各级人大及其常委会相对于各级政府而言,其民主合法性更强,更能代表民意,而且其立法程序更加严格和规范,更能反映广大民众的意图和诉求,其立法也更加慎重。因此,由政府规章对非税收入进行设定并不合适,由地方性法规设定非税收入则更合理,更有利于保证公民的财产权。

三、债务收入立法权的纵向配置

我国实行一级政府、一级财政事权和一级财权匹配的财政结构,中央政府与地方政府的财权和财政事权的划分一直是学术界和政府关注与争论的一个焦点。随着我国经济增速下行压力加大,稳增长、促民生等各项任务的完成难度增大,地方政府收支矛盾日益凸显。近年来,地方政府通过包括土地财政、融资平台在内的多种方式扩大资金来源,在有力支撑地方基础设施等各项建设的同时,也引发了大家对财政风险的担忧。随着地方政府债务负担的逐步扩大,规范和发展地方政府举债方式,尤其是在法律上确定中央和地方债务收入纵向立法权配置显得尤其重要。

1. 债务收入的概念

国家财政意义上的债务收入是中央政府或者地方政府通过借贷的方式,从国内外取得的收入,不包括非官方的债务收入。国家财政部门在国内外发行债券、向外国或国际金融机构取得借贷,都形成债务收入。依据借款对象的不同,可以将债务收入分为国内债务收入和国外债务收入。

世界大多数国家的财政收入范围一般仅包括经常收入(所有的税款收入和经常性的非税款收入)和资本收入(从销售资本资产和非政府来源的资本转移所得的收入),然而我国将债务收入也纳入财政收入预算范围之中。

2. 新中国债务收入立法权的发展

历史上，政府公债很早就出现了，但是其并非政府筹集资金的经常性工具，通常是为了满足战争需要或应对财政危机的应急措施。到了近现代社会，越来越多的国家通过债务收入的方式来弥补财政缺口，政府举债成为通行的做法。新中国成立以后，我国政府债务收入立法权的发展大致经过了以下几个阶段。

（1）1949 年至 1979 年。从新中国成立初实行"高度集中，统收统支"到随后的"统一领导、分级管理"，地方政府的独立性有所增加，但是从根本上说地方政府在财政上并没有独立性。此时的债务收入立法权完全集中在中央。

（2）1980 年至 1993 年。在该阶段，中央在财政上开始实行"分灶吃饭"的"财政包干"体制改革，从而调动地方的主动性，在改革开放的大背景下扩大地方政府的财政权，赋予其更多的自主性。尽管这一举措有利于对地方政府进行激励和约束，然而，地方政府"只盈利不支出"，故而不需要债务收入。这一阶段，由于地方政府赤字由中央负担，地方政府客观上不需要债务收入也不必有债务收入，相应地，债务收入立法权也集中在中央。

（3）1994 年至 2013 年。地方政府没有债务收入权和立法权，借助地方融资平台进行融资。依据八届全国人大二次会议与 1994 年通过的《预算法》第 28 条规定了地方各级预算不列赤字，地方政府不得随意发行地方政府债券。同时我国《担保法》（已失效）规定"国家机关不得为保证人，但经国务院批准为使用外国政府或者国际经济组织贷款进行转贷的除外"，依据这些规定，地方政府既没有发行债券的权力，也没有担保债券的权力。

然而,形势却发生了变化。根据我国 1994 年《预算法》,我国实行一级政府一级预算,整个国家实行五级预算,即中央、省、地(市)、县和乡。1994 年实行分税制改革之后,我国中央和地方政府之间确定了"一级政府、一级财政事权和一级财权"的分权制财政体系。初始,分税制改革调动了地方各级政府的积极性,有力地促进了地方经济增长、城市建设、民生发展,但随着中央和地方出现了事实上的财政事权重心下移和财权重心上移,地方政府财政事权和财权的不匹配情况日益严峻,加上我国转移支付制度还不完善,地方政府收支矛盾凸显,地方政府基础建设的冲突日益强烈,地方政府资金缺口不断加大。为解决资金缺口,地方政府债务收入方式经历了一系列的演进过程。

地方政府为解决资金需求和供给的矛盾,探索出了两种解决办法,一种办法是中央财政发行国债再转贷给地方,即中央为地方政府发债;另一种办法是地方政府通过设立隶属于自己的企业,即地方融资平台,以企业的名义向银行贷款,或发行企业债券,这种债券主要就是城投债,这种做法发端于 20 世纪 80 年代的上海,后来被其他地区纷纷仿效。由于举债主体是企业,所以规避了《预算法》和《担保法》。

随着我国经济发展,地方融资平台经历了产生、发展、成熟和退场几个阶段。按照国务院《关于加强地方政府融资平台公司管理有关问题的通知》(国发〔2010〕19 号)的规定,地方融资平台被界定为:"由地方政府及其部门和机构等通过财政拨款或注入土地、股权等资产设立,承担政府投资项目融资功能,并拥有独立法人资格的经济实体。"从此定义中可以看出,地方政府融资平台主要是为地方政府解决融资问题。虽然到 2010 年国家才正式发文界定，但地方融资平台起源可追溯到20世纪80年代的上海，当时上海市财政困难，在地方政府不能举债的情况下，上海市政府便组建了久事、城投等公司，作为借债主体向国内外金融机构融资，由政府提供隐性背书。最初地方融资平台的操作模式被称为"打捆（打包）贷款"模式。随着全国各地城镇化进程的加快，各地加大了对基础设施建设的投入，为解决融资问题，地方政府融资平台模式被纷纷效仿。

2006年，由于"打捆（打包）贷款"模式存在风险隐患，一度被叫停，而后上海、重庆等地方政府对这一融资平台的机制进行了完善和规范：实行政府管理职能与投资者职能分离的机制，投融资的主体和责任由具有独立法人资格的公司实体来落实和承担，政府可以通过该平台来筹措建设资金，而平台则可以通过市场运作的方式获取相应的受益，从而保障还款的来源，承担偿债的责任。

2008年金融危机之后，为配合4万亿元投资，地方政府投融资平台出现"井喷式"发展，平台由省级向地市级、区县级甚至村镇级政府发展，平台类型不断细化，不仅按行政序列建立，也按业务板块设立。地方政府融资平台为地方政府配套完成4万亿元投资提供了直接动力，对地方基础设施建设和经济发展起到了积极作用，但在发展过程中也出现了一系列问题：重复融资、短贷长用、资金挪用现象突出，借新还旧问题严峻，政府有限的财力被过度透支，地方政府隐形债务风险不断加大。

（4）2014年至今。政府债务收入立法权集中在中央，全国人大确定基本规则和中央政府的举债余额规模，国务院确定地方政府举债的限额，地方政府具有举债权，通过发行地方政府债券进行融资。

随着地方政府举债规模不断增大，违约风险不断积聚，中央政府对这一问题的关注度也空前加大，为了遏制通过平台过度举债，审计署于2013年开展了全国范围的各级政府的大审计工作。2014年国务院下发《关于加强地方政府性债务管理的意见》，对地方政府性债务进行严格规范。

根据2014年修正的《预算法》第34条的规定，中央政府可以向国内外举债，只能是一般公共预算中必需的部分资金，财政部门具体负责中央债务管理，全国人大设定余额的规模；第35条赋予地方政府一定的举债权力，经国务院批准的省级预算中必需的建设投资的部分资金，可以在国务院确定的限额内，通过发行地方政府债券举借债务的方式筹措；第48条和第79条规定，各级人大及其常委会审查本级预算安排举借的债务的规模、结构、使用、偿还等是否合法、合理，风险是否可控；第67条规定，各级预算在执行中需要增加举借债务数额的，应当进行预算调整。2020年10月召开的党的十九届五中全会通过的报告《中共中央关于制定国民经济和社会发展第十四个五年规划和二〇三五年远景目标的建议》提出要“健全政府债务管理制度”。

这些规定，一方面表明政府债务收入立法权集中在中央，全国人大确定基本规则和中央政府的举债余额规模，国务院确定地方政府举债的限额；另一方面表明地方政府具有举债权，能够通过发行地方政府债券进行融资。

3. 政府债务收入立法权纵向配置的现状和问题

(1)我国政府债务收入立法权基本上都属于中央，地方基本上只有执行权

现行《预算法》是我国中央和地方政府举债的基本法律规

范,而《预算法》本身是全国人大制定的,因此可以说我国政府债务收入立法权最基本规则的制定权属于全国人大。另外,《预算法》在具体规范政府债务收入立法权、执行权和监督权等权力的时候,也明确将政府债务收入立法权确定为中央的权力,地方政府享有执行权,全国人大、国务院、财政部、地方人大和政府的具体权限分工是:全国人大设定中央政府层级的举债余额规模;国务院确定省级政府举债的限额;各级人大及其常委会审查本级预算,安排举借的债务的规模、结构、使用、偿还等是否合法、合理,风险是否可控;各级预算在执行中存在增加举借债务数额情形的,应当进行预算调整。

由此可知,我国政府债务收入立法权基本属于中央,地方基本只有执行权。为什么说我国政府债务收入立法权"基本"属于中央,地方"基本"只有执行权?那是因为,债务收入立法权和执行权不同于税收立法权与执行权,税收立法权与执行权的区别比较明确,立法就是立法,就是确定征税主体、税基、税率等税收要素,执行就是执行,就是将有关立法的规定严格执行就可以了;而债务收入立法权和执行权却没有非常明确的界限,立法中有执行,执行中有立法。例如,全国人大制定《预算法》确定各个主体的权限,这是立法,但是全国人大确定中央政府层级的举债余额,国务院确定省级政府的举债限额,这就不是在立法而是在执行了,省级政府在国务院确定的举债限额内进行的举债的行为,也有立法的性质,因为是在一个限额内自主确定,并不是一个确定的数额,如同中央确定一个税率的幅度,地方政府可以在这一个幅度之内具体确定税率,那么地方政府确定具体税率的权力就不仅仅是一个执行权,而是有立法权的特性。

我国确立政府债务收入立法权基本属于中央，地方上只有执行权这样的权力配置，有一些不合理之处，让地方拥有债务收入立法权似乎是合理的选项。在当前的众多分权理论当中，学者们多倾向于“强调中央和地方应当进行适当的财政分权，给予地方更大的经济自主权，从而实现地方公共产品供给的最优状态”。[①]还有人认为，“中央和地方财政事权的界定不清，中央政府常常凭借其政治权力要求地方政府不断承担地方公共服务职能”。[②]地方事务责任加重导致地方财政压力更为加大，促使政府寻求更多的财政来源，除了通过乱收费、乱摊派、土地财政等方式和手段获取财政收入以外，债务收入也成为地方财力不济情况下迫不得已的选择。

然而，以上的这些理论有很多不符合我国国情的地方，过于理想化，我国确立政府债务收入立法权基本属于中央，地方基本只有执行权，这样的权力配置更符合我国的国情。如果让地方政府享有过大的债务收入立法权，存在较大的道德风险，因为在我国地方政府并没有完全独立的经济地位，地方政府不存在“破产”的可能性，那么地方政府的领导可能会有好大喜功、快速发展经济的冲动。“最为明显有效的拉动经济增长的方式就是依靠政府财政投资项目。”[③]特别是2008年中央“救市”以来，各级政府纷纷“向金融机构贷款或发行企业债券，大肆投资地方公共

---

① 李金龙、章彤：《国际经验视域下我国赋予地方政府举债权的可行性探讨》，载《武汉大学学报（哲学社会科学版）》2012年第4期。

② 张婉苏：《中央政府不救助地方政府债务的纠结、困惑与解决之道》，载《苏州大学学报（哲学社会科学版）》2016年第5期。

③ 张婉苏：《地方政府举债层级化合理配置研究》，载《政治与法律》2017年第2期。

基础设施和公益性项目”。①

现有的政府债务收入立法权纵向配置基本是合理的、相适应的。当然,如果现有的中央与地方的基本财政体制和构架发生改变,地方基本上具有独立的财政经济地位,那么地方享有相当的债务收入立法权也是水到渠成、顺理成章的事情。

(2)我国政府债务收入立法权中央主要在国务院,地方主要在地方政府

依据我国《预算法》的规定,我国政府债务收入立法权最基本规则的制定权属于全国人大,主要规定了基本原则、基本的权力主体、基本程序等内容,再加上一个非常重要的权力,就是设定中央政府层级的举债余额的规模,但是这后一项权力对于地方政府没有直接的意义,因为规定的是国务院的举债规模。对地方的债务收入有较为直接影响的立法权体现有三个方面:一是全国人大规定了的基本原则、基本的权力主体、基本程序等内容,其中最核心的是基本程序;二是国务院确定省级政府举债的限额的权力,这一权力至为关键;三是国务院的财政部的具体管理权,因为国务院的有关财政的具体权力的行使往往是通过财政部来行使的。

上文讲到,从严格意义上说地方并非没有政府债务收入立法权,其还是有很少的债务收入立法权的,而这很少的债务收入立法权主要由地方政府所掌握。之所以说地方债务收入立法权主要是在地方政府,是因为省级政府举债的限额一旦被国务院确定

① 冉富强:《我国地方政府性债务困境解决的法治机制》,载《当代法学》2014 年第 3 期。

下来,确定具体的数额的权力就在于省政府,各级人大及其常委会的权力主要是监督其是否合法,具体而言就是审查本级预算安排举借的债务的规模、结构、使用、偿还等是否合法、合理,风险是否可控;各级预算在执行中需要增加举借债务数额的,应当进行预算调整。

这种制度安排并不合理,因为就我国《宪法》和《立法法》的相关原则和规定,财政税收的基本制度和规范应当由全国人大及其常委会以法律的形式决定,相应地,地方财政的基本问题应当由本级人大及其常委会决定。依据这样的原则和规定,全国人大不应当仅设定中央政府的举债余额的规模,而应当每年确定当年中央政府举债的具体额度,就如同每年审批财政预算法案一样;在国务院确定了省级政府的举债的限额以后,具体的额度确定权在于地方政府,而不是在地方人大,这很不合适,应当将具体的额度确定权划归地方人大。

第二节　央地财政支出立法权的配置及其存在的问题

财政,即公共收支管理之意。《辞海》将“财政”解释为:“财政谓理财之政,即国家或公共团体以维持其生存发达之目的而获得收入、支出经费之经济行为也。”[①]“财政是国家运用政治权力占用一部分社会财富并为社会提供公共服务的经济行为,是宏观

① 陈共编著:《财政学》(第 4 版),中国人民大学出版社 2004 年版,第 24 页。

调控的重要工具,以优化资源配置,维护社会公平正义,保证经济健康发展为目标”,[①]主要包括财政收入和财政支出。财政收入主要涉及财政资金的积累,而财政支出则是指对财政收入进行分配和使用,两者都是财政活动的重要组成部分。一直以来,对于财政收入,尤其是税收收入的关注远甚于财政支出。“税收法定主义”“无代表则无课税”成为财税法学界耳熟能详的词语。关于税收法定主义的研究著述颇多,对财政收入的支配和使用,即财政支出的关注和研究相对来说则要少得多,即使有所研究也是从技术层面上研究财政支出怎样更有效益。虽然当今世界各国普遍实行了财政预决算制度,但是相关法律往往规定财政支出的主体和程序,至于应当将财政支出用于哪些方面,不得将财政支出用于哪些方面,法律往往极少进行规定。没有法律依据,就不能随意课征税收,同样的道理,没有法律依据,就不能随意动用很大程度上是由税收转化过来的财政资金。财政支出法定化也应受到相应的关注,财政支出法定需要相应配套的“法”,且需明确“法”的制定者,即约束政府财政支出的法律规范和相关法律规范的制定权归属及其配置,这就衍生出财政支出立法权的配置问题。

财政支出立法权主要包含两方面:财政支出规则的制定权和财政支出决定权。财政支出立法权的纵向配置,即在中央与地方以及地方各级政府之间形成的财政支出立法体系中制定、提案、审议以及立法监督等方面的财政支出规则立法权和编制、审查、

① 蒋庆增:《构建我国财政支出法律制度的思考》,山东大学2012年硕士学位论文,第1页。

批准、执行、调整以及执行监督等财政支出决定权在不同层级政府之间的分配。

2018 年 3 月，中共中央办公厅印发《关于人大预算审查监督重点向支出预算和政策拓展的指导意见》，强调财政支出预算为人大预算审查的重点，对其实施全口径审查与全过程监管，实现审查范围和内容的全覆盖，为各级人大如何监督财政支出，中央对地方进行财政支出监督指明了方向。2020 年召开的党的十九届五中全会提出要建立现代财税体制、加强财政资源统筹等要求。

财政支出立法权纵向配置的现状可从中央与地方之间的财政支出规则的立法权和财政支出决定权的配置来分析。我们将财政支出立法权分为财政支出规则制定权和财政支出决定权。因为财政支出立法权是要通过两步或者说两个环节来完成的，因此，财政支出立法权包括两个环节的权力：财政支出规则制定权和财政支出决定权。由于财政转移支付与国防、教育、文化、卫生等由本级财政用于具体方面的支出有较大差别，我们将其相对独立地进行论述，并不是说财政立法权包括财政支出规则制定权、财政支出决定权和财政转移支付立法权三部分，实际上财政转移支付本质上也是一类财政支出，虽然有其特殊性，财政转移支付立法权也可以分为财政转移支付规则制定权、财政转移支付决定权。

财政转移支付立法权与财政支出规则制定权、财政支出决定权并列，可能会让人以为财政立法权包括财政支出规则制定权、财政支出决定权、财政转移支付立法权。但是需要注意，这样安排是因为财政转移支付与国防、教育、文化、卫生等由本级财政用于具体方面的支出有较大差别，所以本书将其相对独立地进行论述，本意并不是说财政立法权包括财政支出规则制定权、财政支出决定权、财政转移支付立法权三部分。

一、财政支出规则立法权的纵向配置

（一）财政支出规则立法权纵向配置概述

1. 财政支出

以经济学视角来看，财政支出是指以国内各级政府为履行其职能而在一个预算年度内所支出的资金总量。观之以动、静两个形态更易理解。就静态而言，财政支出是指“政府以预算形式统筹支配的资金量，该资金量代表了一个预算年度终结时政府持续支出所用的资金总量”。[①] 就动态而言，财政支出更加强调政府在一个预算年度内统筹分配预算资金的整个过程。“政府安排财政资金的目的是满足其履行职能的需要，是为政府履行职能提供财力保障。”[②]换言之，财政支出既是静态的，也是动态的，是“国家（政府）把筹集到的财政资金用于社会生产与生活的各个方面的分配活动，它也是政府履行其职能而支付的相应费用的资金”。[③] 因此，财政支出是对财政资金的安排与使用过程的汇总，也体现了其使用的资金总量，是动态与静态的结合体。满足政府履行职能和提供更完善的公共服务是财政支出的最根本目的。

在财政制度比较完善的国家，财政支出基本上被包含在预算

① 曾康华编著：《财政支出学》，对外经济贸易大学出版社 2011 年版，第 1 页。

② 曾康华编著：《财政支出学》，对外经济贸易大学出版社 2011 年版，第 1 页。

③ 陆建华编著：《财政与税收》，复旦大学出版社 2005 年版，第 38 页。

之中，因此，财政支出通常就是预算支出，是“政府对其掌握的财政资金的安排、供应、使用和管理的全过程，通常按财政年度计算”。[①] 在我国，财政基本实现预算全覆盖，当然财政支出也基本实现了预算全覆盖，其中，中央已经完全实现了财政支出的预算全覆盖，地方政府从形式上看也实现了财政支出的预算全覆盖，但由于地方政府融资平台的存在以及其他某些原因，实际上还存在一些体外运行的财政资金。

因此，本书所阐述的财政支出是指预算支出，预算支出是国家或政府按照预算计划对财政资金进行分配和使用，是财政预算的重要组成部分。预算支出根据不同标准有不同的分类，可以按照支出的功能分类，也可以按照支出的经济性质分类，还可以根据预算支出主体的层次级细分类，通常分为中央预算和地方预算，中央预算是指中央各部门（包括直属单位的预算）和对地方的税收返还、转移支付预算，地方预算是指本级各部门和税收返还、转移支付预算。财政支出“反映了政府活动的范围与方向”。[②] 财政支出的总量及其配置构成同时也能够反映出政府以何种规模和深度对社会经济生活进行调控。良好的财政支出纵向配置“对国家财政体制，进而对公共经济的运行效率产生至关重要的影响”。[③]

2. 财政支出立法权

财政支出立法权在我国并未有明确的概念界定，但可从财政

---

① 唐朱昌主编：《新编公共财政学》，复旦大学出版社 2004 年版，第 93 页。

② 杨丹芳：《财政支出经济分析》，上海三联书店 2001 版，第 1 页。

③ 刘剑文等：《中央与地方财政分权法律问题研究》，人民出版社 2009 年版，第 90 页。

支出立法权这个概念本身的字面含义进行分析。首先,上文提及财政支出是国家或政府按照国家预算计划对征收的财政资金安排使用;其次,对于立法权,中外研究立法权问题的法学、政治学的论著不胜枚举,顾名思义就是立法的权力。如亚里士多德的《政治学》、洛克的《政府论》、黑格尔的《法哲学原理》、汉密尔顿等的《联邦党人文集》等论著,都对立法权有相关的论断,并产生了深远影响,而当代西方法学和政治学研究立法权的问题与成果的著论更难计数。国内对立法权的认识并未取得一致见解。有学者认为,立法权就是"全国人民代表大会及其常务委员会的一项专有权力"。[①] 按照这类学者的理解,实际上排除了行政机关等作为立法主体的可能性。当然也有学者认为,"立法权是特定的国家机关依法享有的产生与变更法的一种国家权力"[②]。此种理解突破了上述学者理解的立法权主体的范围,认为立法权并非立法机关的特有权力,只要是特定的国家权力机关具有法律依据,即可成为立法权主体。本书采取的是最后一种理解,即立法权是由特定的国家机关行使的制定、认可和变动法的权力。

正如前文所述,我国财政支出立法权,包括两个环节的权力,财政支出规则制定权和财政支出决定权,因为,财政支出立法权是要通过两步来完成的,第一步就是确立财政支出的投向、主体、程序等规则,第二步就是通过预决算程序确定每一年的具体的财政开支项目的额度。财政支出立法权为什么不像财政收入立法权特别是税收立法权那样直接规定每一项开支占总收入的比例,

---

① 蔡定剑:《中国人民代表大会制度》,法律出版社 2005 年版,第 261～264 页。

② 李步云、汪永清:《中国立法的基本理论与制度》,中国法制出版社 1998 年版,第 27 页。

几年甚至十年、几十年不变动,这样不就一步就完成了财政支出立法了吗?这显然不可能,因为政府财政支出事项不是一成不变的,而是随着社会经济的发展及政府职能的变化而适时调整的,因此,不可能通过一部法律对各项财政开支占总财政收入的比例作一个确定的、一劳永逸的规定,更不用说确定各项财政开支的具体额度,世界上也没有哪一个国家如此行事,毕竟财政开支立法不同于税收立法,某一税率确定以后,一般情况下几年甚至十年、几十年不变动,有比较强的稳定性。

因此,财政支出立法权包括两个环节的权力,财政支出规则制定权和财政支出决定权。从最严格的意义上说,只有财政支出规则制定权才是财政支出立法权,财政支出决定权严格上说不是立法权而是执行规则的权力,但是由于上述财政支出立法分两步完成的特点,也由于包括我国在内的当今世界各国普遍遵循由代议机关通过预决算的方式作出财政支出决定,类似于立法程序,带有一定的立法性质,甚至我们可以说税率是几年、十几年或者几十年通过立法程序调整一次,财政支出的比例则是每年通过立法程序调整一次,财政支出决定权也是立法权。

3. 财政支出规则立法权的纵向配置

财政支出规则立法权就是财政支出具体怎么支出,哪些方面应当支出,以及支出的主体、程序、方式等这一系列规则的制定、认可和变动的权力。

从广义上说财政支出规则的立法权包括两大类,一类是财政支出权限横向配置规则的立法,另一类就是财政支出权限纵向配置规则的立法。所谓横向配置,就是同级政府机关之间在财政支出权限方面的划分,所谓纵向配置就是上下级政府机关之间在财政支出权限方面的划分,其核心是上下级政府之间的财政支出的权力怎么划分,各级政府之间财政事权和支出责任怎么划分。关于财政支出权限横向配置的规则,我国《预算法》明确了这一方面的权力配置,建立了各级政府编制和提交预算草案并执行人大通过的预算,政府提出的预算草案由同级人大批准并由其监督预算的执行。关于财政支出权限纵向配置的规则,我国对于这一方面的权力配置却没有像对于横向配置一样通过全国人大制定法律进行规制,而是由国务院的决定进行规定,例如2016年国务院发布的《关于推进中央与地方财政事权和支出责任划分改革的指导意见》。

财政支出立法权的配置是宏观上哪些国家机关对财政支出规则享有立法权,财政支出立法权的纵向配置也就是中央与地方之间财政支出规则立法权的配置。财政支出规则立法权的纵向配置本质上是中央与地方的权力分配,体现的是中央与地方以及地方之间在财政支出立法权的国家权力关系。财政支出立法权的纵向配置是指财政支出权在立法层面上的中央与地方的分配关系,主要是指具体的法律规定由哪一个主体决定,哪些主体具有立法权以及哪些权力属于中央,哪些权力属于地方,还有中央与地方的关系,谁主导等,这些都是财政支出规则立法权的纵向配置所蕴含的内容。不仅仅是静态上的法律规定,还有延伸至法律具体实施的动态情况。纵向立法权的配置出现问题很可能会"衍生出越权立法、重复立法、立法懈怠等立法无序现象,最终导致法律体系的混乱和法律实施的困难"。[①] 因此,科学、合理的财

① 刘志刚:《中央和地方的立法权限划分》,载《哈尔滨工业大学学报(社会科学版)》2016年第4期。

政支出规则立法权纵向配置体制的确立对于规范政府收支活动、促进地方预算自主性、确保国民经济与社会的良性发展发挥了重大作用。

4. 财政支出决定权的纵向配置

财政支出决定权可以从广义和狭义两种视角对其进行界定,广义的财政支出决定权是从宏观上、整体上分析国家的财力和财政支出权限的配置,而狭义的财政支出决定权就是在各级政府的财力已经分配完毕的情况下,分析各级政府的财政支出的权限如何安排,比较微观和具体。两种界定的最重要区别是,前者的起点是全国的财力和财政支出权限还没有被分配的初始状态,后者的起点是将全国的财力和财政支出权限已经被分配到了各级政府作为起点。

在将我国财政支出规则划分为纵向的财政支出规则和横向的财政支出规则两大类的基础上,我们可以将我国整个政府的财政支出活动,也就是财政支出决定权配置及其行使分为三大步骤。

第一步是财政支出权的纵向划分和行使。就是将整个国家的财政支出权(对多大份额的财政收入和财力有多大的、怎么样的支配权力),依据不同层级的政府承担的支出事项的多少在不同层级的政府之间进行配置。我国中央与省级政府之间的财政支出权限划分的决定权在于国务院,省级政府与省级以下政府之间的财政支出权限划分的决定权在于省级人民政府。

第二步是财政支出权的横向划分和行使。各个不同层级的政府将自己分得的财政支出权在同级政府机关之间(包括人大、政府以及政府的职能部门)进行配置,这一过程除了依据各个部门承担的支出事项以外,还应当坚持人大审批和监督等原则。我国各级政府的财政支出权的配置和行使都是通过制定各级政府财政预算的方式进行的,有比较强的稳定性。

第三步是对财政支出决定权的监督,上级政府对下级政府,人大对政府行使财政支出权力的行为进行监督,这种监督主要是对已经配置给本级政府的财政支出权限的监督,极少规定监督上级政府如何分配财力和财政事权给下级政府,例如对于中央如何监督省级政府划分其与省级以下政府之间的财力,就很少作出规定。其实第三步的大多数监督行为几乎都是在第二个步骤中进行的,本书只是为了论述的方便而将其与事后的监督一起放在第三步。

这三大步骤就是财政支出决定权配置及其行使的过程,分别也是纵向配置权、横向配置权和监督权实现和行使的过程。我们可以对这三大步骤作出以下论述。

财政支出决定权的纵向配置基本就是第一个步骤,其核心是上下级政府之间的财政支出决定权怎么划分,各级政府有多少财力可供支配,政府之间财政事权和支出责任怎么划分,这归根结底是各级政府之间财政事权和支出责任的划分。

财政支出决定权的横向配置基本就是第二、三两个步骤,就是指各级人大、政府或者政府部门使用本级财政性资金,包括预算性资金和其他财政性资金的权力。简言之,横向的财政支出决定权是一种对有关财政支出的事项作出实体性决定和决策的权力,具体包括三个方面:一是预算草案的编制权,即各级人民政府财政部门部署编制本级政府预算草案;二是各级政府提交预算草案,同级人大审查和批准预算草案;三是各级政府提出预算调整方案,同级人大审查和批准。纵向维度上的财政支出决定权的配置是财政支出决定权在中央与地方之间以及地方各级财政主体之间的配置问题。科学、合理地配置财政支出决定权,对于实现国家预算权力的分工制约与良性互动具有重要的理论与实践意义。

(二)财政支出规则立法权纵向配置的现状分析

上文提到,财政支出决定权可以从广义和狭义两种视角进行界定,广义的财政支出决定权就是国家的财力和财政支出权限的配置,狭义的财政支出决定权就是在各级政府的财力已经分配完毕的情况下,各级政府的财政支出的权限如何安排。前者的本质是中央和地方之间财政事权和支出责任的划分,我们将在其他章节进行讨论,这里只讨论和分析狭义的财政支出规则立法权,也就是将全国的财力和财政支出权限已经被分配到了各级政府作为起点。

财政支出规则,是确定预算支出具有约束力的规范,具体表现为财政支出的具体法律法规,以及其他规范性法律文件,其内容旨在规范政府财政支出行为。

我国的财政支出规则立法权主要是通过财政预决算的立法实现的,财政支出规则立法权的配置是相关权力在中央与地方政府之间的分配,财政支出规则立法权主要表现为财政预决算相关法律对于预决算法案的制定、提案权以及审议权等相关权力的具体内容。因此,财政支出规则立法权的纵向配置表现为中央与各级政府之间对财政预决算的主体、职责、程序的具体立法权力的配置情况。我国存在许多关于财政支出规则立法权纵向配置方面的规定,从中可找出财政支出规则立法权分配的立法依据。2020 年 10 月召开的党的十九届五中全会通过的《中共中央关于制定国民经济和社会发展第十四个五年规划和二〇三五年远景目标的建议》提出:“深化预算管理制度改革,强化对预算编制的宏观指导。推进财政支出标准化,强化预算约束和绩效管理。明确中央和地方政府事权与支出责任,健全省以下财政体制,增强基层公共服务保障能力。”

1. 我国的财政支出的基本规则的立法权在中央

《宪法》中关于全国人大及其常委会、国务院的立法权限的规定为其行使财政支出的基本规则立法权提供了法律依据和基础。我国《立法法》第 11 条规定,关于财政、税收方面的基本制度,只能制定法律,据此可以认为关于国家财政支出的基本规则,也就是财政预算制度的基本内容应当由全国人大或者其常委会以法律的形式加以规定,当然,国务院也可以在实践需要的情况下依据全国人大及其常务委员会的授权,对部分事项先行制定行政法规,但是法律规定的保留事项除外。

因此,《立法法》将基本财政支出规则立法权分配给了中央,地方政府及其部门的财政支出规则制定权主要是对全国人大及其常委会、国务院的相关立法,特别是关于预算支出方面的立法进行具体化和细化。由于关于预算支出的立法,特别是《预算法》的规定比较原则和宏观,地方实际上也有相当一部分的财政支出规则立法权,故断言地方的财政支出规则立法权微乎其微并不准确。

总的来说,关于财政支出纵向配置的规则立法由国务院的决定进行规定,例如国务院于 2016 年发布的《关于推进中央与地方财政事权和支出责任划分改革的指导意见》和国务院办公厅于2018 年发布的《基本公共服务领域中央与地方共同财政事权和支出责任划分改革方案》,省级以下财政支出纵向配置的立法都由省级人民政府制定规定,例如江西省人民政府 2017 年发布的《关于推进省以下财政事权和支出责任划分改革的实施意见》,这就导致关于财政支出纵向权力配置的立法的民主性不足,法治化程度不高。关于财政支出横向配置的规则立法主要是由全国人大制定的《预算法》以及相关规定进行规范,当然《预算法》中对财政转移支付的规定是属于财政支出纵向配置的规则。

2. 中央的财政支出规则的立法主要是《预算法》及其实施条例、《义务教育法》等法律,以及国务院和财政部的有关规定

《预算法》及其实施条例、《各级人民代表大会常务委员会监督法》、《审计法》等法律都对财政支出的预算进行了规定,其中《预算法》及其实施条例是最基本的法律性文件。

除了以上这些立法外,在具体的立法实践中,中央通过以法律或者行政法规的形式为某类国家和社会事务进行立法时,给地方设定了财政支出规则,要求各级人民政府加大在某些关乎社稷民生行业领域的财政支出,其比重必须达到一定的比例,或者超过财政收入的增长等。这些强制性支出标准就是地方政府必须遵守的,是具有强制力且不可违反的财政支出规则。目前主要有以下一些中央法律法规确立了具体的财政支出规则。

《义务教育法》第 42 条规定:“国务院和地方各级人民政府用于实施义务教育财政拨款的增长比例应当高于财政经常性收入的增长比例,保证按照在校学生人数平均的义务教育费用逐步增长……”这是我国第一个以法律形式规定的法定增长支出项

目,《教育法》也作了类似的规定。

《科学技术进步法》第 86 条中也提及财政对于科学技术的投入的增长幅度,应当高于国家财政性经常收入。国务院《关于环境保护若干问题的决定》也有类似规定。

国务院和财政部经常就财政支出确立一些具体的规则,例如国务院 2015 年发布的《关于改革和完善中央对地方转移支付制度的意见》,2002 年 12 月国务院批转财政部《关于完善省以下财政管理体制有关问题意见》;再如国务院财政部 2018 年 8 月发布的《医疗卫生领域中央与地方财政事权和支出责任划分改革方案》明确中央与地方的财政事权和支出责任,对中央和地方承担支出的具体办法和比例作出较为详细的规定,基本公共卫生服务支出责任实行中央分档分担,依据中央和地方的分担比例,将全国不同的省、自治区、直辖市以及一些较大的市分为五档。

3. 省级政府对省以下政府财政支出规则有着相当的立法权

一方面,正如上文所述我们应该看到我国财政支出的基本规则的立法权在中央,主要的立法有《预算法》及其实施条例、《各级人民代表大会常务委员会监督法》、《审计法》等;另一方面,我们也要看到,由于这些立法大多数都比较原则和宏观,侧重于对程序的规定,这样一来就给地方立法特别是省级政府进行立法预留了较大的空间,同时为地方政府的操作自由预留了较大的空间。各个地方关于财政资金支出的相关规则都很多,不胜枚举,《预算法》和《政府采购法》等颁布实施后,各省及政府都制定了实施意见。2016 年江西省人民政府发布《关于改革和完善省对市县转移支付制度的意见》,2017 年江西省人民政府发布《关于推进省以下财政事权和支出责任划分改革的实施意见》,2019 年

1月22日江西省财政厅、国家税务总局江西省税务局、江西省残疾人联合会、中国人民银行南昌中心支行联合发布《江西省残疾人就业保障金征收使用管理实施办法》。

换言之,依据我国现有的法律,财政支出规则立法权基本集中在中央,属于全国人大和国务院,但是地方并非完全没有财政支出规则立法权。法律或行政法规要求增加特定领域的财政支出后,地方性法规或规章结合本地区实际情况作出了更加细致的规定。有些省份制定了某些领域的财政支出具体的实施细则。(1)财政事权和支出责任划分方面,2017年江西省人民政府发布《关于推进省以下财政事权和支出责任划分改革的实施意见》,其他各省也大多有类似的规定。(2)财政转移支付方面,2016年江西省人民政府发布《关于改革和完善省对市县转移支付制度的意见》。(3)教育方面,2017年财政部、教育部发布《关于印发〈中央财政支持学前教育发展资金管理办法〉的通知》(财科教〔2017〕131号,已失效)明确要求县级财政、教育部门加强对教育经费的合理安排和使用。省级财政和教育部门应当善于结合区域内的实际情况,统筹安排补助经费,重点要向农村地区、边远地区、贫困地区、民族地区、革命老区倾斜。湖北省财政厅制定公布了《湖北省学前教育发展资金管理办法》,该办法沿袭了中央政策精神,明确重点支持全省各区经济困难地区,并向农村、边远、贫困和民族地区倾斜。(4)预算支出管理方面,湖北省财政厅还根据《预算法》制定了《湖北省省级基本支出预算管理办法》和《湖北省省级项目支出预算管理办法》,规范省级行政事业单位的预算支出和省级项目基本支出等具体的约束细则。(5)科技方面,江西财政厅制定了《江西省科技创新促进条例》促进科技的创新发展,加快科技创新成果向现实生产力的转化。(6)其他方面,例如2019年1月22日江西省财政厅、国家税务总局江西省税务局、江西省残疾人联合会、中国人民银行南昌中心支行联合发布《江西省残疾人就业保障金征收使用管理实施办法》。

4. 中央对地方,上级政府对下级政府的财政支出立法权的监督偏弱

纵观我国财政支出规则的立法体制,对于横向财政支出规则,我国《预算法》明确了这一方面的权力配置,建立了各级政府编制和提交预算草案并执行人大通过的预算,政府提出的预算草案由同级人大批准并由其监督预算的执行。对于纵向财政支出规则,我国对于这一方面的权力配置却没有像对于横向配置一样通过全国人大制定法律进行规制,而是由国务院的决定进行规定,例如在财政支出的权力配置方面,重"横向配置"而由全国人大制定《预算法》进行规范,轻"纵向配置"而由国务院的规定进行规范。对于这两类财政支出立法行为的监督也差别很大,对于《预算法》规定的"横向配置"的立法和决定行为,《预算法》进行了较明确的规定,但是对于由国务院发布的《关于推进中央与地方财政事权和支出责任划分改革的指导意见》和江西省人民政府发布的《关于推进省以下财政事权和支出责任划分改革的实施意见》进行规范的"纵向配置"的立法和决定行为,几乎没有相关监督规定。

财政支出基本规则的立法权集中在中央,从法律文本上看地方只有贯彻执行的权力,拥有的地方财政支出规则立法权只占很少部分,但是由于中央的相关立法大多数都比较原则和宏观,侧重于对程序的规定,这样一来就给地方立法特别是省级政府进行

立法预留了较大的空间，同时也为地方政府的操作自由预留了较大的空间，在实践中就存在许多地方的财政补贴政策五花八门、层出不穷，地方支出随意性大，很多地方都设立了融资平台进行举债从而规避中央法律对财政支出的相关规定。

广义上的立法权是包括立法监督权的，立法监督权就包含备案、撤销或者改变等权力。《立法法》第107条和第108条对超越权限或是违反规定的不适当的法律法规的撤销和改变的权力配置作出了详细的规定。此外《立法法》还对地方上的立法监督以及授权机关与被授权机关的关系进行了规定。《预算法》第20条对预算在立法层面上的监督进行了明确规定，全国人大常委会有权撤销国务院制定的关于预算、决算的行政法规、决定和命令；撤销省级人大及其常委会制定的关于预算、决算的地方性法规和决议。另外还有对规范性文件的立法监督，规范性文件的审查和撤销，是指各级人大常委会对依法享有一定立法权限的主体的立法活动所进行的监督。《各级人民代表大会常务委员会监督法》第28条和第30条对规范性文件的审查撤销的标准进行了规定，人大常委会对违反法律的行政法规、地方性法规、自治条例、单行条例和规章的备案审查和撤销，依照《立法法》的相关规定办理。第29条对审查和撤销的程序也作出了规定。

（三）财政支出规则立法权纵向配置存在的问题

纵观我国财政支出立法权纵向配置现状可知，专门针对财政支出问题的立法较少，主要是以《宪法》、《立法法》、《预算法》、《各级人民代表大会常务委员会监督法》和国务院的有关决定，例如国务院于2016年发布的《关于推进中央与地方财政事权和支出责任划分改革的指导意见》和国务院办公厅于2018年发布的《基本公共服务领域中央与地方共同财政事权和支出责任划分改革方案》等为数不多的法律为主，另外还有一些部门规章，其数量远远超过法律，且大部分为财政部单独制定或与其他部委联合制定的行政规章，地方的财政法律性文件的制定情况亦是如此，由财政部门进行立法更趋于常态。无论是中央还是地方，我国财政支出的立法权主要集中在中央财政部及省级政府财政主管部门的手中，设区的市（除较大的市外）、县级财政主管部门没有支出规则立法权。财政部通过部门规章的形式，颁布财政支出具体规范，符合《立法法》的规定，而地方政府财政主管部门以自己的名义发布地方性财政支出规则，财政部和地方政府财政主管部门指定的财政支出规则应当有上位法的依据，不得违反上位法的规定。因此，根据财政支出规则立法权纵向配置的现状分析，其存在的问题主要有以下四个方面。

1. 中央立法的法治化程度不高、随意性强、内容疏阔，地方立法空间较大

中央立法的法治化程度不高，特别是对于纵向财政支出规则，是由国务院的有关决定和省级人民政府的决定，例如国务院的《关于推进中央与地方财政事权和支出责任划分改革的指导意见》和各个省级政府的规定，例如江西省人民政府发布《关于推进省以下财政事权和支出责任划分改革的实施意见》，这都不是正式的立法，随意性强，法治化程度不高。相关立法的内容也比较疏阔，中央关于财政支出的立法大多数比较原则和宏观，地方财政支出的立法权就相应增大，地方政府的操作自由空间也会相应增大。

对于中央与地方在财政支出规则立法权的分配层面，我国《宪法》的规定较为原则。对于中央和地方的职权划分，《宪法》没有具体规定，法律也没有具体规定，而是由国务院的财政部门根据原则精神制定相关的条例，造成实际上中央和地方财政事权重叠，地方财权缺失。并且“在中国的政策实践中，频繁地出现照搬复制，模仿跟风的现象”[①]。一方面可能导致地方的消极不作为，另一方面也可能导致地方的活动空间很大，具体到财政支出立法权方面，存在中央立法过于原则、地方可控的立法权限空间较大的问题。

中央立法的疏阔与原则化也导致地方支出立法的空间较大，从而引发了种种问题，如《预算法》第27条按照功能和经济性质进行了大致的分类，这种分类似有若无，形同虚设。归类标准太过宽泛，并且还有兜底条款，这就给地方赋予了很大的自主立法裁量权。哪些方面应该支出，哪些方面不应该支出，这种强制性规定少之又少，大多是“可以”之类的表述，更多的是模糊的、仅有软约束力的条款，如对财政支出的项目以及主体、程序等关键性的规则，都比较模糊，看似有规定，其实并没有什么实际约束力，也就是说中央的立法太过原则和宏观，缺乏约束力，让地方政府在具体立法时享有巨大的立法空间，这一形式极有可能导致财政支出的不规范，从而违背公共财政的目的。国务院2016年发布的《关于推进中央与地方财政事权和支出责任划分改革的指导意见》更是一些原则性的指导意见，给中央和地方留下了较大

---

① 刘伟：《学习借鉴与跟风模仿——基于政策扩散理论的地方政府行为辨析》，载《国家行政学院学报》2014年第1期。

的活动空间。

2. 中央部分立法过于僵化

僵化意味着给某事项设定了过于固定的标准，画地为圈，限制其积极性以及自主性的发展。目前我国财政支出立法规定的权力主要集中在中央，中央的有关立法存在两个相反的特点，一个特点是过于原则和宏观，给地方预留了过大的立法和执行空间；另一个特点正好相反，就是有些规定过于僵化，没有给地方必要的活动空间，不利于保障财政职能的发挥，对调动地方财政的积极性也是不利的。

中央的这些过于僵化的财政支出立法表明中央在行使财政支出规则立法权时，没有充分考虑地方的具体情况和特殊性。上文提到的《义务教育法》《教育法》《科学技术进步法》《环境保护法》等法律都为地方财政支出设置了一定的限制性比例要求，要求某领域的财政支出必须达到某一比例要求或者是不能低于某一比例要求，地方政府在面对这些刚性要求时，实际操作是很为难的。不仅很难达到这类立法要求，而且地方政府本身的职能和公共服务也很难实现，地方财政的压力可想而知。"地方政府在执行预算时，如果努力达到这些支出要求，就很难坚持收支平衡；如果坚持收支平衡，就难保证达到很多法律、政策的支出要求，这样地方政府处于两难境地，其结果是年初预算安排中的一些项目支出符合法定要求，而到了年终决算的结果却是低增长甚至是负增长。"①这些对地方财政支出比例以及增长幅度的要求，未考虑

① 罗春梅：《地方政府预算自主权的缺失问题研究》，载《中央财经大学学报》2004 年第 10 期。

到我国地大物博、发展不均衡的国情,很多地方可能根本就无法达到相关要求。这样在很大程度上限制了地方财政发展的自主性。这种财政支出要求的立法,其实是中央在行使财政支出规则立法权时考虑不够全面周到,或者是没有认真听取各方面的意见,没有充分进行调查研究。在支出方面,中央对地方此类过多的硬性干预,使得地方政府刚性支出过多,从而没有多余的财力根据实际情况合理地安排地方财政资金。中央部分立法过于僵化,也容易导致地方立法权依附性较强、缺乏自主性,无法突出地方特色,只是照搬或重复原有法律条文,针对性不强,缺乏可操作性。

3. 地方财政支出执行权过大

由于中央的有些财政支出立法过于原则和宏观,一方面会导致地方的财政支出立法自由裁量权过大,另一方面也会导致地方财政支出执行权过大。中央立法中多是一些模糊和原则性的规定,比如综合支出分类、支出范围、支出结构、转移支付等都是比较抽象和模糊的,这极有可能让地方政府“很少考虑到中央、省级和地方所面临的环境与约束条件的差异性”。[①] 这样一来,地方财政支出随意性大,实践中也更容易出现各种财政问题。

实践中地方政府虽然无权减税,但是财政支出的权力很大,政府财政补贴就是地方政府支出权过大的具体表现之一。很多地方出现了政府为了招商引资而大量补贴企业的情况,并将补贴纳入财政预算。政府的补贴随意性大往往是由于缺乏严格的审

---

① 罗长林:《合作、竞争与推诿——中央、省级与政府间财政事权配置研究》,载《经济研究》2018 年第 11 期。

查机制，这无疑容易颠覆财政补贴的宗旨和功能，[①]从而引起行政机关补贴目标和范围的偏差，产生财政补贴的乱补乱贴现象。实践中主要存在企业亏损补贴和价格补贴，其中补贴上市公司的情况更是大量存在，这种财政补贴绝大部分是政策性的，其依据主要是地方政府内部的行政规范性文件。

除了补贴规则的泛滥，地方政府也出台了关于举债权的相关细则。如果严格依照法律的规定，举债权以及关于举债的具体规则制定权属于中央，地方几乎没有举债权，但是实际情况是地方政府通过设立融资平台进行举债，变相地规避中央立法规定，让中央立法形同虚设。这在上文中已经进行了论述。

地方财政支出的随意性大与中央的相关财政支出立法直接相关。按照我国《预算法》的规定预算年度是从每一年的 1 月 1 日开始，预算执行便也要开始，但是作为审批预算的人大会议却在预算年度开始后才召开，例如全国人大按照惯例是在每一年的 3 月召开，这样一来在预算年度开始到人大会议结束，直至预算批复层层下达到单位手中，这中间最少会有三四个月的空白时间，预算执行没有相应的法律依据，这与预算法案的法律效力的强制性是不相符合的，预算执行便会变得随意。

这样的预算年度的制度安排，会产生四个不利的后果。其一，会出现预算调整现象频发的情况，由于预算周期和预算编制粗放等，预算调整频繁，但是这些调整很少逐一上报人大常委会批准，都是调整后一次性申请人大常委会批准，这样无疑成了“走过场”。其二，预算执行过程中财政资金有挪用的现象，政府

① 施正文：《财政补贴与市场公平竞争》，载《中国工商管理研究》2014 年第 9 期。

预算执行中在预算大类下的科目之间相互调整,认为只要保证大类总量平衡就可以了。其三,年底突击支出的情况明显,不少的财政开支缺乏法律依据和支出标准,甚至会出现改变支出用途等问题,这反映出我国预算执行的随意性,进而侵犯了预算的法律地位和严格性。其四,这样的制度安排会产生“破窗效应”,因为这样的制度安排会让人觉得法律制度本身并没有对财政支出进行刚性约束,既然三四个月可以无预算开支,就不能十二个月无预算开支吗?

4. 纵向的财政支出立法权的监督刚性不足,导致地方财政支出立法和执行的随意性大

从我国的法律规定可知,财政支出规则立法的监督权集中在全国人大及其常务委员会、国务院,还有地方人大常委会以及授权机关。就中央与地方政府之间,省、自治区及直辖市政府的预算需报送国务院备案,国务院汇总后报全国人大常委会备案,国务院和省级政府具有撤销或改变的权力,省级以下政府是没有财政支出立法层面的监督权。地方财政支出立法和执行的随意性大,一个很重要的原因就是纵向的财政支出立法权的监督刚性不足,实践中也没有发生过中央因监督地方政府的财政支出立法或者行为采取了撤销权或者改变权。

二、财政支出决定权的纵向配置

在将我国财政支出规则划分为纵向的财政支出规则和横向的财政支出规则两大类的基础上,我们可以将我国整个政府的财政支出活动,也就是财政支出决定权配置及其行使分为三大步骤。

第一步是财政支出权的纵向划分和行使。就是将整个国家

的财政支出权（对多大份额的财政收入和财力有多大的、怎么样的支配权力），依据不同层级的政府承担的支出事项的多少在不同层级之间的政府之间进行配置。我国中央与省级政府之间的财政支出权限划分的决定权在于国务院，省级政府与省级以下政府之间的财政支出权限划分的决定权在于省级人民政府。

第二步是财政支出权的横向划分和行使。各个不同层级的政府将自己分得的财政支出权在同级政府机关之间，包括人大、政府以及政府的职能部门之间进行配置，这一过程除了依据各个部门承担的支出事项以外，还应当坚持人大审批和监督等原则。我国各级政府的财政支出权的配置和行使都是通过制定各级政府财政预算的方式进行的，有比较强的稳定性。

第三步是对财政支出决定权的监督，上级政府对下级政府、人大对政府行使财政支出权力的行为进行监督，这种监督主要是对已经配置给本级政府的财政支出权限的监督，极少规定监督上级政府如何分配财力和财政事权给下级政府，例如对于中央如何监督省级政府如何划分其与省级以下政府之间的财力划分，很少有规定，其主要依据是《预算法》等法律。其实第三步的大多数监督行为几乎都是在第二个步骤中进行的，本书只是为了论述的方便而将其与事后的监督一起放在第三步。

这三大步骤就是财政支出决定权配置及其行使的过程，分别也是纵向配置权、横向配置权和监督权实现和行使的过程。

（一）财政支出决定权纵向配置的现状分析

1. 国务院和省级政府自己制定纵向财政支出规则自己执行

国务院和各省级政府都是依据国务院发布的《关于推进中

央与地方财政事权和支出责任划分改革的指导意见》和各省级政府的有关“红头文件”进行纵向财政支出决定的。立法体制存在的不足，导致这样的执行行为，问题主要还是在于立法。

2. 一级政府一级预算

我国的财政体制经过多年的改革与发展，基本上形成了一级政府一级预算的体制。新中国成立后相当长一段时间内，我国实行统收统支的财政管理体制。在该种高度集中的财政体制下，地方政府没有财政资源的配置权，全国只存在中央预算而没有地方预算。[①] 自 20 世纪 70 年代以来，我国在财政领域尝试了分权改革，赋予了地方政府一定的财政自主权，1991 年的《国家预算管理条例》（已失效）第 17 条明确规定了“赋予地方相应的财政自主权”。但是，预算编制仍然由中央政府代劳，其预算上的自主性仍然受到限制。1993 年国务院《关于实行分税制财政管理体制的决定》（国发〔1993〕85 号）提出要“建立和健全分级预算制度，硬化各级预算约束”。1994 年的《预算法》最终通过法律确立了“一级政府一级预算”制度，形成了中央至地方纵向的多级预算，使得地方政府在其人大批准下享有相对独立的预算编制权。

依据我国现行《预算法》的规定，中央和各级地方政府的预算相对独立，适用的程序和应遵循的原则大体相同。因此，任何一个层级的政府都享有财政资源的配置权，即本级具体财政支出决定权在于本级政府。

---

① 胡鞍钢：《中国政治经济史论（1949—1976）》，清华大学出版社 2008 年版，第 245 页。

3. 财政支出决定权在于本级人大和政府，并且主要在本级政府

依据我国《预算法》的规定，我国各级地方的具体财政支出决定权在于本级地方人大和地方政府，由二者共同行使。我国具体财政支出决定权严格意义上并不属于立法权的范畴，但是在预算执行过程中，具体财政支出的决定和调整是需要类似于立法的程序才能作出决定或者调整。从我国立法上看，具体财政支出决定权主要属于本级政府享有。预算草案的提出、审查批准以及执行中的调整这一系列的主体及程序，都是在同级政府内完成的。中央以及各级政府享有本级的预算编制权，即预算草案的提出主体都是本级政府及其工作部门。

从立法上看，各级政府编制本级财政预算草案，人大作为权力机关，拥有预算过程的决定性权力。然而，由于“预算的技术性和政策性的特点，为了提高预算效率，人大将预算编制权让渡给政府，所以，我国的预算编制基本上由财政部门和政府职能部门加以完成”。[①] 我国《预算法》对于各级人民政府编制预算的权力作了比较明确的界定。“通过代议机关民意的行使表明民选代表和人民政府的信任和支持，从而保证政府权力运作的正当性和经济基础”，代议机关的作用非常重要，代议机关只有掌握了财权“才能有效地控制政府的各项政策，才能从根本上控制政府”。[②] 我国《预算法》规定各级政府预算必须报同级人大批

---

① 严伟林：《我国政府预算权的配置研究》，暨南大学 2013 年硕士学位论文，第 27 页。

② 孟妮妮：《我国政府预算过程中的权力配置研究》，浙江财经学院 2010 年硕士学位论文，第 21 页。

准，预算调整方案必须报同级人大常委会批准，经批准的预算具有法律效力，也即各预算单位必须认真贯彻落实预算收入和预算支出。

依据《预算法》的规定，我国各级政府财政支出的草案编制权在于各级人民政府及其财政等部门，财政支出的预算批准权集中在各级人大及其常委会。然而，综合立法与实践进行分析可以看出，我国各级政府的具体财政支出决定权在于本级政府，也就是说各级政府在行使具体财政支出决定权的过程中居于主导地位，这可以从立法与实践两个层面上进行分析。

从立法层面进行分析，虽然《预算法》规定了人大的预算审批权，但是没有对具体的程序进行细化规定，例如人大在审查预算草案时，如果人大发现预算有不合理不合法的支出，是否有权进行修改或者责令政府修改，如果政府不同意修改应当怎样处理？如果人大不批准预算草案，人大是否需要说明理由，是否需要报上级政府和人大常委会备案？如果人大不批准预算草案，会有什么样的法律后果等，这一系列的后续程序应当是怎样的。我国的《预算法》几乎对此没有明确规定。

4. 上级政府对下级政府的财政支出决定权的约束方面的规定比较少，主要形式是备案、改变或者撤销

依据《预算法》和《各级人民代表大会常务委员会监督法》的规定来看，我国上级政府对下级政府的具体财政支出决定权的约束方面的规定主要有三个方面，一是规定下级政府要将本级预算报上一级政府备案，上一级政府汇总后报本级人大常委会备案；二是规定国务院和县级以上地方政府有权监督本级政府各部门和下级政府的预算执行；三是国务院和县级以上地方政府对本级

各部门和下级政府关于预算、决算的不适当的决定、命令有权进行改变和撤销。

如果仅仅分析《预算法》和《各级人民代表大会常务委员会监督法》的规定，似乎上级人大和政府对下级政府的财政预算有相当大的监督权力，但其实不然，原因有三：一是《预算法》对各级政府的预算开支的范围标准非常宽松，监督标准不明确就没有办法进行监督。二是虽然《预算法》规定了上级人大和政府的监督权，但是没有对具体的程序进行细化规定，例如，若上级政府发现下级政府的预算有不合理不合法的支出，具体应当依据什么程序进行改变或者撤销，如果国务院和县级以上地方政府在监督本级政府各部门和下级政府的预算执行过程中发现违法或者不合理的情形，具体应当依据什么程序进行解决并追究责任，这些法律都未进行规定。三是在实践中我国还没有发生过某一政府的预算或者执行行为被上级政府改变或者撤销的情况，更没有发生政府因此而被追究责任的情况。

（二）财政支出决定权纵向配置存在的问题

1. 国务院和省级政府自己制定纵向财政支出规则自己执行，权威性不足、公平公正性欠缺、随意性较大、稳定性不强，不符合民主法治原则

国务院和各省级政府都是依据国务院发布的《关于推进中央与地方财政事权和支出责任划分改革的指导意见》和各省级政府的有关“红头文件”进行纵向财政支出决定的，权威性不足、稳定性不强，不符合民主法治原则，特别是自己制定规则自己执行有悖于“任何人不能做自己案件的法官”的原则。

2. 财政支出决定权主要在本级政府，人大的权力形同虚置

上文已经提及，我国地方各级的具体财政支出决定权在于本级地方人大和地方政府，由二者共同行使。综合立法和实践分析得出，我国各级政府的具体财政支出决定权在于本级政府，也就是说各级政府在行使具体财政支出决定权的过程中占据主导地位。虽然《预算法》规定了人大的预算审批权，但实际情况并非如此。

3. 上级政府对下级政府的财政支出监督乏力，缺乏刚性

我国上级人大和政府对下级政府的具体财政支出决定权的监督形式主要有备案、改变或者撤销：下级政府要将本级预算报上一级政府备案，上一级政府汇总后报本级人大常委会备案；国务院和县级以上地方政府有权监督本级政府各部门和下级政府的预算执行；必要时其也有权改变或者撤销本级各部门和下级政府关于预算、决算的不适当的决定、命令。上级人大和政府对下级政府的监督，在程序监督阶段，监督乏力的问题较为普遍存在且没有达到实际的监督效果，“预算监督法制建设的滞后，不仅使得预算监督主体缺乏必要的手段，而且也给预算监督工作带来诸多不便与困难”。①

上级政府对下级政府的财政支出监督乏力，除了立法的原因以外，还有两个现实原因。一是在客观上，每一个上一级政府和上一级人大常委会都没有过多的时间和精力去监督每一个下一级政府的预算，要实现有效监督需要有相当的人力和物力，这几

① 华国庆：《预算民主原则与我国预算法的完善》，载《江西财经大学学报》2011 年第 4 期。

乎是一件不可能完成的任务。二是上级政府的监督属于内部监督,监督作用力不强,“具有‘软约束力’的监督方式,不是抑制了预算违规,而是导致了预算违规”。[①] 这些都是因行政监督是行政部门的上下级的内部监督而出现的问题。

三、财政转移支付立法权的纵向配置

财政转移支付在我国是指上级政府向下级政府拨付财政资金的行为与过程,不包含下级政府向上级政府上缴财政资金的行为,从本质上来说是上级政府的一项财政支出,属于上级政府的具体财政支出决定权的范畴。由于这一项财政支出决定权比较特别,也很重要,而且是联系中央和地方的重要财政纽带,因此在这里单独进行分析。

(一)财政转移支付概述

1. 财政转移支付的概念

财政转移支付可以从多重意义上理解,广义上的财政转移支付包括不同国家之间的资金往来;比较狭义的仅限于一个国家内的资金转移;更狭义的,就是指政府之间的资金转移;最狭义的转移支付,仅仅是指上级政府对下级政府的资金下拨,我国现在的财政转移支付就是这种含义,世界各国最通常的也是这种含义。

依据政府间的转移支付的资金是否有特殊用途,可以将其分为一般性转移支付、专项转移支付和分类转移支付三大类。简单

---

① 宋达、郑石桥:《政府审计对预算违规的作用:抑制还是诱导?——基于中央部门预算执行审计数据的实证研究》,载《审计与经济研究》2014 年第 6 期。

地说,所谓一般性转移支付是指没有设定具体用途,地方能够自主统筹安排用途的转移支付;所谓专项转移支付,是指设定了具体用途和方向,地方不能自由安排用途的转移支付;而所谓分类转移支付是介于一般性转移支付、专项转移支付之间的转移支付,地方有一定的自主权,资金必须用于指定的某一类别的用途和方向,但是这一用途和方向是一个比较大的用途和方向,不像专项转移支付那样具体和明确,相较于专项转移支付而言其自由度更大,但相较于一般性转移支付而言其自由度更小。“分类转移支付是按照公式法进行分配,资金的用途按照大类区分,而不是按照具体项目进行。”①

我国财政部从 2009 年起,将原“财力性转移支付”改称“一般性转移支付”,将原“一般性转移支付”更名为“均衡性转移支付”。更名之后,一般性转移支付的外延相比原来扩大了许多,包含了均衡性转移支付、民族地区转移支付、边境地区专项转移支付、革命老区专项转移支付以及其他的非专项转移支付。因此,我国现在的转移支付包括两大类,即一般性转移支付和专项转移支付,而一般性转移支付包含了均衡性转移支付以及其他的非专项转移支付。

2. 中央对地方转移支付的性质

中央对地方的财政转移支付,“其主要在于解决中央与地方纵向的财政不平衡以及各区域间的财政横向不平衡的问题”②。

---

① 马海涛、任强:《我国中央对地方财政转移支付的问题与对策》,载《华中师范大学学报(人文社会科学版)》2015 年第 6 期。

② 张道庆:《论中央与地方财政转移支付关系的法律调控》,载《现代法学》2007 年第 6 期。

故而其性质可从以下几个角度进行分析。

(1)从社会分配的视角分析,财政转移支付是一种再分配。而在立法层面的税权划分应当属于两者间的初次分配。然而在实践当中,中央与地方的税权与财政事权并非完全一致,而是分别遵循各自的原则,这也就导致了中央与地方之间在税权与财政事权上并不能做到完全协调一致,极易在初次分配中出现不平衡。为解决初次分配不公的问题,通过中央向地方进行财政转移支付,依据纵向财政能力差异与均等化目标实行再分配,从而实现中央财政与地方财政的协调,调节好中央和地方行使财权的能力。

(2)从是否对价交换的角度分析,转移支付是无偿的。转移支付并不是一种等价交换,而是无偿的财力转移,无偿性本就是财政转移支付的本质特征,那么中央与地方间的转移支付具有此特征自不待言。总之,财政转移支付的主要目标及主要做法决定了财政转移支付的无偿性。

(3)从比照民商法的视角分析,财政转移支付有赠与的性质。如果将中央政府与地方政府比作民法上的民事主体,具有赠与性质使得中央对地方财政转移支付在制度设计上可以借用民法上赠与制度的规定,当然,毕竟中央政府与地方政府不是民事主体,因此在某些方面可以将中央对地方财政转移支付比作民法上的赠与而不能完全将其对等看待。

(二)财政转移支付立法权纵向配置的现状

1. 法律层面

我国现行的《预算法》是关于政府财政基本制度的法律,其对财政转移支付也进行了一般性的规定。

(1)明确了财政转移支付属于预算范畴。《预算法》将财政转移支付作为中央和上级政府的预算支出的一个类别,也作为地方政府和下级政府的财政收入的一部分进行了明确规定。

(2)授权国务院制定财政转移支付具体办法。《预算法》第29条授权国务院对中央与地方之间包括财政转移支付在内的财政支出权力的划分制定规则、制定具体办法,这实际上是将中央与地方关于财力划分的规则制定权授予了国务院,包括中央与地方的财政转移支付在内。

(3)确立了财政转移支付的监督机制。《预算法》和《各级人民代表大会常务委员会监督法》对财政转移支付规定了比较完整和细致的监督制度与程序。

2. 国务院规定层面

现行的国务院2014年印发的《关于改革和完善中央对地方转移支付制度的意见》,国务院于2016年发布的《关于推进中央与地方财政事权和支出责任划分改革的指导意见》和国务院办公厅于2018年发布的《基本公共服务领域中央与地方共同财政事权和支出责任划分改革方案》对中央与地方收入划分和转移支付制度的完善进行了较系统的规定。

3. 规范性文件层面

规定财政转移支付基本制度的有关法律及行政法规尚且阙如,在未作出全面规定的情况下,规章应发挥其执行法律法规的作用。因为根据我国现行立法权限的分配和立法体系的构成,部门规章具有法律属性,但是,我国现行部门规章也没有规定财政转移支付的基本制度,相关的制度安排几乎都是由财政部的规范性文件进行规定的。

上文提到，我国财政部从2009年起，将原“财力性转移支付”改称“一般性转移支付”，将原“一般性转移支付”更名为“均衡性转移支付”。更名之后，一般性转移支付的外延相比原来扩大了很多。2000年财政部颁发的《过渡期财政转移支付办法》作为分税制改革以后的过渡政策，此后，对不同类别的转移支付，财政部的具体做法是不一样的：一是针对专项转移支付，财政部有专门的规范性文件对其进行规范，2015年财政部印发的《中央对地方专项转移支付管理办法》就是此种；二是针对一般性转移支付中除了均衡性转移支付以外的转移支付，财政部对其中很多类别的转移支付进行了规范，主要有2010年印发的《中央对地方民族地区转移支付办法》、2009年印发的《边境地区专项转移支付资金管理办法》（已失效）、《革命老区专项转移支付资金管理办法》（已失效）等；三是针对一般性转移支付中的均衡性转移支付，财政部则是通过“一年一议”的方式，对其进行规定，从2002年起一直到2008年，财政部每年公布一次中央对地方一般性转移支付办法；从2009年起，财政部每年公布一次中央对地方均衡性转移支付办法。

（三）财政转移支付立法权纵向配置存在的问题

1. 政府间财政事权与财权配置不明确

当前的中央和地方、上级政府和下级政府的事项划分并不清晰，在纵向上应由中央财政负担的支出事项有时却将其抛给了地方政府，而在横向上看各地做法亦有很大差异，在一处可能由上级政府承担，转至另一处可能又变为下级政府承担。“因此各级政府之间财政事权和财权支出范围的划分具有较大的任意性,而且几无标准可以遵循,在这样的大背景下,难免导致许多政府机关人浮于事,绩效考核与审计工作难以开展,由此产生了财政支出整体效益低的现象。"[①]国务院于2016年发布的《关于推进中央与地方财政事权和支出责任划分改革的指导意见》和国务院办公厅于2018年发布的《基本公共服务领域中央与地方共同财政事权和支出责任划分改革方案》针对政府间财政事权和财权划分进行了初步的明确;梳理中央和地方的财政分配,推动建立财力与财政事权相适应的财政体制;明确财政事权争议解决的方法,根据不同情况由中央或省级政府裁定。

财政转移支付与财政事权的配置密不可分,钱是用来办事的,财政事权配置是财权配置的前提和基础,也是财政转移支付的前提和基础。政府间财政事权、财权划分不清,就会使得政府间财政转移支付的基础和前提不明确。

2. 立法对纵向配置的规定不明确,缺乏明确可行的计算标准

现有的制度对于"历史原因造成的地区间财力分配不均和公共服务水平差距较大的问题依然未能解决,不能充分体现财政均衡的原则"。[②] 此外,属于资金流动较大的专项拨款补助缺少相应的法律文件对其进行有效规制,中央的资金拨付行为有时与中央和地方财政事权划分的原则不相符。另外,财政补助分配缺乏透明度,操作上具有任意性,尽管具备补助性质的转移支付有较多种类,接受补助的对象涉及各个领域,但补助的分配仍缺乏

① 赵永冰:《德国的财政转移支付制度及对我国的启示》,载《涉外税务》2001年第1期。

② 刘剑文:《中国财政转移支付立法探讨》,载《法学杂志》2005年第5期。

合理的依据。我国各省制定的关于省以下转移支付分配的制度规则基本都是参照中央的做法和规定,因此存在的问题也差不多。

总的来说,在我国政府间财政转移支付中,专项转移支付较多,均衡性转移支付的比重还是偏小,立法没有将人口的规模与密度、经济规模、现有的各项资源保有量等,以及实际财政收支状况作为依据和标准,甚至没有作为计算依据计算出各个下一级政府应该获得的财政转移支付额度。财政转移支付的标准化、法治化程度还是有所欠缺的。

3. 我国财政支出立法存在的问题,在财政转移支付方面都存在

上文已经提到,财政转移支付本质上是上级政府的一项财政支出,属于上级政府的具体财政支出决定权的范畴,当然有关的规则立法权就是财政支出规则立法权。因此,可以说财政转移支付是政府的一类财政支出,前者是个性,后者是共性,财政支出立法存在的问题在财政转移支付方面都存在,前文对财政支出立法存在的问题已进行了比较详细的论述,这里不再赘述。

第三章

域外财政立法权纵向配置的借鉴与启示

第一节 域外财政立法权纵向配置的相关理论

一、马斯格雷夫的政府间财政关系理论

马斯格雷夫的政府间财政关系理论内容很丰富,这里主要分析其中两个方面的理论,一是财政分权理论,二是政府间税收划分理论。

(一)马斯格雷夫的财政分权理论

马斯格雷夫(Musgrave)在他的经典著作《公共财政理论》和《公共财政理论与实践》中系统论述了如何分权的问题。马斯格雷夫综合各家学说,较为详细地阐述了美国财政学界有关财政理论、财政制度及财政政策的一般观点。他认为:虽然可以根据不同的目的设定特定的税收或支出措施,对经济的运行产生巨大的影

响，但财政政策仍可以归纳出某些明确的政策目标。它们包括："1. 公共产品的供应，即总资源利用在私人产品与公共产品之间的划分和公共产品内部构成的确定过程，可称为预算政策的'配置职能'。此处不把政府管制性政策包括在内，因为虽然它们也可视为配置职能的一部分，但从总体上看并不是预算政策的问题。2. 调节收入与财富的分配，使之符合社会上认为公平或公正的分配状态，此处称为分配职能。3. 利用预算政策为手段，以保持高就业率，合意的稳定物价水平，适当的经济增长率，还有国际贸易和国际收支平衡的目标。我们把这些目标概称为稳定职能。虽然这些政策目标是各不相同的，但任一税收或支出措施都可能影响到不止一个目标。正如我们将要研究的关键问题是，在制定预算政策时，应如何才能使其在追求某一目标是不影响另一目标的实现。"①在马斯格雷夫看来，这三大财政政策目标都蕴涵着财政分权的原理。

第一，就财政的"配置"职能而言，"谁出资，谁受益"是一个最基本的财政准则。换言之，"我们可以从中总结出各级财政单位或政府适合课征税基宽广的所得税，这是因为其所有居民都从全国性服务中得到了益处，因此都应该捐献。反过来，地方性辖区对税收工具使用的选择应与下述规则相符，即每一辖区应就辖区受益付费"。② 由此而言，"受益原则"既是政府间事权划分及财政分权之基本准则，亦为经济效率之内在需要；而违背"受益

① ［美］理查德·A. 马斯格雷夫、佩吉·B. 马斯格雷夫：《财政理论与实践》，邓子基、邓力平译校，中国财政经济出版社 2003 年版，第 6 页。

② ［美］理查德·A. 马斯格雷夫、佩吉·B. 马斯格雷夫：《财政理论与实践》，邓子基、邓力平译校，中国财政经济出版社 2003 年版，第 19 页。

原则”将可能会致使财政资源使用的“外溢性”，从而导致经济学上的低效率。

第二，财政的“分配职能”旨在实现收入与财富的社会公平。除非这一职能“由国家级（中央级）来行使，否则再分配过程将归于失败”。原因在于：财政的分权化有助于调节收入上平等或不平等的人的不同偏好，如果 A 辖区征收累进所得税，而 B 辖区仅开征收益税或人头税，就会发生人口的迁移，即反对再分配的高收入者将会搬到 B 辖区去，而赞同再分配的低收入者则会搬到 A 辖区。[①] 由此，在迁徙自由制度的前提下，如果有必要进行收入与财富的再分配，应该由中央政府予以实施，地方政府在实现社会公平的目标方面注定要遭遇极大的困境。

第三，就财政的“稳定”职能而言，财政的分权化也是缺乏实际效率的。马斯格雷夫认为：“对稳定政策的责任不能推给地方或区域性的财政单位，而必须由中央财政承担。地方财政单位在对付失业或通货膨胀方面是无效率的，因为各个市场是相互关联的，这样就会产生渗漏现象。”[②]换言之，在存在自由迁徙制度的条件下，地方政府旨在干预就业率及稳定物价的财政举措都可能会迫使投资商外迁及失业者内迁，最终因财力不足而无以为继。因此，财政的稳定职能也只能由中央政府承担。

总之，依据马斯格雷夫的理论，旨在调节收入与财富的“再分配”财政职能、旨在提高就业率与物价等“稳定”财政职能，这

---

① [美]理查德·A. 马斯格雷夫、佩吉·B. 马斯格雷夫：《财政理论与实践》，邓子基、邓力平译校，中国财政经济出版社 2003 年版，第 19 页。

② [美]理查德·A. 马斯格雷夫、佩吉·B. 马斯格雷夫：《财政理论与实践》，邓子基、邓力平译校，中国财政经济出版社 2003 年版，第 19 页。

些基本的公共服务均应改由中央政府予以承担，而具有“区域性偏好”的地方性公共产品，则可以通过财政分权提高效率。[①] 马斯格雷夫的财政分权理论，实际上综合了各家财政分权学说的优点，以三大财政职能为依据对财政分权的原理及规则作了极为深刻的阐述。

（二）马斯格雷夫的政府间税收划分理论

马斯格雷夫的分税制模式对各国的政府间财政关系产生了深远影响。在税收实践过程中，税收性质的不同造成税收划归中央或地方较难完全确定。此外，中央税收和地方税收占整个税收总量中的份额如何，各国的情况都有不同，一般来说，中央政府的税收比例都比州和地方政府的税收要大得多，这是合理的，因为中央政府行使的职能要比地方政府大得多。[②]

马斯格雷夫在 1983 年根据税收的公平与效率原则提出了中央政府和地方政府税收划分的原则，将税收收入划分为属于中央政府的税收，属于州或省政府的税收，属于地方政府的税收，属于各级政府的税收四类。[③]

1. 中央政府的税收

（1）收入再分配性质的税收。马斯格雷夫指出，如果此类税收划归地方政府，就会造成有差别的地方税率，这会带来居民在

---

① ［美］理查德 · A. 马斯格雷夫、佩吉 · B. 马斯格雷夫：《财政理论与实践》，邓子基、邓力平译校，中国财政经济出版社 2003 年版，第 19 页。

② 蔡冬冬：《中国财政分权体制下地方公共物品供给研究》，辽宁大学 2007 年博士学位论文，第 46 页。

③ Richard Nasgrwe, *Who Should Tax, Where and What*?, In Tax Assignment in Federal Countris by C. E. Mclure, 1983.

各个地区之间的迁移,从而使居民在居住地的行为选择上遭到扭曲,这不符合效率的原则。[①] 马斯格雷夫认为收入分配的优势在于中央政府(联邦政府)一端,诸如社会保障、社会福利与医疗卫生等与“国民切身幸福指数”存在密切关联的主要公共服务都具有极强的横向再分配性质。[②] 经济稳定与增长的达成过分依赖于财政政策与货币政策的“辅佐”,市镇基层显然不具备执行景气政策的资质,其自主的自利性动机的根深蒂固显然与全局性利益背道而驰,故而只能由最高层政府践行。中央政府行使收入再分配职能,所以应掌握相关信息来发挥其财政职能的功能。马斯格雷夫认为,如果此类税收划归地方政府,会使得各个地区税率差异较大,故只有让其由中央政府行使才是合适的。

(2)促进经济稳定的税收。这类税收的最大特点是采用累进税制,目的是发挥经济稳定器的功能。当经济周期陷入衰退期时,经济增长速度放缓或出现后退,相应地国民收入会下降,在实行累进税制的情况下纳税人的年均名义税率亦随之下降,国民收入的更多部分就会被留在居民和企业手中,消费者的实际购买力上升,转而会刺激投资和消费行为,增加社会总需求从而致使经济逐渐复苏;当经济过热,商品需求增加使得实质上的货币贬值而产生通货膨胀的趋势时,国民收入的上升会带来实际的平均税率的上升,税收将在国民收入中占有更大的比重,会在实际上降低消费者的购买力,社会总需求减少从而抑制投资和消费,经济

① 蔡冬冬:《中国财政分权体制下地方公共物品供给研究》,辽宁大学 2007 年博士学位论文,第 45 页。

② 赵聚军:《政府间核心公共服务职责划分的理论与实践——OECD 国家的经验和借鉴意义》,载《中央财经大学学报》2008 年第 11 期。

就会逐渐由过热转向正常,抑制通货膨胀的进一步加剧。因此,由中央政府专享具有宏观调控功能的税收是最优选择,这有利于中央政府通过宏观调控系统来更好地实现控制经济总量和经济结构的目标。[①] 因此,将促进经济稳定作用的税收权划归中央,能够更好地发挥中央政府宏观调控的功能。

(3)税基分布不均衡性质的税收。马斯格雷夫认为地方政府的工作绩效不是税基分布不均衡的原因,如果将这一类税收划归地方政府,由于地区间税源的不平衡,必然会造成地方政府间财政收入不均衡,从而导致地方政府间的矛盾与冲突。[②] 地方政府的工作效益并不能解决税基分布不均的现象,否则会使得地方政府间收入差异进一步拉大,不利于国家的稳定和发展。

(4)税基流动性大的税收。根据各辖区的服务成本由本辖区的税收来负担的受益对应原则(收支联系和匹配原则),并考虑税基的流动性、周期波动性和税收稳定要求,中央(联邦)税应是那些税基流动性强、大宗的、再分配性的税收如累进所得税和遗产税等。[③] 如果税基流动性大的税收划归地方政府,在税基可以无成本地进行自由流动的条件下,地方政府就会采取各种措施形成实际意义上的低税率来吸引税基流入本地区,但这种流动因为政策的作用对企业行为产生了扭曲,不一定是符

---

① 王辉:《中国地区间税收与税源非均衡性问题对策研究》,辽宁大学 2012 年博士学位论文,第 18 页。

② 王辉:《中国地区间税收与税源非均衡性问题对策研究》,辽宁大学 2012 年博士学位论文,第 18 页。

③ 张磊:《中国地方税体系改革与完善研究》,武汉大学 2018 年博士学位论文,第 61 页。

合资源的有效配置原则的,因此为提升资源的配置效率,就应将流动性大的税收划归中央政府。[①] 税基有过多流动性,有可能影响资源有效配置原则,故而由中央政府负责征收此类税收更为合理。

(5)税赋容易转嫁的税收。如果将这类税收划归地方政府,地方政府就会采取措施将税负转嫁给其他地区的消费者,形成企业生产成本的转移,即本应由某地区生产者承担的成本转为由另一地区的消费者承担,这必然会引起企业产品的供给曲线产生位移,产生扭曲,这就偏离了政府征税的基本目标,所以,中央政府专享该类税收是合理的。[②] 课税对象本身的性质决定税赋是否容易转嫁这一性质。此类税收划归中央政府能有效地防止税收转嫁,更能体现公平正义。

2. 属于州或省政府的税收

州(省)税应是税基流动性和周期性较强并主要从区域公共服务中受益的要素的税收;地方(县、市、乡镇)税应是那些税基流动性和周期性弱并主要从地方公共服务中受益的要素的税收,如房地产税和工薪税等。[③]

3. 属于地方政府的税收

马斯格雷夫将税基分布均匀,税基流动性小、税赋不容易转

---

① [加]贝夫达尔比:《税收选择:联邦制下的税收分配问题》,载沙安文、沈春丽主编:《财政联邦制与财政管理:中外专家论政府间财政体制》,中信出版社 2005 年版。

② 王辉:《中国地区间税收与税源非均衡性问题对策研究》,辽宁大学 2012 年博士学位论文,第 19 页。

③ 张磊:《中国地方税体系改革与完善研究》,武汉大学 2018 年博士学位论文,第 61 页。

嫁的税收都划归地方政府课征。[①]

4. 属于各级地方政府的税收

马斯格雷夫认为,受益税及收费对各级政府都是适用的,而且各级地方政府的税收应该是那些在经济周期中表现都稳定的税收。[②]

二、蒂博特的各地方提供公共产品促进相互竞争的理论

蒂博特曾经设想,如果有足够多的社区可供选择,在公共物品的提供确实存在地理差异的情况下,人们就会(至少在一定程度上)通过选择居住地点来表示他们对公共物品的偏好,这被称为"蒂博特模型"。"蒂博特模型"的理论内容主要有两个:一是边际成本为零推动了各地方政府在地方公共产品供应上的相互竞争;二是以自由迁徙为前提的"用脚投票"。

(一)蒂博特理论的假设前提

1. 地方性公共产品应显示消费的拥挤性

按照蒂博特理论的设想,新的居民进入社区,则会造成这个社区公共产品上消费水平降低。因为该居民会和原有居民共享该社区的公共产品,所以为了使该社区消费水平达到之前水平,就需要足够多的社区供人们选择,这样才能出现更多的竞争性社区。但是当这些地方性产品仅仅是公共产品,并不能体现拥挤化

① 蔡冬冬:《中国财政分权体制下地方公共物品供给研究》,辽宁大学 2007 年博士学位论文,第 46 页。

② 蔡冬冬:《中国财政分权体制下地方公共物品供给研究》,辽宁大学 2007 年博士学位论文,第 46 页。

的时候,蒂博特的竞争性方案则会失去效力。因为如果这些地方性产品是公共产品但是没有拥挤化,则这一社区可以容纳的人口规模将是无限的,当然这只是一种理想模型,这样才能确保蒂博特机制的有效性。

2. 居民社区之间具有充分的流动性

蒂博特机制的第二个假设是居民社区之间可以实现充分的、免费的流动性。在现实当中,不可能会出现这种免费迁移。地方性公共产品提供的质量和数量并不是人们选择社区的唯一考量因素,人们还会考虑工作地点之类的因素。另外,原居住地的生活习性也会左右人们对社区的选择。

3. 有相对多的竞争性社区可供居民选择

这是蒂博特机制的第三个假设。现实情况是,对于更远的社区的公共产品规模和质量则是很少有了解,总的来说就是居民并不能完全掌握信息,这在一定程度上限制了居民在不同社区之间的流动性。居民在社区选择时,不但会考虑受益,还会考虑成本,虽然地方性公共产品会给自己带来受益,但同样也会带来成本,也就是其所承担的赋税,只有收益大于成本的时候,才会考虑社区间的流动问题。由于居民并不能完全了解信息,所以对于成本问题很难精确估计。

4. 蒂博特理论的其他假设

蒂博特机制暗含的另一个假设是地方政府所提供的公共产品不会产生外部影响。但这毕竟只是一个假设,地方性公共产品产生外部影响的情形屡见不鲜。当地方性公共产品产生外部影响时,居民并不需要迁徙到该社区,只需要在外部性影响到的社区里就可享受此类公共产品带来的红利,并且不用承担负担,这造成的后果就是资源配置的低效率而带来的较大损害。

(二)蒂博特的竞争性政府公共物品提供理论

蒂博特在论文《地方支出的纯粹理论》(1956年)中提出了这样的构想:引入市场机制和竞争性方法解决公共产品提供的办法。他说:"我们将他置于走向一个社区的位置上,社区服务的价格(税收)是在这种社区中确定的。这两种途径都将消费者带到市场上。"①

从蒂博特模型的内容我们可以清晰地看到,模型所倡导的经济思想是一种分权思想,即当模型成立时人们会通过选择居住地点来表达他们对公共品的偏好和需求,即所谓的"用脚投票"。当各地提供的公共品存在差异时,这种"用脚投票"现象会非常明显,而只有地方政府才能更加清晰地获知这种信息。因为他们清楚本区域内的居民需要什么以及需要多少公共品。而这种信息又是中央政府缺少或者是无法完全获得的。所以,从这个意义上来说,实行分权的财政管理体制比集权更有效率。

蒂博特这种理论具有很强的现实性。从美国的经济形势中我们可以看出,这种通过提供地方性公共产品来促进地方政府的竞争在实践中具有很多体现,虽然这只是个模型但现实存在。一些调查充分体现了蒂博特的理论,大城市的背景决定了大城市对公共产品的偏好差异较小。这是因为大城市人们社区的可选择性多,也可自由流动,限制少,也就是说人们对政府公共开支的需求大多一致,并且对该社区政府提供的公共产品

---

① Tiebout. C. M. ,*A Pure Theory of Local Expenditures*, Journal of Political Economy, Vol. 64, p. 416 – 424(1956).

规模和质量较为满意。可以说,“蒂博特机制”在美国产生了很大的影响。

（三）蒂博特的竞争性政府公共物品提供理论的局限性

虽然从蒂博特模型的内容来看,它无疑是实行高度市场经济国家财政管理体制改革的一种理想指导思想,但它仍然存在不容忽视的局限性。

首先,它的理论局限性——“自由迁徙”的前提条件需要被质疑。从理论层面来分析,模型有两方面的局限:一方面,模型认为在市场经济条件下,一国公民在国内可以自由迁徙。在现实经济世界,目前还没有哪一个国家和地区能清楚地界定自己所实行的市场经济就是所谓的完全意义上的市场化。除了这些客观因素外,公民的迁徙还受自身主观因素的影响。另一方面,模型假定人们生存依靠的是其非劳动收入这一条件显然具有很大的局限性,它与在目前市场经济条件下人们生存的主要依靠就是劳动收入这一现实相矛盾。

其次,它的现实局限性——现实中采用的模式与模型南辕北辙。蒂博特模型的另一个最明显的局限就是它与现实社会的发展是矛盾的。模型认为分权财政管理体制将比集权更加有效,但是在现实经济社会,大多数国家或多或少地在实行集权管理,中央政府掌握了大部分财力。资本主义国家是这样,社会主义国家仍然是这样。实行集权财政管理体制的国家都有具有本国特征的转移支付制度来平衡中央与地方在财力上的差异,从而保证事权与财权的平衡与协调。

最后,它的实践局限性——模型的应用将诱发政府间恶性竞争。如果深入分析蒂博特模型,我们还会发现即使该模型的所有假设前提在现实经济社会都成立,该模型实践后仍然会产生一些十分矛盾的问题,和所有提倡财政分权管理思想的学者一样,蒂博特认为当人们可以自由迁移后,他们会迁移到能使自己得到的公共品和服务效用最大化的区域,而这种情况一旦发生,那么地方政府会更关心公共品提供的收益和成本,这势必会鼓励地方政府之间的竞争从而努力达到提高自己公共品效率的目的,这种现象不仅取决于市场经济这个庞大的外围因素体系,更多的是为了提高地方政府自身的行政成绩。

如果一味地实行分权,地方政府就会得到更多的自由裁量权,那么势必会导致地方政府之间的无序甚至恶性竞争。地方政府之间的这种超权力竞争演变到一定程度时就会导致本区域内公共品提供的猛增,而这势必会引发支出的急剧攀升,在分权模式下,地方政府因为有比以往更大的自由裁量权而企图最大化他们的机构机动预算,即总预算与为公众生产其所需产品的最小成本之间的差值。正如经济学家杰弗里·布伦南和詹姆斯·布坎南所描述的那样:政府如同垄断者一样总是追求利润最大化,当他们需要增加预算额度时,便利用税收来最大化他们的收入以应对政府间激烈的公共品大战,而此时他们往往会忽略由此给社会和私人经济带来的超额负担(或沉重的社会负担)。矛盾由此而来:一方面为了政府间的竞争而不断为本辖区民众提供更丰富、更高质量的产品和服务,另一方面为了应付这种政绩性竞争所付出的高额支出而对本辖区民众增税。这种循环最终使地方政府运行陷入死胡同。而此时中央政府却对此有心无力。[①]

三、史蒂格勒、巴斯特布尔的央地分权治理理论

(一)史蒂格勒的最优分权理论

史蒂格勒于1957年出版了著名的《地方财政功能的有效范围》一书,书中详细地论证了地方政府存在的必要性及合理性;出于实现资源配置的公正性和有效性的需要,相当数量的行政决策应当在低层次的政府部门展开。他特别重视地方政府的重要性:地方政府存在的理由首先是它比中央政府更加接近民众,也就是说比中央政府更加了解所管辖民众的需求和效用;一个国家内部不同地区的人有权对不同种类和数量的公共服务进行不同的选择,而地方政府就是实现不同地区不同选择的机制。[②] 同时,他强调,这并不意味着弱化中央政府的作用,涉及全国性的分配问题、地区之间的税收调整以及经济摩擦等方面的问题,中央政府能够最大程度地发挥其作用。

从政治角度来看,一个国家一旦建立起稳定的政权组织,出于稳定社会秩序的需要,势必要求在中央政府与地方之间进行合理分权,实行分层次管理。从管理角度来看,由于地方政府比中央政府更接近民众,了解地方的社会状况和民众需求,即更易以较低成本获取全面、详细的信息,因此,较之中央统揽一切,一旦

---

① 张焱秋:《对财政分权化管理改革的理性思考——基于对蒂博特模型的分析》,载《金融与经济》2010年第8期。

② [美]乔治·史蒂格勒:《人民与国家:管制经济学论文集》,周恩宁译,台北,远流出版社1994年版,第109页。

保证地方政府具有适当的经济、社会管理能力，就有可能使地方政府及时提供公共产品和服务，满足民众需求。因此，在保证中央政府法律政令统一的情况下，赋予地方政府必要的自我管理能力，增强地方政府的自主性、灵活性和积极性，是保证各级政府提高行政管理效率，推动地方经济、社会发展的重要举措。从经济角度看，政府资源配置的中心议题是如何有效地提供公共产品，而公共产品的层次性，使得由地方政府供应辖区内地方公共产品更具效率。由于在需求信息活动方面的固有困难，中央政府往往倾向于向地方各个辖区提供水平标准和类型大致相同的公共服务，容易造成资源配置的浪费，也容易缺乏效率。而地方政府往往具备有利条件提供当地居民所偏好的地方公共产品，从而更好地对当地的需求信息及其变化作出反应。①

（二）巴斯特布尔的划分央地支出的原则

英国学者巴斯特布尔就划分中央与地方政府的财政支出提出了如下三项原则。

第一，技术原则。如果提供一项公共产品的技术要求高、难度大，地方政府不能很好提供技术支持且难以进行相应协调，则该项公共产品应由中央政府统筹提供并负责其支出；但是如果只是一般性的而又需要适时进行监督的支出项目，为了兼顾效益原则，则划归地方财政管理。

第二，利益原则。凡属于事关国家范围内的整体利益的支出，应划归中央，而与地方利益有直接关系的支出则应划归地方

① 刘剑文等：《中央与地方财政分权法律问题研究》，人民出版社2009年版，第115页。

政府。利益原则也可称受益原则，即由中央政府来负担受益对象为全国居民的支出；同样的受益对象为地方某一地区居民时，由地方政府负责支出更合适。现代公共财政理论认为，政府间提供的公共物品受益范围的大小是划分政府间的事权范围首先应予考虑的问题。根据受益范围的大小可以将公共物品分为全国性和地方性两种类型。基于此，由中央政府来负责事关全局利益的收入分配功能和稳定经济职能，而让地方政府根据因地制宜原则负责区域性较强的资源分配功能，则能最大程度上实现财政资源的合理配置，从而符合效率原则。

第三，行动原则。即公共产品或公共服务需要全国统筹、协调一致，则由中央政府负担财政支出，相反，如果只需要因地制宜，则支出归地方财政更为合适。巴斯特布尔的划分中央与地方支出的理论契合了现行世界潮流下政府间事权划分的原则。

（三）史蒂格勒、巴斯特布尔的央地分权治理理论的现实意义

史蒂格勒、巴斯特布尔的央地分权治理理论能够从动态角度为央地财政权力的配置的实践提供相应的学理支撑。

首先，他们的理论，特别是巴斯特布尔归纳的划分政府间公共支出的原则要求应当划分中央与地方之间的事权，中央与地方之间事权的划分实是一个需要与时俱进的动态概念，与此同时应注意的是，政府间事权进行明确的划分应当顺应形势的发展，事权的划分是前提和基础。

其次，具体到中央与地方的关系中，政府间财权及财政收入的合理划分是有相应依据的，其主要影响因素在于事权的划分，而与之相应的财政支出责任的纵向配置关系在其中又处于基础

性的地位,由此也决定着政府间财政转移支付的规模结构。合理划分政府事权对一个国家公共职能的运行效率有着重要影响,由此对公共财政体制的优化配置也有着很强的导向性作用,同时是实现中央与地方关系的规范化调整的逻辑前提。

最后,财政立法权的纵向配置是财政权力配置关系中的原则性、基础性的问题,也是中央与地方之间财政关系的重要组成部分,应当遵循这些处理中央与地方之间财政关系的基本原则和准则。

第二节　域外财政立法权纵向配置相关制度与实践

一、英国财政立法权纵向配置相关制度与实践

英国是单一制国家,但是其中央政府和各个地方政府的权力配置差别很大、灵活性强,中央政府与英格兰、威尔士、苏格兰、北爱尔兰的权力划分就各不相同。

(一)中央与地方税收调整

英国的基本法对中央政府和地方政府的财政职能作了具体规定:分税制,各自有税务机关进行征税;中央政府的财政收入占比很高,占到整个财政收入的80%左右;税收立法权归于中央(议会)。

1. 中央政府的税收

英国议会对税收的立法分为两类:一类是永久性的税收立法;另一类是每届会期必须通过的年度“财政法案”,主要对所得

税进行调整。永久性税法一般由财政部拟定提案,通过每年议会开幕时女王亲临议会讲话的形式提交下院,下院收到提案后按照正式的"三读"程序通过税法议案,在送交上院批准后经女王签署并正式颁布。"财政法案"在每年议会审议预算案时表决通过,其范围包括所有关于岁入和国债的一切财政规章,它构成年度财政立法的主要形式。

在英国,支出控制权主要掌握在下院的供应委员会和支出委员会手中。供应委员会的主要任务是审查并核准预算;支出委员会的工作是全面考虑预算中包含的支出总额及其更节约地运用有关政策,审查提交下院的预算及相应文书档案中的内容。英国政府部门的所有支出分为两类:一类如国债利息、王室经费及法官的薪俸等,根据法律由统一基金支付,不需议会每年表决;另一类约 90% 的政府支出须每年由下院表决通过并由立法授权。[①] 英国下院的立法授权与拨款过程是密切结合在一起的。每届会期开始,下院即设立供应委员会,负责在议事规程所规定的 29 个"供应日"中讨论对政府支出的授权与拨款问题。当本年度所有的拨款经表决同意后,下院便提出项总的"款法案",它总结和列举本年度各项经费的拨款,以另列的附表确定其用途,并授权批准从它们统一基金中支付。[②]

英国的税收立法权完全由中央议会行使,地方政府无税收立法权,但是可以自主确定地方税的税率。各地每年的收入、支出

① 徐红:《英、美、法三国议会财政权比较研究》,载《同济大学学报(社会科学版)》2001 年第 1 期。

② 徐红:《英、美、法三国议会财政权比较研究》,载《同济大学学报(社会科学版)》2001 年第 1 期。

预算都必须经中央政府批准,地方税的税率也受到中央政府的严格控制。英国主要的税收法律为《个人所得税和公司所得税法案(1998)》《资本利得税法案(1992)》《增值税法案(1994)》《资本性减免法案(1990)》等。就税收征管权而论,财政部下属的国内收入局主要负责征收个人所得税、公司所得税、资本利得税、印花税、石油收入税、遗产税等直接税;财政部下属的另一个机构即关税和消费税税局主要负责征收增值税、消费税、关税、机动车辆牌照税、赌博税等间接税;而国民保险基金、车辆使用税等则委托有关部门代缴。

2. 地方政府的税收

地方政府无权设立税种,没有税收立法权。英国税收权力的高度集中不单是在税收权限的区分上,还体现在各级政府之间的税收种类区分上。从前文中可以了解分税制分为彻底的分税制和适度的分税制,英国的税收体系则是典型的彻底的分税制,即不设置共享税,中央和地方互不相干,各自征收各自的税种,绝大部分税种属于中央,地方征收的税种有市政税和营业房产税。①

(二)财政转移支付制度

一般认为,世界上最早提出转移支付概念的是英国著名经济学家庇古,他于1928年出版的《财政学研究》第一次使用了这一概念。

由于英国的税权高度集中,地方财政支出的2/3主要依靠中

---

① 傅光明:《美英法三国财政体制及对我国的启示》,载《宏观经济研究》2001年第8期。

央政府的转移支付予以填补。在转移支付方面,英国也有较为严格的规定,主要是在中央和地方各级政府财政收入与支出之间维持平衡。中央对地方转移支付主要有定额补助拨款和专项补助拨款两种,定额补助拨款是指中央对核定的地方政府的总收入与总支出的差额进行补助,约占 90%;而专项补助拨款主要是针对专门的目的,约占 10%,虽然专项补助拨款的数量大都不是很多,却发挥着重要的作用。英国的专项补助制度尤为发达,专项补助不同于一般性补助,它是在不替代地方政府决策和不改变地方政府相对独立性的前提下,由中央政府对地方政府进行引导的一种经济手段。引导的目的在于使地方政府的行为倾向于符合中央政府的意图和要求,使地方政府的行为与全国性目标一致。[①]

从程序上来说,英国针对不同的财政事权确定不同的支出标准。和其他国家不同的是,英国大部分补助金由中央政府发放给环境部,环境部负责转移支付的协调方面的工作,即由其再将补助金分拨给地方政府;另外小部分补助金由教育、交通等部门分拨给各地方,而不是由财政部来进行分拨。这样做的好处是减少了财政部和地方的正面接触,一定程度上减少了地方政府的讨价还价,因此财政部可以将更多的精力放在财政政策的实施和宏观调控上面。

(三)政府间财政纠纷的调处

英国是一个高度自治的国家,中央并非通过行政手段对地方

① 李齐云:《完善我国财政转移支付制度的思考》,载《财贸经济》2001 年第 3 期。

进行控制，而是只能通过法律上的控制来实现，即通过议会行使立法权制定法律进行控制。但是，不论是中央政府，还是中央政府部门与地方政府，在法律上都拥有独立的人格，它们之间的纠纷可以通过与普通私人相同的司法途径予以解决，地方政府可以对中央政府提起司法诉讼，也可以被列为中央政府所提司法审查请求中的被告，还可以成为侵权之诉的被告。从理论上讲，由于“地方工作委员会”“地方当局协会”等机构的存在，绝大部分的政府间财政纠纷可以通过其他非诉讼手段解决。

二、法国财政立法权纵向配置相关制度与实践

法国政府分为中央、大区、省和市镇四级，财政体制由中央、大区、省和市镇四级构成，[①]大区、省和市镇列入地方政府，它们的财政共同构成地方财政。[②] 为了更好地剖析法国财政立法权的纵向配置状况，下面将从财政收入立法权和财政支出立法权两个角度着手探讨。

（一）财政收入立法权的纵向配置

法国财政收入构成主要是各项税收，占其收入总额的80%以上，其中税收又可分为中央税和地方税，地方税收为大区税、省税与市镇税，税种有建筑地产税、非建筑地产税、居住税与行业税等50多种。法国的财政收入立法权则主要指向的是税收立法权。税收立法权在各级政府间的合理划分是税收管理体制的核

---

① 刘东霞：《美法财政体制分析及对我国财政体制改革的启示》，载《现代商业》2012年第8期。

② 张道庆：《美国与法国财政联邦主义比较》，载《经济经纬》2005年第3期。

心内容和税收管理权限划分的依据。

法国作为一个单一制国家,税收立法权属于典型的集权型,即地方税的主要管理权限都由中央掌握,地方政府通常不拥有地方税的立法权,但是在不违反中央统一规定的前提下,地方政府可结合本地的实际情况,确定部分地方税种的税率和减免税。

按照法国宪法规定,法律必须由议会投票通过,而关于“各种性质的赋税的征税基础、税率和征收方式”的事项由法律规定。因此,法国的税收立法权完全由中央掌握,税收立法权由议会行使。法国现行的《第五共和国宪法(1958 年)》第 34 条规定:“各种性质的赋税的征收基础、税率和征收方式,由议会投票通过的法律加以确定。”法国总理和议会议员有权提出法律议案,法国经济财政工业部负责提出税收立法议案草案。税种的设置、纳税人、课税对象以及包括开征税、征收范围和如何分配税收收入等,都由国家统一在税法中予以明确规定。具体的税收条例、法令则由财政部制定。

法国地方政府只有很少的税收立法权,主要是按照法律规定执行的权力。1982 年,法国政府对中央与地方关系进行了一次重大改革,通过了《权力下放法案》,对地方自主权进行了较大的扩充,将印花税等地方税种下放,从而使地方的税收权有了一定程度的加大。法国 2003 年进行修宪,承认领土单位具有条例制定权,即修改后的《法国宪法》第 72 条第 3 款规定“依照法律规定的条件,这些领土单位由选出的议会自主管理,并且为行使其职权,其拥有条例制定权”,规定“领土单位享有可依法律规定条件自由支配的收入”“对于每一类领土单位,税收收入和其他自有收入代表其全部收入的决定性的一部分”。《法国宪法》直接对地方政府的税收立法权作出了规定,使地方政府的税收立法权有了宪法的依据。地方政府有权在中央划定的幅度内决定地方税收的税率,决定是否开征某些地方税和对纳税人采取减免措施等。此外,允许地方议会在中央税种上增设地方附加税,地方有权开征某些捐费。[①]

(二)财政支出立法权的纵向配置

法国的各级预算是相对独立的,它们有各自的收入和支出,各级财政负责安排本级预算收支,自求平衡。在经国家议会讨论通过的国家预算中,只包括中央预算,不包括地方预算。三级地方财政之间不存在隶属关系,其财政预算由各级议会决定,中央仅对地方的三级财政进行事后的法律监督。[②]

法国财政预算的编制基本上由预算执行部门和国家经济财政工业部完成。其编制程序基本分为三步,先由预算执行部门提出预算建议,再由经济财政工业部预算司分析、审查预算执行部门提出的建议书,设定预算支出上限,形成预算草案报财政部长和总统审议,最后经总统和财政部长审议通过的预算草案,报国会审定。国会只对财政预算草案表示同意或反对的意见,不能改变预算草案中的项目,财政预算草案一经国会审议通过,即形成具有法律效力的文件。[③]

1958 年《法兰西第五共和国宪法》对国家体制作出了重大调

① 熊伟主编:《政府间财政关系的法律调整》,法律出版社 2010 年版,第 45 页。

② 刘东霞:《美法财政体制分析及对我国财政体制改革的启示》,载《现代商业》2012 年第 8 期。

③ 史永跃、吴湘玲:《法国财政管理体制分析及其借鉴》,载《社会科学论坛》2005 年第 11 期。

整,议会的实质性财政权被大大削弱,代表们失去了建议开支权,并严格规定行政部门提出的财政预算案议会必须在预定的时间里通过。1971 年《法国宪法》明确规定议会具有“建立公共开支账目,负责在政府各部门间分配总收入、控制公共基金的开支并审查各部门所提交的账目”的权力。

在《权力下放法案》实施前,地方预算由国家代表拟定,议会讨论,中央政府批准;《权力下放法案》实施后,批准预算的权力由地方议会行使,但国家代表仍然可以在必要时,编制、修改、补充所在地的地方预算。在预算执行过程中,由经济和财政部的税务总局在各地所设的税务中心,负责计算和确定地方税额;该部下属的公共会计有权审查地方支出。此外,国家审计院与经济和财政部的财政监察员还对地方政府和地方公共机构的账目进行定期审核,以此限制和规范地方财政的自主运行。①

法国的财政监督体系非常完备,各监督主体之间分工明确,协调互补,各项财政支出均设有监督体制,且支出的决策者与执行者相分离。如各部、大区的各项财政支出,由部长或区长决策后,经财政监察专员签字同意,然后由公共会计人员予以受理。各部、大区在制定分预算时,要与财政监察员共同讨论,还要按月向“专员”报告执行情况,而且财政监察专员有权对每一笔开支进行监督检查。各部门、单位和地区的财政支出均有公共会计进行监督和管理等。对国家机关预算执行情况的监督由预算局进行,国家设有权力很大的财政总监,直接受命于经济和财政部长,不向议会负责。但是,法国还设有经议会授权建立,不受其他部

① 谷茵、王振海:《法国地方财政析论》,载《理论月刊》2003 年第 11 期。

门控制的“账目法庭”,从本质上说,法国对政府预算实行的不是通过议会进行的账目监督,而是通过政府部门进行的行政监督和通过法院进行的司法监督。①

总体来看,法国的财政监督体系主要有三个方面:其一,议会进行宏观监督。法国每一级政权都有自治的政府和议会,各级议会负责对本级政府预算进行监督。各级预算是相对独立的,它们有各自的收入和支出。预算的编制和审查通过是各级财政部门和各级议会的一项重要工作。法国每年4月开始编制下一年度的预算,8月提交议会,10月审议通过。法国议会把审议、批准和监督财政预算当作监督政府和行政权力的重要手段。议会对预算的审查非常严格和细致,直接审查到部门、单位,对政府的每一项财政政策都要进行激烈辩论,提出疑问,由财政部门作出解释。其二,财政部门进行日常业务监督。法国财政部门在财政收支管理过程中负有重要的监督职责,并通过财政监察专员、公共会计、财政总监和税务稽查等体系付诸实施,贯穿于预算收支的全过程,具有监督层次多样、监督管理同步和监督执法严格等诸多特征,在财政管理和社会经济管理中发挥重要作用。主要的监督方式有财政监察专员对部门和大区的财政监督、公共会计在公共支出拨付时的监督、财政监察总署的专项监督检查、国家监察署对国有企业的监督。法国财政部设置的国家监察署对国有企业进行监督管理并直接对财政部长负责、税务机关对纳税人的

① 徐红:《英、美、法三国议会财政权比较研究》,载《同济大学学报(社会科学版)》2001年第1期。

税务稽查。其三,审计法院的高层次事后监督。法国的审计法院正式成立于1807年,是国家最高的经济监督机关。法国宪法赋予审计法院的职责是协助议会和政府监督财政法的执行。审计法院既独立于议会又独立于政府,属于司法范畴。所以审计法院和地方审计法庭的工作是非常独立的,议会和政府都不能干预。审计法院的工作主要有:审查国家决算、对公共会计进行法律监督、监督公共开支决策人、监督国有企业遵守有关财政法规。[①]

三、日本财政立法权纵向配置相关制度与实践

(一)财政事权的划分实践

日本在战前实行高度集中的中央集权制,绝大多数事务由中央负责,同时又将部分事务委托给各级地方政府处理,形成中央主导,中央和地方政府共同承担管理公共事务的局面。"二战"后,日本在美国的指导下改变了战前中央对地方的直接管理和领导体制,实行了财政分权体制。此时,日本中央与地方的宪法制度安排形式是,财政分权由收入、支出及转移支付三部分构成。财政分权体制的实施不仅完成了其在经济发展及国家建设中的预期目标,而且在平衡各级政府职能的履行、行政服务的提供上发挥了重要作用。而在现今,日本中央和地方的财政事权主要是这样区分的:中央政府负责国防外交,各地方政府负责消防、港口、城市规划以及住宅等。

---

① 财政部财政监督考察团:《法国财政监督及对我国的借鉴作用》,载《财政研究》1998年第1期。

作为单一制国家,日本的重要财政集中度较高,日本的财政分为中央、都道府县、市町村三级,在划分各级政府的事权范围时,把尽可能多的公共事务交给地方政府去处理,而关系到国家整体利益、跨地区以及无法由地方执行的公共事务才由中央来承担。日本各级政府间事权范围划分的另一个突出特点是,划分为中央政府事权范围的公共事务,如果有需要,也可能将有关这些公共事务的具体操作任务交由地方具体经办,但是中央政府需要支付相应的财政资金。

(二)财源分配的相关制度安排

日本在"二战"以后以明确划分事权为基础实行分税制改革,具有明显的中央集权与地方自治统筹结合的特点,税收立法权大部分都在中央,地方政府的立法权相对较小,仅对数目较少的法定外普通税拥有立法权、开征权。该种财政体制具有中央集权的性质,主要表现形式为:第一,在国家财政总收入所占比重中,中央政府占 2/3,地方政府仅为 1/3 左右。与此同时,中央财政中又有一半左右是通过转移支付的方式转移给地方的,地方政府为了得到中央的转移支付资金,就必须按规定给中央政府报告财政运营的情况,服从中央政府必要的安排和调度。第二,日本的地方财政自治是中央授权的,地方自治的权限由中央以法律形式予以明确,不属于地方公益团体的固有职权,地方政府财政支出范围也是由中央政府逐步下放的。到目前为止,中央政府仍然控制着许多与地方财政运营有关的重要权限,诸如地方税立法权、地方债发行审批权等。此外,财政体制上实行一级政府一级财政,各级财政只对本级政府负责,预算和决算都由本级议会审批,独立征税,上下级财政之间既不存在行政上也没有业务上的管理关系。

日本各级政府间财权的划分以税源为基础,由法律作出明确的规定,地方税的设置和税率也由中央政府以法律的形式加以规定。中央税收立法由内阁中的大藏省负责立案,经国会批准。日本中央与地方税源划分主要遵循以下3个原则:第一,税源划分以事权划分为基础,各级政府事务所需经费原则上由本级财政负担;第二,便于全国统一税率和征收的大宗税源归中央,征收工作复杂的小宗税源划归地方;第三,涉及收入公平、宏观政策的税种划归中央,地方税以受益原则为依据,主要实行比例税率或轻度累进税率。

中央政府和地方政府向国民提供行政服务所需的经费的主要来源是各自的税收收入,即自主财源,并且原则上根据各自处理的行政服务和所负担的经费分配税收收入,即分配税源。在分权体制下,分权型政府财政关系首先是一种对自主财源的分配关系,并通过法律的规定确定自主财源(财政收入),以此形成政府间在各自处理行政事务时各自所负担的财政经费(财政支出)基础。日本地方政府存在财力保障,这个财力首先是一种自主财政、自主财力。这种自主财力最终体现在自主课税权上,自主课税权是由日本地方税法规定的。此外,地方发债权也是保障地方自主财源方面。自主财源分配关系是政府间财政的第一层面;政府间财政关系的第二个层面是一种平衡关系,这是一种财政调整关系。在日本法律中,集中体现为地方交付金制度。[1]

除了税收方面的关系调整，日本对在财政转移支付制方面的理论实践也进行了符合本国国情的制度安排。其财政转移支付体系以平衡各地财力、保证地方各级政府履行职能为主要目的，所以以中央政府不指定用途、不附加条件的转移支付（地方交付税）为主。

（三）日本税收立法权纵向配置的模式

日本实行中央集中立法制度，税收立法权也集中在中央，实行的是税收立法权纵向配置的适度分权模式，其特点是地方政府享有一定的税收立法权，但是，地方政府的税收立法权来自法律的授权，受到中央政府的监督，或者中央政府的税收具有优先性。

日本中央政府（广义政府，包括国家权力机构）不仅负责中央税收的立法工作，还负责地方税收立法工作。中央税收，简称国税，由大藏省主税局和关税局负责调查、设计及法案、修正案的起草工作，由内阁提交国会（众参两院）审议、批准。地方税包括都道府县税和市町村税，日本地方税根据征税依据不同分为法定地方税和法外地方税，但以法定地方税为主。一般情况下，地方税收入中法定地方税占95%以上。法定地方税由中央立法，具体由自治省负责（需与大藏省协商）法案的调查、起草，由内阁提交国会审议、批准。法定地方税包括对所得、收入、固定资产等所征的普遍性税种，也包括对高尔夫球场、矿产、狩猎等所课征的特

---

① 刘剑文主编：《中国税收立法基本问题》，中国税务出版社2006年版，第51页。

殊性区域性税种。[①] 日本地方政府的税收权限由中央立法所规定,主要包括地方税课税及税率选择、制定地方税征收条例和地方税征管等。《日本地方税法》规定了都道府县和市町村政府可征收的地方税税目以及各种地方税的课税对象、计税依据与税率。从法律的角度讲,地方政府既可以选择不征《日本地方税法》中列示的税,也可以选择征收《日本地方税法》中未列示的税。《日本地方税法》规定,"地方政府认为由于公益的原因及其他事由而不宜课税时,可不课税",把地方税的课税权给予地方政府。同时,以法外税的形式赋予地方政府在《日本地方税法》规定的税目之外课税的权限。税法的上述规定,实际上把地方税的课税选择权下放给了地方政府。

除此之外,日本中央政府还允许地方政府对法定地方税的税率进行选择。对大多数地方税而言,地方税法只规定标准税率,标准税率是"地方政府课税时可以使用,或者由于有特殊需要也可不使用的税率"。如都道府县民税中的个人部分,标准税率为150万日元以下的2%,超过150万日元部分的4%,同时规定"如果都道府县用与标准税率不同的税率征收时,必须事先向自治大臣提出申报";又如固定资产税,其标准税率为1.4%,税法规定市町村政府可使用最高为2.1%的税率,但超过1.7%就须事先书面申报自治大臣。概括来讲,地方税法规定的税率是标准税率,对于都道府县民税和市町村民税等主要税种,地方政府如不按标准税率征收,则须报中央审批,而对于固定

---

① 财政部《税收制度国际比较》课题组编著:《日本税制》,中国财政经济出版社2000年版,第28页。

资产税等则在税法中规定了税率变动的幅度(称为限制税率),在一定范围内,地方政府可自主选择,超过了一定幅度则要报中央政府审批。[①]

法外地方税在日本称为“法定外普通税”,不包括地方政府按规定所设置的收费(如手续费、公立学校收费、公立公园入园费等),它主要是地方政府根据特殊需要,如财政收入不足、特定公益事业发展等而在法律规定之外征收的税收。地方政府征收法定外普通税,不仅要遵循不给居民带来过重负担、不妨碍地区之间的物资流通和不与中央经济政策相矛盾等原则,而且还要经过合法程序并获中央政府的批准。所谓“合法程序”指地方政府必须进行充分的申请论证,起草征收条例,并经本地本级议会审议、批准,然后报中央府(自治省)。自治省在接到地方政府的报告后要与大藏省协商,共同审议,最后按实际需要和原则规定审批。目前,日本地方税中的法定外普通税主要有冲绳县的石油价格调整税,福岛、鹿儿岛、新潟等10个县的核燃料税,部分市町村实行的商品券发行税、采砂税、广告税、林产品出境税、文化观光设施税等。[②]

(四)日本政府间财政关系的法律调整

日本自20世纪90年代开始的地方分权运动至2000年开始实施《地方分权一揽子法》,这一时期被确定为日本第一次分权改革,这次改革的主要任务是为了顺应“由单一化向多元化”

---

① 财政部《税收制度国际比较》课题组编著:《日本税制》,中国财政经济出版社2000年版,第28页。

② 胡小红:《税收立法权研究》,安徽大学出版社2009年版,第135~137页。

的时代发展，由中央集权体制下形成的中央政府主导型向单一的行政体制转变，可以认为这次分权改革的成果是从法律上确立了中央政府和地方政府的行政事务分配关系和与行政事务相匹配的经费负担关系，由此奠定了分权分散型财政关系的基础。在2001—2006年进行的第二次分权改革中，重点强调中央政府与地方政府应按照各自发挥的作用（作用分担论），分配行政事务和经费支出，明确自主财源的范围和通过税源转移来充实自主财源，以此实现政府间纵向的财政调整，同时为平衡各地区间自主财源的不均衡确定了通过地方交付税和国库支出金等财政转移方式实现政府间横向财政调整。在2006年至今的第三次地方分权改革中，在先前两次调整的行政与财政关系的基础上又提出了新的改革方向，即通过扩大地方政府在行政财政方面等的立法权，重新界定政府间的行政事务关系和财源分配关系。这次改革既对以往政府间财政关系提出了更为具体的实施措施，同时又为政府间财政调整关系确立了新的制度改革方向。

通过以上对日本政府一些具体的财政事权相关制度的了解，我们可以发现日本在财政立法权的纵向配置上采取的是适度分权模式，并随着政策的相应调整，随着经济的深入发展不断予以修正，从而为本国政府各项行政事权的调配提供经济支点。财政分权作为一个实践问题，其应当根据历史上财政分权的经验，结合特定的经济政治形势，提出符合具体国情的分权模式，并采取切合实际的方式方法。

第三节 域外财政立法权纵向配置相关理论与制度的启示

一、财政立法权纵向配置的理念与原则

(一)财政立法权纵向配置的理念

纵向配置,即中央和各级地方政府之间财政立法权的配置。财政立法权的纵向配置主要包括两个方面,一是中央和各级地方政府之间财政收入立法权的配置;二是中央和各级地方政府之间财政支出立法权的配置。

1. 税收立法权纵向配置的法治化和科学化

对于税收立法权限的划分各国都注重通过法律加以规定,其划分基本都会通过宪法或者法律进行规定,即通常通过一国的根本大法宪法来对税收立法权纵向配置的原则进行规定,或采取列举式直接言明各级政权的税收立法权,相关的法律特别是税收基本法律对各级政府的具体税收立法权进行详细规定,从而明确中央和地方间的税收立法权限。通过效力层级最高的宪法和税收法律来对各级政府的税收立法进行规制,能够为税收立法权的配置和行使提供强有力的合法性,宪法和税收基本法律的稳定性能够起到稳定税收立法权的配置和行使的作用,宪法和基本法律的规制也防止了税收立法权滥用,维护了国家税收法定的基本原则。总之,赋予税收立法权限较高级别的法律依据有利于税收立法权的法定化以及税权体系的法制化,从而避免税收立法权划分上的任意性。

税收法定原则要求税收立法应当由代议机构以法律的形式进行规定,因为税收关系到纳税人的切身利益,也关系到国家职能的实现,因此必须慎重,必须由人民的代表机关,即代议机构加以规定。对于税收立法权限在各级国家机关之间的划分和配置,这是赋予相关国家机关税收立法权力的权力,这一权力的重要性不言而喻,是“重中之重”,更应当法治化。

税收立法权纵向配置具体如何设置,既是一个理论问题更是一个时间问题,需要应用多种理论进行指导分析,也需要考量本国的历史传统、政治经济制度、国家结构形式、立法体制等多方面的因素,应当尊重社会经济规律,实现税收立法权纵向配置科学化。

2. 强调中央税收立法权的主导地位

从某种意义上说,中央政府适度集中权力是一个国家的必然选择,是国家生存和发展的基础。从国际立法经验上看,无论是强调集权的单一制国家还是重视与地方相对分权的联邦制国家,国家体制似乎并未影响中央在税收立法纵向配置中的主导地位。国家的税收立法权具有先行性和主导性,地方上的税收立法往往不能脱离中央的监督和控制,即便是美国那样极为强调向地方分权的联邦制国家,各州的立法权仍要受到联邦政府的约束;日本的“课税否决权”制度亦是如此。可见各国均认识到由中央对地方的税收立法权进行控制和监督可以防止地方政府滥用税收立法权,减少地方与中央在征税上的冲突,同时也能够避免各区域间出于各种目的进行的恶性税收竞争。

3. 赋予地方适度税收立法权

无论采取何种税收立法权纵向划分模式,其围绕的核心都在于“分权”,这也是世界各国普遍的做法。税收发挥着“取之于民用之于民”的作用,因而关键在于“取之合理”与“用之有效”,在于如何配置税收立法权才能更好地实现税收既收得合理又用得高效。赋予地方适度税收立法权,其价值在于地方政府相比于中央政府更有信息优势,一方面,地方政府对本区域内的税源情况、资源优势及公民的纳税承受能力更加了解;另一方面,地方政府也可以因时因地制宜,合理规划征税,从而减轻对中央财政的依赖。因此,地方政府适度地享有税收立法权更有利于上述目标的实现。

4. 考量地方政府的财政事权与支出责任

各级政府履行职责都离不开财政保障,财政事权划分是财权划分的前提和基础,不考虑地方政府的财政事权与支出责任是不可想象的,本质上是舍本逐末,本末倒置,因为赋予各级政府一定的财政权特别是财政立法权,归根结底不是为了给予其财政权力而给予,而是为了保证其履行职责,更好地履行财政事权与支出责任。依据史蒂格勒的分权说,提供公共产品是政府存在的根本性要求,中央政府与地方政府在财政关系的法律调整方面体现出的是财政权的一种纵向配置关系。因此在税收立法权纵向划分的过程中,必须将各级政府的财政事权和支出责任作为前提和基础加以考虑。

(二)财政立法权纵向配置的原则

1. 公平与效率原则

世界各国在财政立法权纵向配置方面大多数都是坚持以中央为主导,但是同时往往也坚持公平与效率原则。所谓公平原则就是中央政府应当遵守宪法和法律,尊重地方政府的自主地位,遵循基本的公平理念,不得随意增加自己的权力和减损地方政府的权力,应当赋予地方政府履行职责所必需的财政立法权;所谓效率原则就是中央政府应当遵循政府更好提供公共服务的理念,赋予地方政府更好地提供公共服务所需要的财政立法权。日本在这方面有一些比较好的做法,在配置财政立法权的过程中设置了一些中央和地方相互协商和沟通的程序,改变了传统上由中央"说了算"的格局,在地方政府起草税收征收条例的过程中,地方政府首先进行充分的申请论证,起草征收条例,并经本地本级议会审议、批准,然后报中央府(自治省)。自治省在接到地方政府的报告后要与大藏省协商,共同审议,最后按实际需要和原则规定审批。

2. 公共事务内在属性原则

中央和地方在处理公共事务时应当科学合理地进行权力配置,而中央和地方进行财政事权划分的关键在于按照公共事务的属性,在各级政府间合理配置公共权力。英国学者巴斯特布尔就划分中央与地方政府的财政支出提出了应当坚持技术原则、利益原则、行动原则等三原则,就是依据公共事务内在属性对事权进行了划分,对我们依据事权的属性确定其应当进行这样的配置,从而配置财政立法权提供了重要的参考。

纵观各国的财政事权划分实践,其首要依据在于事务的特性,凡涉及应由全国强制统一实施的事务以及事关国家利益的事项均应统归于中央政府,而对于其他的非主权性事务,则将公共物品的受益范围作为政府间财政事权划分的基本标准。这是因为假设一行政区域内的公共物品的受益和成本可以正相关,使该区域内的一般主体享受到这些服务,则此时公共物品的供给效率最高。尽管各国的行政区域财政事权安排的具体规则相差较大，但是以受益范围为标准进行各级政府间的事务范围划分，在当前各个国家的实践中都有反应。

3. 与国家形式相适应原则

国家形式包括政权组织形式和国家结构形式两方面，是一个国家政治制度的最基本的自称部分。一个国家的财政立法权纵向配置应当依据该国的政权组织形式和国家结构形式进行，不得与其相抵触。一方面，财政立法权的纵向配置应当与政权组织形式相适应。虽然政权组织形式是一个国家横向的权力配置模式，直接决定了立法权包括财政立法权的横向配置，但是也对财政立法权的纵向配置有着一定的影响。另一方面，财政立法权的纵向配置应当与国家结构形式相适应。国家结构形式是一个国家中央与地方关系的构架和模式，本身就是处理中央与地方关系，直接决定了立法权包括财政立法权的纵向配置。不同政权组织形式和国家结构形式的国家，其财政立法权纵向配置的模式往往相差很大，特别是不同国家结构形式的国家更是如此。以联邦制国家为例，其各州的财政立法权比起单一制国家的地方的财政立法权要大很多，凡是没有授予联邦同时没有禁止各州来行使的财政立法权，各州亦有权行使，因此体现的是一种法无禁止即自由的理念。单一制国家的地方财政立法权往往比较小，地方各级政府必须经过法律的明确授权才能够进行财政立法，法律没有规定的事项其并不能积极作为，相较于联邦制下的各州，其所受限制更多。

4. 税收法定原则

税收立法权纵向配置应当坚持法定原则，我们不应当仅仅将

“税收法定”原则理解为横向的权力配置规则,即代议机关应当享有税收立法的最终决定权,我们更应当将其理解为纵向权力配置规则,即中央和地方各级政府和国家机关之间的权力配置应当严格依照这个原则进行,中央政府和各级地方政府在行使相关的税收立法权限时应当有法律依据,不能违反宪法和法律规定。

二、政府间财政事权划分与财政支出立法权纵向配置的启示

(一)依据公共产品受益范围配置各级政府的财政事权和财政支出责任

中央政府处于各级政府的最上层,处在最高位置统筹国家利益全局,稳定国民经济增长,促进合理分配,而地方政府针对其辖区内的具体情况展开积极的作为。依据公共产品受益范围配置各级政府的财政事权和财政支出责任,就是要求凡属于事关国家范围内的整体利益的财政事权和财政支出责任,应划归中央,而与地方利益有直接关系的财政事权和财政支出责任则应划归地方政府。换言之,由中央政府来负担受益对象为全国居民的财政事权和财政支出责任;同样的受益对象为地方某一地区居民时,由地方政府负责更合适。

因此,当今世界的大多数国家都会按照公共产品受益范围的大小程度确定各级政府的财政事权和财政支出责任,我们也可以采取这一原则,将适合由全国性政府管理的事务和支出责任由中央政府负责,将适合由各级地方政府负责的事务和支出责任由各级地方政府负责。

(二)央地财政事权和财政支出责任的明确与稳定

世界各国逐渐形成了各自的财政事权和财政支出责任范围，逐渐形成了一定的规律和范式。一个国家的央地财政事权和财政支出责任在经过长期的历史发展过程形成，有其必然性和合理性，只要这个国家的政治经济制度不发生重大的改变，就不要轻易作出重大改变，即使国内国际的情况发生了一些改变，需要央地财政事权和财政支出责任的配置进行改变，我们也应当采取循序渐进的方式稳步推进改革，尽量不要对财政立法体制进行大刀阔斧式的改革，最好先进行改革试点，积累经验，然后再整体推进。很多国家就是这样做的，我国在这方面也有很多成功的经验，很多财政制度改革，例如增值税改革、分税制改革、个人所得税改革都是采用“小步快走”、稳妥推进的方式进行的。

(三)科学确定地方政府财政事权和财政支出责任范围

地方政府既然有其法定的财政事权和支出责任，当然就有一定的独立性和法律地位，地方政府的财政事权划分应当科学合理，有其事实逻辑和法律依据，不能被中央政府随意变动。故此，我们应合理确定不同区域以及不同层级政府的财政事权范围，从而明晰财政支出责任范围的界限。如何科学确定地方政府财政事权和财政支出责任范围，很多学者在理论上进行了探讨，马斯格雷夫、蒂博特、史蒂格勒、巴斯特布尔都对此问题有较深入的研究，因为这个问题是处理政府间财政关系的前提和基础。很多国家也依据这些理论进行了大量的探索，积累了很多经验，当然现实不可能完全依据理论进行，而且各个学者的理论也不一致，相互之间也有矛盾和冲突。因此，我们一方面要研究相关理论，另一方面要探寻各国实践的规律,尽可能使得我国的地方政府财政事权和财政支出责任范围的设定更加科学合理。

(四)政府财政事权和财政支出责任的法治化

政府财政事权和财政支出责任是一个国家非常重要的事项,既关系国家的整体结构、框架和政府之间的关系,又关系一个国家的人民能否更好地享受到政府提供的公共服务,还关系一个国家的财政制度的合理与否,更关系财政的民主和法治。对于如此重要的问题,通过宪法和法律特别是位阶比较高的法律将其明确和规范,既符合民主法治的原则,又有利于人们对政府的监督,还有利于基本人权的实现。当代世界大多数国家都在宪法或者法律中规定了政府财政事权和财政支出责任的基本原则和基本规则,政府财政事权和财政支出责任的法律化是大势所趋。我国的宪法和法律还没有对政府财政事权和财政支出责任进行规定,现在主要是国务院的一些规范性文件对此有一些规定,政府财政事权和财政支出责任法治化的程度不高,有必要加强。

三、税收立法权纵向配置的启示

世界各国的税收制度的形成都是多种因素相互作用的结果,都有其必然性和合理性,国外的税收立法权纵向配置制度有一定的借鉴价值,一些学者的理论也有一些合理之处。我们应当选择与本国政治制度、经济框架相匹配的包括税收立法权纵向配置在内的税收体制,同时也应当积极吸收人类文明的优秀成果,选取适合于中国的理论和经验,为我所用。

(一)适度的地方税收立法权力

各个国家的地方税收权力的大小相差较大,并不是所有国家的地方都拥有税收立法权,有的国家的地方有一定的税收立法权,但是绝大多数是联邦制国家,大多数单一制国家的地方没有税收立法权,即使有,其税收立法权也很小;有的国家的地方没有税收立法权而只有征税权,有些单一制国家就是如此,实行分税制时期的我国也是如此;还有的国家的地方政府有一些税收减免权力,这些制度安排各有其特点和利弊,总的目标都是更好地实现国家的税收职能。近年来,不少国家,例如英国、法国、日本等国的地方政府的税收立法权有增强的趋势,但是其下放权力的主动权在中央,而且下放的税收权力被限制在一定的范围和幅度之内且最终的决定权在中央,例如日本地方政府有权设立"法定外普通税",除了一些实质性的条件,即不给居民带来过重负担、不妨碍地区之间的物资流通和不与中央经济政策相矛盾等原则等,还要经过"合法程序"并获中央政府的批准,即地方政府必须进行充分的申请论证,起草征收条例,并经本地本级议会审议、批准,然后报中央府(自治省),自治省在接到地方政府的报告后要与大藏省协商,共同审议,最后按实际需要和原则规定审批。

(二)税权划分的相对性

对于财政分权的担心主要来自两方面:分权不足与分权过度。分权不足是现实情况,这种担心是不必要的。分权过度陷入计划财政"一放就乱"的怪圈。在中央和地方的财政关系中,财政分权具有如下的优势和不足:从公共物品提供的角度,将提供地方性公共物品的责任赋予地方财政部门有利于准确地确定公共物品的种类和规模,使地方政府提供的公共物品能更好地满足当地居民的偏好,因此会带来社会福利的改进。不足主要在于“一放就乱”和“恶性竞争”,造成不可控制的局面。为了破解这个悖论,我们需要跳出“非此即彼”的思维模式,关注财政分权的相对性,特别是税收立法权划分的相对性。

税权划分的过程中,税收立法处于该问题的核心地位,税收立法权的划分并不是绝对的,这种相对性表现在两个方面,一方面是中央的税收立法权与地方的税收立法权并不是完全“泾渭分明”,而是“你中有我,我中有你”,例如,在日本中央在进行税收立法的时候需要听取地方政府的意见,地方政府有一定的参与权,地方政府在进行税收立法的时候要受到中央的控制,往往需要按照一定的程序报请中央批准,中央下放给地方的税收立法权并不是“一放了之”。另一方面是中央下放给地方一定的税收立法权并不是“无条件的”,而是伴随着一定的责任和义务,中央也不可能只给地方权力而不给义务,其在配置给地方一定的税收立法权的同时也相应地增加了地方的责任和义务。

四、其他财政立法权纵向配置的启示

(一)转移支付在地方政府财政收入中的地位

虽然不同的国家财政转移支付的地位有所不同,“单一制的发达国家的地方政府比发达联邦制国家的地方政府更依赖转移支付,而发展中国家这两种类型国家差别不大”,[①]但是转移支付制度在地方政府财政收入中的地位都很重要,对于地方政府履行职责有着非常重要的作用,在很多国家财政转移支付的地位有提高的趋势。美国财政管理一直采取的是联邦主义,特别是 20 世纪以来,在财力分配上联邦政府财力迅速攀升,而地方政府财力比重却明显收缩;20 世纪初期,美国州地方政府财力比重为总收入的 60% 以上,而联邦政府却不到 40% ,但是经过 1913 年的改革、1929—1913 年大危机以及第二次世界大战,联邦政府财力超过了 60% ,当然地方政府财力就大大下降,这种状况一直持续到现在,目前美国联邦政府预算收入占全国财政总收入的比重大致维持在 60% 。联邦与地方政府通过补助金制度实现事权和财力协调,特别是 20 世纪 80 年代以来,联邦补助占到地方政府支出的 30% 左右,这实际上是一种中央出资、地方办事的集权型管理体制。日本财政模式是中央以提供资金形式间接控制地方支出,使其按中央意图发展经济。为了保证财力集中于中央,中央财政掌握的中央税包罗了收入额度大、征税范围广的重要税种。还有更高财力集权的国家,比如法国 1992 年中央预算收入占总预算收入的比例为 81. 7% ,英国 1990 年中央预算收入占总预算收入的比例为 89% 。从以上各国财政管理体制发展路径来看,大多数国家都实行了适当集中的财政管理体制。[②]

从各国的经验来看,中央往往以财政转移支付作为引导和控

---

① 田发:《重构地方政府间财政关系——基于政府财政层级变革的分析》,中南财经政法大学 2005 年博士学位论文,第 172 页。

② 张焱秋:《对财政分权化管理改革的理性思考——基于对蒂博特模型的分析》,载《金融与经济》2010 年第 8 期。

制地方政府的财政政策特别是财政支出政策和投向的有效手段，使得中央能够实现全国范围内的财政平衡，保证财力集中于中央，从而维护中央的权威，实现了原则性与灵活性的有机统一。因此，对于我们国家而言，中央财政掌握较大比重的财政收入有其合理性，需要特别关注如何实现财政转移支付的法治化、科学化，以便更好地发挥起作用与功能。

（二）转移支付制度的法治化

法治比较完善的国家，其财政转移支付的法治化程度相对较高，往往会通过立法明确政府间的财政事权，并在此基础上制定比较规范的转移支付的法律制度。税收关系到纳税人的基本权利，也关系到政府的财政收入，因此世界各国普遍实行税收法定原则，同样财政转移支付既涉及转入政府的财政收入，也涉及转出政府的财政支出，同样也应当“法定”，否则既对转入政府不公平，也缺乏稳定性，更不符合法治原则。现在，越来越多的国家通过法律的形式确定财政事权和财政收入和支出范围的划分，并将其作为转移支付的前提和依据，转移支付的基本原则通常也以法律的形式来确立，从而保障转移支付制度的法治性与稳定性。我们国家的财政转移支付制度，宪法对此没有规定，《预算法》里面提到了财政转移支付，但是并未对其应当遵循的规则进行规定，其他位阶较高的法律对此也没有进行规定，连国务院的行政法规对此未进行规定，对财政转移支付进行比较完整规定的是国务院的一些规范性文件。因此，我国财政转移支付制度的法治化程度还比较低，很有提高的必要。

（三）多种转移支付形式相互协调

一个国家的财政转移支付通常都不只是有一种形式，主要有专项性转移支付、分类转移支付和一般性转移支付，其资金使用的灵活性依次增大。专项转移支付具有特定性，该类财政补助由于已经明确了资金适用的对象，下级政府只能够严格遵循专款专用的原则，甚至还要接受上级政府的附加条件。分类转移支付的严格程度相较于前一种更低，仅规定该资金大致的运用范围，如医疗、教育等，具体的建设项目或其他活动可由地方政府自行决策，这两种转移支付是中央进行宏观调控并落实政策目标的重要措施。一般性转移支付的功能则通常用于具体的事项和领域，其意在平衡各地之间的财政差异，使资金匮乏的政府能够实现其基本运转。对比国内外的具体实践，都是几种方式的转移支付相互配合、相互补充，形成一个有机的整体，但是我国的一般性转移支付的比重过小，不利于地方政府灵活机动地运用资金。

（四）转移支付的计算有统一的公式和客观标准

为财政转移支付确定客观的计算标准能够避免央地之间的讨价还价，地方政府可以明确自身和其他同级行政区域的资金划拨数额，使转移支付制度更具透明性、科学性、公平性。这样的制度安排，一方面是财政法治化、科学化的必然要求，其能够避免"跑部钱进"情况的发生；另一方面，如果地方政府对于财政转移支付存在异议，由于有客观的计算标准作为计算依据，有关问题就能够得到较好的解决，即使不能解决，地方政府也能够接受。一些发达国家在长期的实践中形成了比较成熟的财政转移支付的标准和计算公式，并且在实践中不断完善，例如英国中央政府主要通过“典型因素分配法”对财政转移支付的额度予以计算和核定，而地方政府自愿组成的“地方工作委员会”与“地方当局协会”在测量数据、制定与调整政策、分配与和核拨资金等过程中，负责与中央政府进行协商。[①] 近些年，我国也在进行财政转移支付的标准和计算公式的相关探索，形成了一些标准和计算公式，但这比较简单和粗糙，有必要参考和借鉴域外可行的理论和实践经验并依据我们在实践中总结出来的规律性认识对其进行改革、完善和发展。

① 财政部《财政制度国际比较》课题组编著：《英国财政制度》，中国财政经济出版社1999年版，第142～147页。

第四章

我国财政立法权纵向配置的原则

第一节 立足国情原则

任何国家的政府间的财政关系都是在具体的政治、经济环境下形成和演变的,处于不同经济体制、政治体制背景下的政府间财政关系,其表现形式不尽相同,因为无论是国家机构之间的权力配置,还是政府间财政权力分配的手段与形式在很大程度上都受到各种体制性因素的制约。中国自身拥有的特殊国情,是与世界其他国家与地区区别所在,也是我们在考虑财政立法配置时所不能遗漏的关键的因素。“我国幅员辽阔,人口众多,地区间的经济、文化差距悬殊,这需要中央政府的适度集权来保证国家整体的统一和繁荣。”在此基础上,也要赋予地方政府适度的分权来保证政府职能的有效履行。在转型时期的中国政府间财政关系变迁过程中,也呈现一些有别于其他国家的制度特征,这些特征同时构成了中国政府间财政关系配置的重要原则。

一、坚持社会主义制度

我国作为社会主义国家,实行人民当家作主,在中国财政立法权纵向配置的改革和划分中,坚持社会主义制度理应是必须坚持的首要原则,根植于我国基本国情及现实依据之中。从我国的国情来分析,坚持社会主义制度具体由坚持人民主权、人民主体地位和以人民为中心原则以及人民代表大会中心原则两个方面得以体现。

(一)坚持人民主权、人民主体地位和以人民为中心

坚持人民主权、人民主体地位和以人民为中心的原则是我国财政立法权纵向配置的主体要求。人民主权原则是现代民主制度的理论基石,指国家的主权属于人民,人民是国家权力的最终所有者。对于政府财政这样的涉及人民根本利益的问题,应当征得人民的同意,以人民的意志为依归。我国《宪法》第 2 条明确规定"中华人民共和国的一切权力属于人民"。

严格意义上来说,"坚持人民主体地位和以人民为中心的原则"是"人民主权原则"在我国的具体的深刻的诠释。在党的十八届五中全会上,习近平总书记首次提出了"着力践行以人民为中心的发展思想";继而在党的十九大中提出了"坚持以人民为中心",强调"必须坚持人民主体地位,坚持立党为公、执政为民,践行全心全意为人民服务的根本宗旨"。这表明坚持以人民为中心的思想原则贯穿我国特色社会主义事业的全方位、

各过程与诸领域。人民是社会历史的创造者,坚持人民主体地位、以人民为中心的原则是我国全面治国理政的出发点与落脚点。

"凡享受保护的人都应该从他的产生中支出他的一份来维持政府。但是这仍须得到他自己的同意",[①]洛克在《政府论》中深刻论述了人民与政府的关系,政府拥有征缴课税的权力,以便更好地履行职能和为人民提供更好的公共服务,但前提是获得人民的许可,如若不然,则势必会破坏财产权的基本规定与政府的基本目的。政府财政的基本目的是提供公共服务,政府财政的收入与支出都应当得到人民的同意。我国财政立法权的纵向配置作为国家财政活动的重要组成部分,理应坚持人民主权、人民主体地位和以人民为中心的原则。

1. 坚持人民主体地位和以人民为中心就必然要求财政立法权纵向配置保障人权、以人民利益为依归

人民主权原则是我国保障基本人权的重要体现,基本人权是世界各国和地区在法律与实践领域都应当尊重和保障的人权。坚持人民主体地位和以人民为中心的立场是为了从根本上维护和保障人民的切身利益。这也是我国财政立法权配置的目的体现。"从本质上说财政的目的就是国家的目的,人民交出一部分自己的财产用于维持国家机关的存在和运转,目的就是让政府为人民提供公共产品和服务,在于要求政府保障和维

---

① [英]约翰·洛克:《政府论》(下篇),叶启芳、瞿菊农译,商务印书馆1964年版,第88页。

护人权。”[①]

我国《立法法》第 6 条规定：“立法应当体现人民的意志……保障人民通过多种途径参与立法活动。”立法应当站在人民的立场，维护人民的基本权益，进而实现人民当家作主。政府财政立法活动作为我国重要的立法活动，因而财政立法权的纵向配置也应当遵循立法法的基本规定，积极保障人民参与立法的权利，有利于基本人权更好地实现。

我国《宪法》第 2 条规定，“中华人民共和国的一切权力属于人民”，坚持人民主体地位和以人民为中心的原则就必然要求财政立法权的纵向配置要以保障人权、以人民利益为依归。

2. 坚持人民主体地位和以人民为中心就必然要求财政立法权纵向配置以为人民服务、更好提供公共服务为宗旨

财政的英文表述为“public finance”，可直译为“公共财政”。相较于西方国家对公共财政内容的定义，我国在 20 世纪末之前对其的内涵界定一直为“国家分配论”，直到 1998 年全国财政工作会议提出了构建公共财政基本框架的设想。公共财政的关键特征是公共性，财政的公共性决定其应以满足社会需要作为基本目标和公共服务，“提供市场无法有效提供的公共产品和公共服务，辅之以公民权利平等、政治权力制衡为前提的规范性公共选择机制，形成具有公开性、透明度，并可进行有效的绩效评价和问责的现代预算制度”。[②] 换句话说就是“取之于民，用之于民”。

在市场经济体制下，政府作为有形的手，所要做到的是在市

---

① 宁立成、胡继玲：《当代中国财政立法权配置问题探析》，载《价格月刊》2012 年第 10 期。

② 刘剑文：《公共财政与财税法律制度的构建》，载《政法论丛》2012 年第 1 期。

场无法自身调节或者失灵的状况下,作出适当的调整,以便弥补市场不足和优化资源配置。"全心全意为人民服务"是我国政府的工作宗旨,国家财政不应与民争利,政府尽量不介入一般性的竞争领域。并且财政支出应当着重在社会保障、环境保护、教育、科技、文化等公共性事业方面的建设,便于提供更好的公共服务,保障民生;同时财政立法方面也要做好合理适当地财政预算,做到利民便民,体现公共财政的特征与要求。

财政的公共性特征、政府活动与工作的宗旨都集中反映了坚持人民主体地位和以人民为中心的原则。财政立法权的纵向配置作为国家财政领域的重要组成部分,既需体现财政服务公共利益、提供公共产品的职能,也要体现政府为人民服务的宗旨,因此,坚持人民主体地位和以人民为中心的原则就必然要求在财政立法权纵向配置时以全心全意为人民服务、更好地提供公共服务为宗旨。

(二)人民代表大会中心原则

我国《宪法》明确了人民代表大会的根本政治制度,人民可以通过自己的代表机关管理国家事务,通过各类途径对经济文化事业以及其他社会事务贡献自己的力量。

由于我国幅员辽阔、人口众多,直接民主的形式并不符合实际,采取人民代表机关的制度更加适宜。在财政领域,则应由人民或其代表在财政事务中居主导地位,参与表决重要的财政事项。人民代表大会制度是代议制民主在我国的发展与适用。我国通过人民代表大会制度,使得人民能更有效地参与到国家公共事务的管理活动中来。因此,我国财政立法权的纵向配置也应当符合人民代表大会中心原则。

1. 世界多国实行议会中心主义

当今世界大多数国家实行代议制,国家财政活动的重大决策必须经过议会讨论表决,行政机关必须依照议会的决定来执行,体现了议会中心主义。在西方议会制国家,财权是议会或国会最重要的权力之一,控制了财权就等于控制了整个国家的经济命脉。因此,任何有责任、有担当、有作为的议会(或国会)都不会将这项权力拱手让与他人,每一位议员都会小心谨慎地对待手中的投票权。例如,在2008年金融危机最严重的时候,时任美国总统布什提出的7000亿美元的经济救济方案因最终无法获得国会的通过而没有实施,这表现出美国国会对国家财权控制的力度与态度。议会(或国会)的表决具有终局性,若决议事项没有得到议会(或国会)的通过,则行政机关不能执行。

2. 人民代表大会中心原则是我国的必然选择

全国人民代表大会是最高国家权力机关,《预算法》规定了人大的预算审批权等一系列的权力,具体规定有第13条:"经人民代表大会批准的预算,除非经法定程序,不得调整。"第43条规定中央预算与地方各级预算都应由本级人民代表大会审查和批准等。财政的预算、决算的审批权是规范政府财政收支的重要保障,体现了我国的国家性质,也体现了我国的政体,即人民代表大会制度,还顺应了世界的历史趋势和发展方向。实行人民代表大会审查和批准财政预算的规则,能够加强对政府财政的管理和监督,人民代表大会中心原则是我国的必然选择。

3. 人民代表大会中心原则的法律依据

我国在财政立法权配置必须坚持人民主权原则、人民代表大会中心原则,原因有二:“一方面立法上的权限划分本就应由最高权力机关来决定进行,由行政机关决定不符合权力制约的原则;另一方面是因为应当将最主要的、决定性的财政权配置给立法机关而不是行政机关。”①

人民代表大会作为我国的国家权力机关,我国《宪法》和《立法法》都明确规定了国家权力机关为全国人民代表大会和地方人民代表大会,由其享有立法权,其他机关要受其监督、对其负责。《预算法》第 43 条规定的“中央预算由全国人民代表大会审查和批准。地方各级预算由本级人民代表大会审查和批准”以及第 83 条规定的中央及县级以上地方各级人大及其常委会对本级和下级预算、决算的监督,明确人大在财政预算方面拥有的审查批准权和对政府财政预决算的监督权。这些法律条款都要求在立法与财政方面都应坚持以人民代表大会为中心,因此,我国财权必须还权于人大,这不仅是《宪法》等法律的规定,同时是现实的需要。

4. 切实遵循人民代表大会中心原则进行财政立法权的纵向配置

遵循人民代表大会中心原则,确立以人民代表大会为中心、相互制约的、“全预算”的各级财政立法权配置模式。当今世界多数国家和地区的“钱袋子”普遍由议会掌控,我国的法律也是如此规定的,但是在实际的贯彻中还存在一些问题。例如,要做到税收立法权应当“回归”人民权力机关。1985 年通过的《关于

① 宁立成、胡继玲:《当代中国财政立法权配置问题探析》,载《价格月刊》2012 年第 10 期。

授权国务院在经济体制改革和对外开放方面可以制定暂行的规定或者条例的决定》使得我国大部分的税收立法权可以由国务院甚至财政部来行使,这显然不符合我国"税收法定"的原则,应当改变此种情形。此外,各级人民代表大会的预算、决算审查批准权也应当落到实处,中央与地方各级政府报送同级人大的审查和批准的预算草案应当细化。而且,各级人大的预算应当是"全预算",政府的全部收入和支出都应当纳入预算之中,减少和消除预算外资金大量存在的问题,使得人大的预算审批权具备应有的效果和作用。[①] 为了对财政立法权进行顺利有效的纵向配置,切实遵循人民代表大会中心原则是必要的前提条件。

二、坚持与我国国家结构形式相适应

国家结构形式所要解决的问题主要有规范国家整体与组成部分以及中央与地方之间的权限划分问题等。"国家的结构形式不同,对国家权力来源的理解也就不同,与之对应地,划分中央与地方或者国家整体与其组成部分之间的立法权限的思路和方向也就截然不同。"[②]换句话说,国家结构形式的不同也就意味着国家的中央与地方所拥有的立法权力的大小不同,不同的国家结构形式决定了不同的央地立法权力的分配,因此,中央与地方在财政立法的配置上应做到与我国国家结构形式相适应。

---

① 宁立成、胡继玲:《当代中国财政立法权配置问题探析》,载《价格月刊》2012 年第 10 期。

② 刘志刚:《中央和地方的立法权限划分》,载《哈尔滨工业大学学报(社会科学版)》2016 年第 4 期。

（一）国家结构形式对财政立法权纵向配置影响深远

当今世界国家的结构形式主要包括两类：单一制和复合制。其中，复合制在当今世界各国主要表现为联邦制。在联邦制国家其权力来源往往是自下而上的，联邦政府的权力主要源自其组成的各个单位的授权，其活动范围往往也受其授权范围的限制，因而可以看出在联邦体制下地方政府享有很大程度的权力保留，仅从立法角度而言，各个地方政权只是将立法权的一部分让渡给中央政府，其自身仍拥有较大的立法权限。

与此相对，单一制国家中的授权则是自上而下，地方的权力来源于中央的授予，其依据在于宪法与法律的规定，地方政府不能够保留宪法和法律规定外的事项，中央政府才是国家权力的最终拥有者。在此种国家权力理念的支配之下，中央与地方的立法权限的划分采用的是中央集权型立法权限划分模式。

不论是在单一制还是复合制的国家结构形式中，国家权力的分配都受到国家结构形式的影响，而作为国家在财政领域的纵向权力配置活动，理应受到国家结构形式的深远影响。

（二）我国的国家结构形式

我国属于单一制国家。在单一制国家中，地方的立法权限是由中央授予的，中央与地方政府之间是上下级的隶属关系。[①] 作为单一制国家，与之对应，我国中央与地方之间的财政立法权限的划分也只能建立在这种国家结构形式的基础之上。显然，我国

① 刘尚希、石英华、武靖州：《公共风险视角下中央与地方财政事权划分研究》，载《改革》2018 年第 8 期。

不可能运用类似于美国那样的分权型立法权限的划分模式，因此中央集权同时兼顾适当分权的立法模式更适合单一制下的我国基本国情。

1. 法律对我国国家结构的规定

国家结构形式是一个国家处理中央与地方，整体与部分的制度安排。“只要不是极小的城邦，历史上任何国家都必定存在某种形式的纵向分权，即在不同级的政府之间配置不同的治理权力。”[①]具体到财政权力亦如是，“财政分权是民主集中制的必然选择”。[②]

我国实行的是单一制的国家结构形式，主要表现在设有统一的立法机关和统一的中央政府，中央通过宪法法律的规定授予地方权力。我国《宪法》和有关国家机构组织的法律对各级人大、各级地方政府、各级监察机关和司法机关以及其他国家机关权力、国家机关之间的关系予以规定，将我国单一制国家的特点和内涵通过具体的制度设计表现出来，如人民代表大会制度、民族区域自治制度、特别行政区制度等法律制度。

2. 民主集中制是我国规范央地关系的基本准则

我国现行《宪法》第 3 条规定了国家机构实行民主集中制的原则。民主集中制原则最早是无产阶级政党所实行的原则，由列宁最先提出。列宁认为，民主集中制是以集中为核心，以民主为基础的政权组织原则。毛泽东在 1940 年撰写的《新民主主义论》一文中，对列宁所提出的民主集中制原则作出了发展：一是

① 苏力：《当代中国的中央与地方分权——重读毛泽东〈论十大关系〉第五节》，载《中国社会科学》2004 年第 2 期。

② 陈新民：《论中央与地方法律关系的变革》，载《法学》2007 年第 5 期。

认为民主集中制原则包括民主和集中对立统一两个方面；二是将这一原则既作为政党的原则，也作为国家机构的组织和活动原则。我国 1949 年的《共同纲领》、1954 年《宪法》、1982 年《宪法》都规定了民主集中制，而且“应受到人民主权、基本人权、法治等原则的制约及监督”。[①] 具体到中央与地方的关系，我国实行的是“中央与地方的关系是在民主集中制下的中央集权与地方自治相结合的模式”。[②]

（三）我国财政立法权的纵向配置应适应国家结构形式

1. 我国财政立法权的纵向配置要与国家结构形式相适应

坚持财政立法权的纵向配置与我国国家结构形式相适应是宪法的要求，也是现实的必然要求。遵循中央统一领导不仅有宪法和法律依据，更有着现实的依据。基于我国幅员辽阔、人口基数大以及行政区域众多等情形，需要中央的集中领导调配。当然，我国各地区经济社会等方面发展水平不一致，若一味强调中央的领导，而不调动地区自身的主动性与积极性，也是不现实的。

因此，在财政立法权纵向配置方面，一要保障中央的统一领导，维护国家的统一和法制的统一，中央权力机关与行政机关等制定的法律法规，地方国家机关应当遵守执行；二要根据各地区的实际发展、特殊情况，允许地方按照宪法和法律的规定，因地、因时地决定本地区的事务，更好地展现地方的发展活力。[③] 若要

---

① 程乃胜：《论民主集中制原则在宪法中的地位》，载《法治与发展》2003 年第 6 期。

② 张海廷：《单一制下中央与地方关系体制应作两类划分——我国中央集权式中央地方关系的动态平衡》，载《河北法学》2002 年第 1 期。

③ 刘积斌主编：《我国财政体制改革研究》，中国民主法制出版社 2008 年版，第 179 页。

更有效地分配中央与地方的立法权限，坚持与国家结构形式相适应是必要前提和必然选择。

2. 我国财政立法权的纵向配置应遵循民主集中原则

我国是统一的多民族国家，全国人大是最高国家权力机关，地方的权力均来自中央的授予。国家的宪法、法律、决议、政令，在全国范围内应当要得到统一的执行，这是稳固政权、保持社会稳定的基础。同时，也要考虑全国各地区实际的具体的情形，给予地方相应的适当的自主权，发挥地方的积极性与自主性。因此，民主集中制理当是“集权”与“分权”的辩证统一。

党的十八届三中全会提出“建立现代财政制度，发挥中央和地方两个积极性”。如何进而实现财政立法权纵向配置的法治化、科学化，这些都影响财政立法权的纵向配置改革的进度及其实效。实现建立现代财政制度的目标，合理有效分配央地财政立法权限是必要条件。在各级政府进行财权配置时，遵循民主集中制原则，“让中央的归中央，让地方的归地方”，确立各自合理的立法权限，既不能出现中央过分集权而导致地方无法发挥自主性的情形，也不能让地方拥有过多的权力导致中央无法统筹各地方的情况发生。在我国建设法治国家的进程中，民主集中制原则是国家法治化程度的重要体现，要做到央地财政立法权分配的科学化、民主化、法治化，遵循民主集中制原则是必要的前提和基础。

第二节　法治保障原则

法治保障原则要求我国财政立法权的纵向配置必须“有法

可依”,而且“有良法可依”,应当依照相关的法律规定,有明确的法律规范的保障,并严格实施,即“有法必依”。我国正在全面建设社会主义市场经济体制,“市场经济是一种法治经济,要求中央与地方的财权配置要有法可依,中央政府与地方各级政府的财政事权、财权、决策权、管理权、监督权等的具体划分和调整,都要有明确的法律来保障”。主要体现在要有宪法、法律的规定和保障以及符合法治精神两方面。

一、宪法、法律的规定和保障

实现财政立法权纵向配置的法治化,要求政府间的财政立法权的划分必须由相关的法律明确规定,其调整与变动也需遵照一定的法律规范,按照相应的法定程序进行。分配各级政府的财政立法权的方式也应当是法治化的,即按照宪法、法律规定明确具体地配置财政立法权,这里的法律指的应当是全国人大和全国人大常委会制定的法律,但是现实情况大多是,“有关政府间财政关系的调整基本上都是根据中央的‘决定’和‘通知’等向下传达并加以执行的,缺乏必要的法律规范……由于中国分权化财政体制的主导者是中央政府,在缺乏法律约束的前提下,它随时有可能根据自己的利益调整既有方案”。[①] 因此,应当将财政立法的配置权归还于全国人大,改变行政主导的情形。

(一)严格规范财政收入立法权、税收法定

财政立法权配置的法治化要求我们首先必须严格规范财政

---

① 谷成:《中国财政分权的约束条件与改革路径》,载《税务研究》2008 年第 4 期。

收入立法权。本书所称的财政收入立法权主要包括税收收入立法权、非税收入立法权、政府债务收入立法权三个方面，规范配置各级政府的财政收入立法权，不仅要落实好税收法定原则，也要规范各级非税收入、政府债务收入的立法权限。

在税收收入立法权方面，税收法定原则是税法的一项重要且基本的原则，它要求政府征税以及公民纳税都必须在法律的明确规定下进行，超出法律规定的，政府没有征税的权力，公民没有纳税的义务。税收法定原则主要内容有税种法定、税收要素法定以及税收程序法定。《立法法》第 11、12 条对此进行了详细规定；尚未制定法律的，可由全国人大及其常委会授权国务院制定行政法规。同时《立法法》第 15 条规定不可转授权，因此，我国税收基本制度只能由法律、行政法规明确规定。《税收征收管理法》亦有相似规定，任何机关、单位和个人不得就税收的开征、停征以及减税、免税、退税、补税等情形违反相关法律及行政法规的规定。随着近年来国家税收制度的改革，为加快落实税收法定原则，目前已有《个人所得税法》《企业所得税法》《车船税法》《环境保护税法》《烟叶税法》《船舶吨税法》等基本法律确定了多个税种。

除税收收入立法权外，财政收入立法权还有非税收入立法权、政府债务收入立法权，其相关法律规定大致如下。

关于非税收入立法权，现行《预算法》只是对其进行了非常原则的规定，2016 年财政部印发的《政府非税收入管理办法》对我国的非税收入制度进行了比较全面的规定，尽管完善了对政府非税收入管理，但这样的法律体系构架显然不合理也不符合《立法法》的精神，这种制度安排也必然导致地方非税收入的设定权由各级人民政府及其财政部门、价格主管部门享有。由财政部制定《政府非税收入管理办法》本身就不合法,也不合理,而且也是导致其规定由政府财政部门设定非税收入的直接原因。由财政部制定《政府非税收入管理办法》,就必然会在其中规定由各级政府财政部门设定非税收入,因为财政部是国务院的职能部门,其对应领导或者指导的地方国家机关就是财政部门,财政部只能对各级地方财政部门的行为进行规定,财政部不是地方人大的上级机关,也无权对地方人大的行为作出规定。因此,只有由全国人大常委会制定或者由全国人大常委会授权国务院制定有关非税收入的基本法律,才有可能实现由各级人大及其常委会设立非税收入,才能保证非税收入立法在国家层面上的统一。

关于政府债务收入立法权方面,根据《预算法》第 33、35 条规定,中央政府部分资金可以通过举借国内外债务方式筹措,经国务院批准的地方政府部分资金可以通过发行地方政府债券举借债务方式筹措。法律明确赋予政府一定的举债权限,明确地方政府举借债务的合法方式,并且在法律中也明确各级人大及其常委会审查本级预算举债的规模、结构、使用方式等问题,如要增加举借数额的须进行预算调整等规定,规范和约束各级地方政府长期存在的隐性债务,使隐性债务公开、透明、有法可依、便于监督和管理。

(二)严格规范财政支出、实现全口径预算

落实财政立法权配置法治化的要求,在严格规范财政收入立法权、贯彻税收法定原则的同时,也要严格规范财政支出立法、实

现财政的“全口径预算”目标。

相较于财政收入的认知范畴和关注程度,人们对财政支出的法治化的要求往往要低很多。《预算法》第 4 条规定:“预算由预算收入和预算支出组成。政府的全部收入和支出都应当纳入预算。”法律对于财政支出的规定,通俗来说就是关于“政府花钱的规定”,我国现今立法主要集中在财政支出的主体与程序方面有明确规定,但对于财政支出主体“应该怎么花、如何花以及该花在什么方面、不该花在什么方面等”事项,却规定得较为空泛。

现代财政的最主要特征就是公共性,政府最主要的经济职能就是提供公共产品和公共服务,而最能实现政府履行公共职能的途径就是财政支出,政府通过财政支出的方式提供公共领域的服务,完善基础设施,改进公共服务。因此,优化财政支出的结构,加强对财政支出的预决算的控制,将预算外的支出纳入预算,严格对财政支出的执行管理,是促进对民生和人权的保障的重要途径,也是实现全口径预算的目的所在。2018 年 3 月,中共中央办公厅印发的《关于人大预算审查监督重点向支出预算与政策拓展的指导意见》提出人大对预算支出和政策开展全口径审查与全过程监管,严格财政支出预算,进一步规范财政支出,实现财政“全口径预算”的目标。

(三)严格规范权力监督机制、权责明确

西方有些国家在“三权分立”原则下主张权力之间的制衡,信奉“要防止权力的滥用,就必须以权力制约权力”的理念。我国实行的是人民代表大会制度,规定各级人民代表大会对由其产

生的其他国家机关进行监督,从而防止权力的滥用。我国宪法和法律上的相关规定还没有发挥出在权力监督上应有的功效和作用,在实践中,还是会发生“权力脱笼而出”的情况。

我国正在努力构建和完善权力之间的分工、协调与监督,每一次国家机构的改革都是在寻找权力之间的最佳配置,同时通过严格的监督扼制超越职权、滥用职权、权力寻租等情形出现,严厉制裁违法行使权力的行为。因此,我们应当在坚持党的领导的原则下,从预防和惩治权力违法的角度,借鉴和学习其他国家的制度与实践中的有益成分,构建具有中国特色的税权配置监督体系。

1.发挥人大的监督作用

我国《宪法》规定了全国人大的最高监督权。我国财政支出主要由政府提出预算草案,并由其执行,各级政府在财政支出的过程中起着非常重要的作用。虽然政府的内部有分工、有监督,但是行政机关的内部监督的力度往往不足,公信力缺失。因此,依据《宪法》及相关法律法规的规定,必须认真对待人大与政府在财权上的分工,将政府的财政支出权力置于人大的监督之下,消除权力行使的任意和随意。各级人大是各级国家权力机关,是各级国家机构体系中的核心和主导,财政支出权作为最重要的国家管理社会的权能之一,人大应当发挥主要作用。人大应当对政府财政支出权的各个方面、各个环节进行全面的监督。

人大对行政机关在财政收支领域的监督权限主要体现为对政府财政预算、决算进行审查批准,对预算的调整进行审查批准,对预算执行进行监督等方面,具体法律依据有《预算法》《各级人民代表大会常务委员会监督法》《审计法》等。财政支出是重大的经济权力,事关人民的经济利益,关乎人民生存和发展的重要利益,人民通过人大的预算审查监督的方式监督政府无可厚非。依法发挥好人大预算审查监督作用,规范政府的财政支出,促进社会经济的良性发展,才能更有效地保障人民的根本权益。

2. 发挥中央对地方、上级对下级的监督

我国行政机关上下级属于领导与被领导的关系,《宪法》规定国务院是最高国家行政机关,统一领导全国地方各级国家行政机关的工作;县级以上的地方各级人民政府有权改变或者撤销所属各工作部门和下级人民政府的不适当决定。这是法律对我国各级行政机关关系的总体规定。

具体到财政领域,关于中央对地方、上级对下级的监督,主要有《预算法》《各级人民代表大会常务委员会监督法》《审计法》的规定。《预算法》第 88 条规定,“各级政府财政部门负责监督本级各部门及其所属各单位预算管理有关工作,并向本级政府和上一级政府财政部门报告预算执行情况”。《宪法》及《审计法》规定审计监督制度。

对权力进行监督,是为了更好地发挥权力的效用。在国家权力机关通过预算审查批准等方式对财政收支的立法权限进行外部监督的同时,也实行行政机关内部的中央对地方、上级对下级的财政预算、审计报告的监督。严格遵照相关法律法规,让各级国家机关各司其职,明确其自身财政立法权限与立法程序,在不与中央和上级财政立法权冲突的前提下,地方各级行政机关可以根据实际情形依法行使财政立法权。由法律明确规定各级政府财政立法权限,明确行政机关领导监督职权(中央及地方各级政府有权改变或撤销本级各部门及下一级政府关于预决算的不适当的命令、决定)，一方面可以让其有法可依，另一方面也可以减少政府官员寻租的行为。[①]

二、符合法治精神

(一)财政立法权纵向配置应符合法治精神

法治主要是相对于人治而言的。古希腊思想家柏拉图曾主张贤人之治，“用法律条文来束缚哲学家——国王的手脚是愚蠢的，就好像是强迫一个有经验的医生从医学教科书的处方中去抄袭药方一样”。[②] 他认为法律的统治是不可行的，“法律从来不能用来确切地判定什么对所有的人说来是最高尚和最公正的从而施于他们最好的东西；由于人与人的差异，人的行为的差异，还由于可以说人类生活中的一切都不是静止不变的，所以任何专门的技艺都拒斥针对所有时间和所有事物所颁布的简单规则”。[③] 然而，现实却使柏拉图一次次失望。在晚年，柏拉图只得退而求其次，他认为，如果统治者不是哲学家，而且在短时间内又无法使统治者变成哲学家，那么就应该以法治国，法律是第二等好的治策。[④] 柏拉图的思想经历了从人治到法治的重大转变，而他的学生亚里士多德则继承了他的法治思想，并将其发扬光大。近现代

---

① 刘剑文等:《中央与地方财政分权法律问题研究》，人民出版社 2009 年版，第 48 页。

② [美]乔治·霍兰·萨拜因:《政治学说史》，刘山等译，商务印书馆 1986 年版，第 92 页。

③ [古希腊]柏拉图:《政治家——论君王的技艺》，黄克剑译，中国青年出版社 2002 年版，第 95 页。

④ 夏勇:《法治源流——东方与西方》，社会科学文献出版社 2004 年版，第 192 页。

资产阶级启蒙思想家对法治也有诸多论述，法治理论得到了极大丰富，但是要给法治一个准确的界定仍然是一件很困难的事情，因为“‘法治’是一个融汇多重意义的综合观念，是民主、自由、平等、人权、理性、文明、秩序、效益与合法性的完美结合”。[①]

古希腊著名思想家亚里士多德曾说：“惟独神祇和理智可以行使统治；至于谁说应该让一个个人来统治，这就在政治中混入了兽性的因素。常人既不能完全消除兽欲，虽最好的人们（贤良）也未免有热忱，这就往往在执政的时候引起偏向。法律恰恰正是免除一切情欲影响的神祇和理智的体现。”[②]除了从人性恶的角度论述法治的必要性之外，他还认为众人的智慧高于一人，“许多人出资举办的宴会可以胜过一人独办的酒席；相似地，在许多事例上，群众比任何一人又可能作较好的裁断”。[③] 他又说：“法治应包括两重意义：已成立的法律获得普遍的服从，而大家所服从的法律又应该本身是制定得良好的法律。”[④]近代资产阶级思想家洛克、卢梭等人也对法治作了精辟地分析。

“法治”强调国家的一切活动都应纳入法律规制的范围，国家的治理都应运用法律的手段。法治中的“法”是指经过人民认可的法，此处的“认可”意指人民对产生法律的程序以及最终的法律文本内容的认可；法律不是少数人代表小团体利益或部门利益，以操纵国家机器为手段，将小团体利益上升为国家公益，而制定出全民遵守的规范。法律内容的确定应当是在人民面前的公

① 张文显：《二十世纪西方法哲学思潮研究》，法律出版社 1996 年版，第 631 页。

② ［古希腊］亚里士多德：《政治学》，吴寿彭译，商务印书馆 1965 年版，第 169 页。

③ ［古希腊］亚里士多德：《政治学》，吴寿彭译，商务印书馆 1965 年版，第 167 页。

④ ［古希腊］亚里士多德：《政治学》，吴寿彭译，商务印书馆 1965 年版，第 199 页。

开讨论的结果，而不是部门利益、小团体利益之间博弈的结果；法律的遵守与实施，应当是在法治理念的熏陶下、在法律责任的震慑下的不自觉的、习惯性的行为。

法治原则不仅仅是符合宪法和法律表面的文字规定，更应当符合法治精神，所为法治精神就是宪法和法律的内容所蕴含的精神实质，虽未表达出来但是可以从其中推论出来，法律的规定不可能事无巨细、面面俱到。因此，央地财政分权不仅要有宪法、法律的规定和保障，还要符合法治精神，这是依法治国在财政领域内的必然要求和重要体现。

国家的财政应当是法治财政，财政立法权纵向配置是财政分权的重要组成部分，是在中央与地方各级政府之间划分财政立法权限的一种权力配置，涉及一系列重大财政关系的问题，是中央与地方关系的重要组成部分。为了防止出现各级政府间的财政立法权的职权错位、缺位的现象，同时也为了使政府能够提供更好的公共服务、基础设施，各级政府的财政立法权应当不仅仅符合法律规定，如宪法、预算法等，各级政府间财政事权与财权的调整与变动也要有明确的法律规定，而且各级政府的具体财政事权和财权需要由对应的本级人大立法授权，并且接受法律监督，还应当符合法治精神，例如中央或者上级国家机关对于自己拥有的规范中央与地方政府或者上级与下级政府的财政事权和财权的权力，不能因为法律将这项权力授予给了自己而任意行使，而是应当依照宪法和法律中蕴含的精神，坚持公平合理、财政事权决定财权等原则，谨慎行使权力，让权力的行使不仅符合宪法和法律的明确规定，也符合法治精神。

（二）财政立法权纵向配置应符合国家治理体系和治理能力现代化的要求

法治与国家治理密切联系。党的十八届三中全会通过的《中共中央关于全面深化改革若干重大问题的决定》明确要“形成科学完备、法治为基的国家治理体系”。[①] 党的十八届三中全会通过的《中共中央关于全面深化改革若干重大问题的决定》指出，“财政是国家治理的基础和重要支柱，科学的财税体制是优化资源配置、维护市场统一、促进社会公平、实现国家长治久安的制度保障。必须完善立法、明确事权、改革税制、稳定税负、透明预算、提高效率，建立现代财政制度，发挥中央和地方两个积极性”。

（三）财政立法权纵向配置应符合社会主义市场经济建设的要求

市场经济就是法治经济，符合社会主义市场经济建设的要求是符合法治精神的必然要求。我国宪法经济规范变迁的主要内容就是体现了社会主义市场经济的分享。1988 年《宪法修正案》是以党的十三大精神为指导的，内容有两条，都是关于经济方面的。第 1 条承认私营经济为合法经济，是“社会主义公有制经济的补充”“允许私营经济在法律规定的范围内存在和发展”。第 2 条明确规定土地的使用权可以依法转让，从而使得土地的使用权成为生产要素进入市场。党的十三大提出要逐步建立起有计划

① 张文显：《法治与国家治理现代化》，载《中国法学》2014 年第 4 期。

商品经济新体制的基本框架,商品经济要求各生产要素成为商品进入市场,而土地的使用权是一种非常重要而普遍的生产要素,如果不允许土地的使用权成为商品进入市场,这样的商品经济或市场经济将是残缺不全的。同时只允许土地的使用权可以依法转让而不允许土地的所有权的非法转让,有利于国家利用土地所有权进行宏观调控,有利于社会的稳定和经济的发展,避免了私人对土地这种不可再生性资源的垄断、哄抬土地价格,这次修宪为 1993 年《宪法修正案》提出"国家实行社会主义市场经济"奠定了坚实的基础。

1993 年《宪法修正案》是在 1992 年邓小平南方谈话和中国共产党十四次全国代表大会召开后作出的。党的十四大报告明确提出了我国经济体制改革的目标是建立社会主义市场经济体制。随着改革开放不断向广度和深度加快发展,原有的生产关系不能适应生产力的发展,在现实生活中有的生产关系如"家庭联产承包责任制"等制度早已突破了宪法的规定,不修改宪法不仅会阻碍现实社会生产力的发展而且会严重损害宪法的权威。1993 年《宪法修正案》的 9 条(1993 年《宪法修正案》第 3 ~ 11 条)中有关经济制度的有 6 条。1993 年《宪法修正案》第 5 条将"国营"的"营"改为"有",一字之差,意义却很重大。1993 年《宪法修正案》第 6 条确认和肯定农村的集体所有制经济的主要形式是家庭联产承包责任制,此条修正案实际是将 1979 年以来在农村逐步推广实行至 1993 年早已取代原来的农村人民公社、农业生产合作社而在全国实施的家庭联产承包责任制用宪法的形式予以确认和巩固,使这种能够充分发挥农民生产积极性的家庭联产承包责任制得到巩固和发展,有利于农村经济乃至全国经济的稳定和发展。1993 年《宪法修正案》第 7 条将“国家在社会主义公有制基础上实行计划经济”修改为“国家实行社会主义市场经济”，增加“国家加强经济立法，完善宏观调控”。这是对我国经济体制规定的一个根本改变，具有划时代的意义，“多年的实践证明，在某种意义上说，只搞计划经济会束缚生产力的发展。把计划经济和市场经济结合起来，就更能解放生产力，加速经济的发展。”①1993 年《宪法修正案》第 7 条、第 8 条分别将“国营企业在服从国家的统一领导和全面完成国家计划的前提下”和“集体经济组织在接受国家计划指导”去掉。这是我国由计划经济转向市场经济的必然要求，表明我国国有企业和集体企业已逐步走向市场成为市场主体。

1997 年 9 月，党的十五大把邓小平理论确定为党的指导思想，把依法治国确定为治国基本方略，把坚持公有制为主体、多种所有制经济共同发展和以按劳分配为主体、多种分配方式并存，确定为我国社会主义初级阶段的基本经济制度和分配制度。这些内容在 1999 年 3 月 15 日以《宪法修正案》的形式得到确认。1999 年《宪法修正案》共 6 条（1999 年《宪法修正案》第 12 ~ 17 条），其中有 3 条是关于经济制度方面的规定。1999 年《宪法修正案》第 14 条在原来的基础上增加了“国家在社会主义初级阶段，坚持公有制为主体、多种所有制经济共同发展的基本经济制度，坚持按劳分配为主体，多种分配方式并存的分配制度”。1999 年《宪法修正案》第 15 条将“家庭联产承包为主的责任制”改为“家庭承包经营为基础、统分结合的双层经营体制”。因为一方

① 《邓小平文选》（第 3 卷），人民出版社 1993 年版，第 148 页。

面农村承包范围扩大不再局限于"联产承包"如承包山林、水塘、果园等大多以交纳货币的形式承包,另一方面在农村农田水利等基本建设靠某一承包户不可能解决,客观上要求实行统分结合的双层经营体制。1999 年《宪法修正案》第 16 条的内容一方面提高了个体经济、私营经济等非公有制经济的法律地位"个体经济、私营经济等非公有制经济,是社会主义市场经济的重要组成部分";另一方面将个体经济,私营经济给予同等法律地位和同等的保护与管理,"国家保护个体经济、私营经济的合法的权利和利益,国家对个体经济,私营经济实行引导,监督和管理"。其意义在于提高个体经济、私营经济等非公有制经济的法律地位,鼓励其发展,使得社会主义市场经济的主体真正多元化,真正平等竞争,繁荣社会主义市场经济。因为如果市场主体地位悬殊势必影响公平交易、平等竞争,必然不利于经济的发展。将个体经济与私营经济同等对待改变了原来将经济成分分为三等:公有制经济、个体经济、私营经济的认识,必然极大促进非公有制经济特别是私营经济的发展。

2004 年《宪法修正案》共 14 条(2004 年《宪法修正案》第 18 ~ 31 条),其中有 5 条是关于经济制度方面的规定。2004 年《宪法修正案》第 19 条在"统一战线"中增加了"社会主义事业的建设者",从表面上看起来好像与经济没有直接联系,其实与经济联系紧密。党的十六大报告明确指出,在社会变革中出现的民营科技企业的创业人员和技术人员,个体户、私营企业主等新社会阶层人士,都是中国特色社会主义事业的建设者。在"统一战线"中增加"社会主义事业的建设者"就是对非公有制经济成分的从业人员,即民营科技企业的创业人员和技术人员,个体户、私营企业主等新社会阶层人士政治和经济地位的肯定和承认。2004 年《宪法修正案》第 20 条增加了国家征收或者征用土地应给予补偿的内容。2004 年《宪法修正案》第 21 条主要是增加了"国家鼓励、支持和引导非公有制经济的发展"。2004 年《宪法修正案》第 22 条将"国家保护公民的合法的收入、储蓄、房屋和其他合法财产的所有权"修改为"公民的合法的私有财产不受侵犯",并增加了"国家为了公共利益的需要,可以依照法律规定对公民的私有财产实行征收或者征用并给予补偿"的内容。2004 年《宪法修正案》第 23 条增加了"国家建立健全同经济发展水平相适应的社会保障制度"的内容。

通过上述对我国宪法规范变迁的分析可以知道,我国宪法蕴含了坚定的社会主义市场经济建设的要求,财政立法权纵向配置既然应当符合法治精神,就必定应符合社会主义市场经济建设的要求。

第三节　兼顾公平与效率原则

效率与公平的问题不仅是重要的理论问题,同时也有着很深的现实意义。效率与公平的关系绝非孤立静止的对立关系,而是辩证统一的关系。在财政领域,为了效率而放弃公平或者为了公平而忽略效率的做法皆是不可取的,也不可能长久,我们应该遵循效率与公平的辩证统一原则,兼顾好两者,达到效率与公平的和谐统一。

具体而言,中央和地方财政立法权的配置兼顾效率与公平原则,要注意两个方面。一方面,央地的财政事权划分应注重效率原则、将所属事项交予最能够有效率完成任务的一级政府，并且承担这些财政事权的政府也要享有相应的财权。另一方面，中央与地方的财政立法权应坚持公平原则，中央与地方各级政府财政立法权的分配理当公平，政府事务与职责的大小应与其财权大小呈正比例变化；政府财政立法的权限越大，那么承担的责任也更大，坚持事、权、责相一致。

一、财政事权决定财权

“分级财政要以明确划分中央和地方政府的职权范围为基础，根据职权范围确定支出规模和划分收入来源。”虽然我国现在不再实行分税制，但是政府权力的分配原理无疑还是注重效率的。政府间关系涉及的众多内容中，“财政事权与财权”是其中最基础的要素，财政事权是指政府在提供公共服务中所要承担的职能，财权则是指政府筹集和支配收入的财政权力。[①] 财政事权决定财权原则要求各级政府应当依照本级政府所要承担的财政事权与支出责任获得相匹配的财权，就财政的公共性本质来说，最能体现政府公共性特征的是财政的“支出”而非财政的“收入”，政府获得财税收入是为了提供公共服务与设施，而在此之前，政府提供多少公共服务就应当支配多少财权，即“有多少财政事权就享有多少财权”。2020 年 10 月召开的党的十九届五中全会通过的报告《中共中央关于制定国民经济和社会发展第十四个五年规划和二〇三五年远景目标的建议》提出：“明确中央

---

① 刘剑文等：《中央与地方财政分权法律问题研究》，人民出版社 2009 年版，第 56 页。

和地方政府事权与支出责任,健全省以下财政体制,增强基层公共服务保障能力。”

(一)财政事权与财权不匹配的问题

我国进行的多次财政体制改革,其中一个很重要的目的就是解决财政事权与财权不匹配的问题,但是,这一问题并未得到较好的解决,关键原因是各级政府的职权范围仍然不够清晰、央地政府财政事权的划分依旧比较模糊,政府财政事权与财权不匹配甚至出现相分离的现象。

1994 年的分税制改革旨在解决“两个比重”过低的问题,因此主要明确了中央与地方的财权划分规则,而对于省级以下政府间的财权划分没有过多的规定,并且对于各级政府的财政事权与支出责任的划分几乎没有涉及。[①] 同时,我国宪法对财政事权只作了原则性、概括性的规定,使得现实中具体操作难度大,进而导致我国省级以下地方政府财权规定混乱,中央与地方各级政府财政事权调整频繁,政府的财政事权与财权不易形成稳定合理的结构。虽然 2018 年我国的国税和地税实行了合并,但是财政事权与财权不匹配的问题仍然没有解决。

从目前来看,各级政府的财政事权与财权无法形成相对统一的局面。中央政府在权力和支配力上占据优势地位,拥有更大的财权,而省级以下地方政府的财权比起其需要承担的财政事权来说,则要少得多,也会出现上级政府借助地位和权力的

---

① 李楠楠:《从权责背离到权责一致:事权与支出责任划分的法治路径》,载《哈尔滨工业大学学报(社会科学版)》2018 年第 5 期。

优势，获取更大的财权的现象，“政府财权层层上移，而财政事权却层层下压”。随着我国市场经济的发展与公共财政的逐步建立，对政府公共服务的能力要求有所提高，各级政府公共财政事权的范围也相应扩大，这对于财政收入本就不够充裕的地方政府来说却是雪上加霜，一方面，财政收入的增长速度跟不上财政事权支出的扩展速度，造成各级政府财政事权与财权相脱离；另一方面，地方政府在没有充足财力的情况下，为了满足公众服务的需求，可能会通过大量拓展非税收入、搞“土地财政”或者政府融资平台进行举债等方式增加自身的收入，这往往会形成乱集资、乱收费的现象泛滥以及政府的债务风险与财政风险的危机加重现象。

（二）财政事权决定财权的理论依据

财政事权是财政的基础，只有在确立了各级政府的财政事权范围的前提下，才能进而确定政府的财权大小。以财政事权为依据，遵循效率和公平原则配置中央与地方各级政府的财权与财政立法权是应有之义。财政收入的目的是办事，之所以让政府拥有支配一定财权能力是为了其能够有效地履行相应的职责并提供相应的基础公共服务。因此，中央与地方各级政府应当享有哪些财政立法权最基本的依据是本级政府所履行的职责有哪些，为了有效履行这些公共职能应当享有哪些财政立法权。因此先需要明确各级政府的财政事权范围，然后以此为依据确定财权甚至财政立法权。

1. 基本人权原则的具体体现

基本人权原则要求保障公民的基本权利。公民的权利，特别是财产权容易受到侵害,直接侵害公民的财产权就是侵害公民权利;靡费公帑,将应当服务于人民的财政收入无效率地支出了,甚至贪污了,同样是侵害公民权利,是危害基本人权原则的重要表现。为了规范公权力对公民合法权益的维护和保障,限制政府权力,促使其提高财政支出效率也不失为保障公民权利的有效手段。

财政权力作为国家经济权力,是其他权力的基础,是能够直接影响公民切身利益的重要权力。政府财政权的物质基础来源于公民权益的让渡,那么,无论是中央与地方各级政府的财政收入权限的划分还是财政支出权限的分配都应当体现公民的意志,维护公民的权利,接受公民的监督。

政府存在的最主要职能是为人民服务、为人民办事,所以各级政府与所属部门享有的财政权限应当取决于其为人民服务担负的支出范围,简言之,即"财政事权决定财权",以财政事权为标准,赋予政府相适应的财权,对政府的权力进行"限制",这是我国行政机关实行财政活动普遍适用的标准,绝不应当是所谓的级别越高,所享有的财权越多,所承担的财政事权越少,这显然是不符合现代公共财政维护基本人权理念的。因此,财政事权决定财权原则是基本人权原则在政府财政领域的内在要求与具体体现。

2. 财政活动的根本宗旨

政府间财政分权是财政领域内的重要内容,财政事权决定财权是财政立法活动的基础与原则,财政事权的划分是理顺中央与地方的财政关系的前提性基础,同时在一定程度上央地财政的集权与分权体现了财政事权的划分。

2016年国务院《关于推进中央与地方财政事权与支出责任划分改革的指导意见》指出,“合理划分中央与地方财政事权和支出责任是政府有效提供公共服务的前提和保障”,在一定意义上说财政的目的就是国家的目的,财政的建立是为了履行一定的公共职能。推进中央与地方财政事权的划分,完善中央与地方支出责任的划分,处理好政府与市场、政府与社会的关系,发挥市场在资源配置中的主导地位,政府则提供市场自身无法提供的公共物品或者服务,弥补市场经济自身的不足,进而满足公众的需求。

“宪法和法律框架内明细的财政事权财权配置也是国际上取得财政分权实践成功的一条重要经验。”明确界定各级政府的职责范围,遵循财政事权决定财权的原则,匹配相适的财权。依照财政事权确立财权,使得各级政府的财权有一定的依托基础,强化中央与地方政府财权的稳定性。确定好中央与地方各级政府的财政事权范围之后,才能够比较清晰的理顺中央与地方的财政关系。这是有效配置各级政府间财政分权的前提要件,也是政府财政活动的根本宗旨。

(三)财政事权决定财权原则对财政立法权纵向配置的具体要求

1. 合理划分财政事权是配置财权的前提和基础

我国中央与地方权力划分存在的主要问题是财政事权与财权不匹配,地方政府往往承担着大量的财政事权却缺乏足够的财权支撑,这会导致一些地方政府财政困难加剧。为改善此种情形,党的十八届三中全会提出建立财政事权与支出责任相适应的制度,厘清政府的职能,规范财政事权与支出责任的划分,只有在政府财政事权明确的基础上,才能够更好地配置政府的财权,也能够更有效地理顺中央与地方的财政关系。从逻辑上说,我们应当先明确财政事权,“然后遵循财政事权决定财权的原则,配以合适的财权”。确定好中央与地方各级政府的财政事权范围之后,为财权的划分奠定基础;在已明确各级政府的财政事权前提下,按照有多大的财政事权就赋予多大的财权原则,合理分配不同层级政府间的财权,也能够体现国家机关权力与义务的对等性。

2. 依据财权进行财政立法权的纵向配置

财权与财政立法权是整体与部分的关系,财政立法权作为财权的重要组成部分,局部服从整体,财政立法权的纵向配置应当在央地财权划分的大前提下进行,应当与央地财权的划分相协调。依照中央与地方各级政府财权的划分,赋予不同层级政府适当的财政立法权,一方面,可以发挥中央与地方政府的财政自主性和积极性;另一方面,地方政府获得的相应的财政立法权可以加强本级政府财权的稳定性。

中央与地方财权的划分是进行财政立法权分配的前提,但依据财权进行财政立法权的纵向配置并不意味着财权与财政立法权的划分要完全一致。原因有二,一是一国内的中央与地方的财政关系必然会受到本国国情的影响和制约,我国是单一制的社会主义国家,地方的权力是中央授予的,中央应当总揽全局,协调各方,而地方更多的是执行者的角色,具体到财政领域,相较于地方政府而言,中央政府所拥有的财政立法权限更大,也应当更大。二是财政立法权不等同于财权,财政立法权在一定程度上能够维持财权的稳定性,保障地方政府自主的发展,促进社会的稳定,但同时也要考虑中央政府宏观调控和协调地区发展所需的财政立法权。我国地域辽阔,地区经济发展各异,为了加强中央宏观调控的能力,有效通过财政转移支付等手段缩小地区差异,实现各地服务水平的均等化,中央也应匹配相应的、更大的财政立法权。

二、责权相称

(一)责权相称原则应在各级各类国家机关财政事权划分中加以体现

责权相称原则是指任何国家机关被宪法和法律赋予了一定的权力和职责,就当相应地承担一定的责任和义务,即"有权必有责",这是我国各级各类国家机关都应当遵循的原则,其目的在于迫使权力行使者负责任地、谨慎地行使权力,避免权力滥用,这是各级各类国家机关财政事权划分中应当加以体现的原则。

国家机关在财政事权与支出责任的划分上,遵照权责的一致性,强调有权必有责、权责相一致。权责相称其更深层次的法理基础是"权利与义务一致性"的原则。[①] 这是责权相称原则的具

① 李楠楠:《从权责背离到权责一致:事权与支出责任划分的法治路径》,载《哈尔滨工业大学学报(社会科学版)》2018 年第 5 期。

体体现，中央与地方各级政府都应享有一定的权力和承担一定的义务，任何超越权力界线和只享有权力不承担义务的行为，都将导致国家机关之间关系的“错位”与“失位”。

2018 年 2 月，国务院办公厅印发《基本公共服务领域中央与地方共同财政事权和支出责任划分改革方案》，明确了中央与地方各自承担的相关财政事权和支出责任，具体根据各地的实际情况，实行差别化分担，既要推进基本公共服务均等化，又要考虑各级政府财政的承受能力，避免“一刀切”的情况发生。确立中央财政事权、地方财政事权以及中央与地方共有财政事权的范围，在中央与地方政府做到责权相称，进而避免中央与地方政府功能紊乱与关系失衡的情况发生。

（二）责权相称原则应在财政立法权纵向配置中加以体现

财政立法权作为财政权的重要部分，在中央与地方各级政府权力的划分中有着举足轻重的地位，“中央与地方财政立法分权的内在动力就是其本身的利益”。[①] 出于自身发展的需求，中央与地方各级财政的利益不可能达到完全一致，没有任何矛盾和摩擦的状态，地方政府有着自身特殊的利益，中央有着宏观调控与统筹各地区的需要，这就往往会表现为地方想要获得更多的自主权。

中央与地方权力的划分是一项复杂、艰难的任务，何况中央与地方各级政府的财政权限在不断变动之中，本身就是一个

---

① 刘剑文等：《中央与地方财政分权法律问题研究》，人民出版社 2009 年版，第 75 页。

动态调整的过程。“要想事先用一个准确而又全面的方法把分享主权的两个政府的财政权限划分开来,那是不可能的。”①中央与地方财政权力的划分虽然无法达到清楚每一个细节的程度,却能够依照一定的原则进行相对合理的配置。由于受到社会发展与经济水平的影响,中央与地方权力大小处在相对稳定而又有一定的微调的过程中,这是比较正常的情况,但国家公权力的配置与实施一定要符合“权责相称”原则,有权者一定是需要履行相应责任和义务,权责相统一是“权利义务一致”的必然要求。

权力与责任相称原则,是国家机关从事财政活动依照的基本准则。那么在财政立法权的配置中,权责相一致的原则应当如何体现? 主要通过四种方式加以体现:一是财政立法权作为整体的国家机关立法权限应受到限制和制约,国家的财政立法权不是无限的,政府应当解决通过市场和社会都无法解决的问题和事务;二是财政立法权应当以人大主导,人大行使权力应代表人民的意志;三是享有财政立法的各级立法机关都应当承担与其立法权力相一致的责任和义务;四是进行财政立法的机关应当承担立法行为不当的不利后果。

---

① ［法］托克维尔:《论美国的民主》(上卷),董果良译,商务印书馆 1997 年版,第 127 页。

第四节　责任与监督原则

在我国财政立法权的纵向配置过程中，明确职责和权限、划分各个国家机关的职权范围是第一步；依据这些法定职权对各个国家机关是否依法行使财政立法权进行监督，这是第二步；对失责的、违法的财政立法行为依法进行追责，对其进行严肃处理，这是第三步。明确职责、依法监督、责任追究三者组成一个完整的整体，共同对规范我国财政立法权的纵向配置发挥重要作用。

一、明确职责

所谓职责，就是由于担任一定的职务而负有的工作任务和责任，有什么样的职务就会有什么样的工作任务以及这些任务所应当负担的责任。一定的职务和所负担的工作任务及其所应当承担的责任之间密不可分，只有明确职责，我们才能够贯彻对于职权行使的监督，才能够依法做到责任追究。所以说，明确职责原则是依法监督和责任追究的前提和基础。工作任务和责任都来自一定的职务，它们之间相互依存，融为一体。

我们要明确职责，要做到分工明确，详细具体地规定不同的职务所应当担负的工作任务和责任，确定不同主体的权力和义务，并且能够严格的落实。在我国财政立法权方面，应当明确中央和地方各个国家机关的职权以及其承担的相应的责任，做到中央和地方都明确了解自己的工作任务和责任，职责分明、界限明确。在明确中央和地方财政立法权的前提之下，确保各个国家机关积极地履行其工作任务，承担起应当分别承担的责任。我国相关国家机关对于财政立法权的分配应该做到：遵循现行财政体制的规定，承担起其基于职务所应当承担的工作任务和责任，做到明确职责，更好的行使职权，承担法定责任。

（一）我国财政立法权纵向配置改革的时代背景

财政立法权的纵向配置主要包括两个方面，一是中央和各级地方政府之间财政收入立法权的配置；二是中央和各级地方政府之间财政支出立法权的配置。2018 年，我国实行国地税合并改革，这是继 1994 年我国分税制改革以后的又一次重大改革，对我国财政立法权纵向配置产生了重大影响。

我国的财政立法权纵向配置还应当放在我国中央和地方的立法权限划分问题这一大背景之下进行研究，财政立法权纵向配置有两个大的方面的改革与其密切相关，一方面是中央与地方的关系和权限划分改革，即央地关系的改革；另一方面是立法体制改革，即立法权力的划分，这两个方面的改革对财政立法权的纵向配置有着直接的影响，甚至可以说，财政立法权纵向配置的改革就是这两方面改革的重叠和交叉部分，也可以说，这两方面的改革如果搞不好，财政立法权纵向配置肯定搞不好，这两方面的改革成功了，财政立法权纵向配置自然就成功了。

“现行宪法和《地方各级人民代表大会和地方各级人民政府组织法》中对中央和地方的立法权限划分问题作了原则性规定，但界分二者立法权限的标准（不抵触）又显得过于模糊、难以操作。”[①]我国《立法法》在界分中央和地方的立法权限问题上作了诸多制度上的设计，但是内容相对比较原则，而且“财政事权划分并未严格依据受益范围确定”，[②]使得中央和地方的立法权限问题没有得到较为彻底的解决。

（二）我国财政收入立法权纵向配置中相关主体职责

1. 相关主体的税收立法职责

“18 个税种中，由全国人大或其常委会以法律形式规定的只有 3 个税种（个人所得税和企业所得税、车船税），其余 15 个税种均由国务院根据授权以暂行条例的形式规定。”[③]因此，我国税收立法体系的特点是“行政立法为主、人大立法为辅”，行政法规和部门规章构成我国税法的主要法律渊源。近几年，我国税收立法权在逐步向全国人大及其常委会回归。《城市维护建设税法》《契税法》已经由全国人大通过，于 2021 年 9 月 1 日起施行。土地增值税法、增值税法、消费税法、关税法送审稿已联合有关部门上报国务院，《印花税法》已于 2022 年 7 月 1 日起施行。截至目前现行 18 个税种中 12 个税种已由全国人大及其常委会制定了税收法律，其他由财政部牵头起草的税法均形成草案上报国务院。[④] 不过，

---

① 刘志刚：《中央和地方的立法权限划分》，载《哈尔滨工业大学学报（社会科学版）》2016 年第 4 期。

② 刘全顺、魏俊、张献勇：《地方财政体制的法律问题研究》，知识产权出版社 2011 年版，第 30 页。

③ 李楠楠：《论优化中央与地方税收授权立法的法治路径》，载《北方法学》2018 年第 5 期。

④ 财政部条法司：《攻坚克难　推动财政立法工作取得新成效》，载《中国财政》2021 年第 8 期。

这种格局并未完全改变。综合分析我国《宪法》《立法法》《税收征收管理法》《国务院批转国家税务总局工商税制改革实施方案》等法律法规，可以初步得出结论：我国税收立法权属于中央，而且是属于全国人大，国务院在有全国人大或者常委会授权的情况下也能够行使税收立法权。授权立法并非一无是处，“目的在于弥补议会在行政经验、专门知识、立法效率上的不足”，[①]但问题在于，我国的授权立法一直十分不规范，空白授权、扩权立法、转授权、授权不均衡、立法程序不民主等问题依然十分突出。

“我国中央集中行使了绝大多数的税收立法权，既包括税收的开征、停征以及减税、免税、退税、补税等事项。”[②]我国地方几乎没有税收立法权，仅有的税收立法权，包括地方依据全国人大或者国务院的授权进行的税收立法；地方制定执行或者实施法律、行政法规的税收性立法；法律或者行政法规所规定的地方享有的税收调整立法权。

2. 相关主体的非税收入立法职责

我国财政收入还有很重要的一部分是非税收入的立法权，非税收入立法权限弹性较大，我国《预算法》对非税收入立法权没有进行明确的规定，其主要依据为财政部2016年制定颁布的《政府非税收入管理办法》，总的来说，非税收入的设立权比较分散、多元和复杂。财政部2016年制定的《政府非税收入管理办法》对此有比较具体的规定。非税收入的立法权，应当依据法律、法规的规定或者按管理权限予以批准。

---

① 姜峰：《人大授权立法与财政民主价值的流失》，载《国家检察官学院学报》2018年第1期。

② 徐传林：《关于对税收法定主义原则入宪的思考》，载《长江论坛》2013年第3期。

具体而言，不同类别的非税收入立法权不一样，呈现出多层次、多元化、行政化的特点：一是从中央到地方很多层级的政府都有非税收入立法权；二是同一级别的政府内部很多不同类型的国家机关都享有非税收入立法权，人大及其常委会、财政部门、价格部门都可能成为非税收入的立法者和设立者；三是在各级国家机关中非税收入的立法者和设立者绝大多数是行政机关，只有少数情况是人大及其常委会。

我们还应当注意到我国缺乏一部非税收入的基本立法对非税收入立法权进行纵向配置，政府非税收入的立法权的配置的合法性和合理性非常不乐观，在实践中，我国对于非税收入立法权的法律性文件总体而言层次较低。并且，地方拥有的非税收入立法权自由度较大，地方拥有很多的各类征收非税收入的设立权、征收标准制定权等权力，从而造成现实生活中对于非税收入立法权的乱象。还应当注意到的是，地方掌握的很多非税收入立法权都掌握在行政机关手中，这也明显不利于保证公民的财产权。

3. 相关主体的债务收入立法职责

我国将债务收入列作政府财政预算收入的一部分，我国政府债务收入立法权基本上都属于中央，地方基本上只有执行权。我国现行《预算法》是我国中央和地方政府举债的基本法律规范，因此可以说我国政府债务收入立法权最基本规则的制定权属于全国人大。另外，《预算法》在具体规范政府债务收入立法权、执行权和监督权等权力的时候，也明确将政府债务收入立法权确定为中央的权力，地方政府享有执行权。但是在实际生活中，地方只有执行权的权力配置，存在一些不合理的地方，让地方拥有适当的受中央监控的举债的权力可能更加合理。现实中，我国现有的体制下,地方政府普遍有举债让中央政府负责的现状存在。随着2014年国务院下发的《关于加强地方政府性债务管理的意见》和2014年《预算法》的修正,我国政府债务收入权得到了较大的完善,形成了政府债务收入立法权集中在中央,全国人大确定基本规则和中央政府的举债余额规模,国务院确定地方政府举债的限额,地方政府具有举债权,通过发行地方政府债券进行融资的权力配置。

(三)我国财政支出立法权纵向配置中相关主体职责

1.相关主体的财政支出立法职责

"我国法律在中央和地方财政事权与支出责任划分上,仅仅规定了划分的原则以及由'谁'划分",[①]一定意义上而言,在我国财政支出立法权主要包括财政支出规则立法权和财政支出决定权。

根据我国《宪法》《立法法》《预算法》等规定,我国的财政支出的基本规则的立法权在中央,由全国人大或者其常委会以法律的形式加以规定,当然对于这些立法事项,国务院可依据全国人大及其常委会的授权先行制定行政法规,但是法律规定的保留事项除外。地方政府及其部门的财政支出规则制定权主要是对全国人大及其常委会、国务院的相关立法,特别是关于预算支出方面的立法进行具体化和细化。除了以上这些立法以外,在具体的立法实践中,中央通过以法律或者行政法规的形式为某类国家和社会事务进行立法时,给地方设定了财政支出规则。由于我国的

---

① 孙玉栋、庞伟:《我国中央与地方财政事权与支出责任划分的再思考》,载《财政监督》2017年第9期。

财政支出在中央的立法权大多数都比较原则和宏观,侧重于对程序的规定,这样一来就给地方立法特别是省级政府进行立法预留了较大的空间,以至于省级政府对省以下政府财政支出规则有着相当的立法权。

总之,依据我国现有的法律,财政支出规则立法权基本集中在中央,属于全国人大和国务院,但是地方并非完全没有财政支出规则立法权,地方性法规或规章可结合本地区实际情况作出更加细致的规定。

财政支出事项决定权方面,从《预算法》的规定来看,各级地方政府都有相对独立的、经由各级地方人大批准的预算,任何一个层级的政府具体财政支出事项决定权在于本级政府。预算编制基本上由财政部和政府职能部门完成,地方政府可以根据本地区的实际情况自主编制预算。中央的以及各级政府享有本级的预算编制权,即预算草案的提出主体都是本级政府及其工作部门,实践中还没有发现某一级人大否决了本级政府提出的财政预算的情况,政府在预算的编制和执行中享有主导权。

由于财政支出是财政预算的主要组成部分,对财政支出的决定权就表现为预算权,具体来说,预算的执行和监督表现为七个环节:一是各级政府及其财政部门提出预算草案,同级人大审查和批准;二是人民政府执行预算,同级人大常委会监督预算执行,听取政府预算执行情况的报告;三是人大常委会审查和批准同级政府预算调整方案;四是人大常委会听取和审议审计工作报告;五是人大常委会听取审计整改情况的汇报;六是人大常委会审批提及政府提交的决算草案;七是监督和追责,对各级政府及有关部门的责任人员进行追责。

总之,依据法律规定和实践可以看出,我国各级人民政府及其财政部门享有财政预算草案的提案权,各级人大享有审查批准权财政支出决定权主要集中于本级政府,执行权也由本级政府享有。

2. 相关主体的财政转移支付的立法职责

我国还没有专门规定财政转移支付的法律,《预算法》授权国务院制定财政转移支付具体办法,但在实践中,国务院只是通过制定规范性文件确定了财政转移支付的基本制度。并且,我国现行部门规章也没有规定财政转移支付基本制度,相关的制度安排几乎都是通过财政部的规范性文件进行规定的。

全国人大制定的《预算法》和国务院的相关规定只是就财政转移支付的基本原则进行了确定,真正起作用的是财政部的各项具体规定,例如财政部 2015 年的《中央对地方专项转移支付管理办法》、财政部 2010 年发布的《中央对地方民族地区转移支付办法》、财政部 2009 年发布的《边境地区专项转移支付资金管理办法》(已失效)、财政部 2009 年发布的《革命老区专项转移支付资金管理办法》(已失效)等,针对一般性转移支付中的均衡性转移支付,财政部则是通过"一年一议"的方式,对其进行规定。省级政府及其财政部门对本省的省以下财政转移支付通常会制定规范性文件进行规制。

二、依法监督

依法监督是依法治国基本方略的一个重要方面,也是依法治国基本方略的具体体现,对财政立法权的配置和运行起着指导和规范作用。我们国家制定的各种法律法规和规章制度,都是包括国家机关及其工作人员在内的组织和个人的行为准则，这些行为准则也是实施监督所要遵循的，国家及其工作人员的权力应当受到监督是一个基本的原则。

依法监督的目的是保障国家机关及其工作人员以及其他主体严格依法办事，即使有违法行为也能及时发现并及时解决，避免违法行为的发生或者避免重大损失的产生。我国《宪法》和其他相关法律对于财政立法权的监督有很多规定，这些规定对于保证科学、合理、依法进行财政立法发挥着重要作用。

（一）我国财政立法权依法监督的法理依据

1. 宪法精神的必然要求

财政立法权是政治的核心问题，随着宪法精神的产生和发展，对其监督应是宪法精神的题中之义。在宪法的发源地英国，财政立法权是宪法精神产生的直接原因。同时宪法精神的产生也使得财政理念和制度发生了根本的变化，国家的财政立法权是民主的、法治的、公开的、服务于人民的、受制约的财政权力。因此，我们说现代财政制度的产生，包括财政立法权在内的财政权力依法受到监督是宪法精神的必然要求。

2. 权力制约的必然要求

广义上权力制约包括两层意义：一是作为整体的国家权力应受到限制，即有限政府原则。二是国家权力各部分之间的制约，即狭义上的权力制约。通常我们所说的是狭义上的权力制约。“权力制约原则是指国家权力的各部分之间相互监督、彼此牵制，以保障公民权利的原则。”[①]权力制约之所以必要，主要是因为权力自身带有天然的膨胀性。由于受到地域、人口、专业分工、认知能力等限制，国民不可能对国家的事务进行直接参与，必然要借助其代议机关来行使权利，因此需要在这一过程中借助各个机关的相互制衡来抵销一般公民对政府的天然不信任。“但是监督财政立法权是一个专业性很强的、需要耗费大量时间的工作，要求每一个公民都有能力和精力进行财政立法权监督是不现实的，所以要防止滥用权力，就必须以权力制约权力。”[②]

当今世界各国的国家机关的财政立法权互相制约，财政权主要属于议会，即所谓财政议会主义，但是议会往往只是享有审批权和监督权，预算草案的编制及其执行均由行政机关担任。这种制度安排有其深意：财政权是一国的命脉，不能由一个机关垄断。虽然议会是人民的代议机关，由其享有财政事项最终决定权理由更充分，但也不能由其独享财政权，毕竟议会只是人民的代议机关而不是人民本身。如果由议会编制预算草案并组织实施预算，同时又享有审批权和监督权，那么财政权就会失去制约和监督，该权力就面临着异化的危险；当然如果财政由政府作为规则的制定者和执行人，那么财政支出的失控则会由于其恣意性而成为必然。因此，我们说依法监督财政立法权是权力制约的必然要求。

---

① 周叶中主编：《宪法》，高等教育出版社、北京大学出版社2000年版，第101页。

② ［法］孟德斯鸠：《论法的精神》（上），孙立坚等译，陕西人民出版社2001年版，第183页。

(二)我国财政收入立法权的监督

1.税收立法权的监督

税收立法权监督最主要是指全国人大及其常委会应当积极行使自己的立法监督权,保证税法统一和完整,当然还包括其他主体的税收立法监督。我们研究某一国家机关的财政立法权,不仅仅是研究其进行财政立法的权力,还研究其拥有怎样监督财政立法的权力,包括批准权、否决权、撤销权、改变权等财政立法监督的权力。具体到全国人大,依据《立法法》其拥有的立法监督意义上的立法权可以分为四大类:要求立法机关将立法报送备案的权力;一些类别立法的批准权;某些类别立法的撤销权;接受请求对立法进行审查的权力。如果要严格地限定“立法监督”,只将撤销或者改变被监督的法律性文件认定为立法监督,那么我国只有相关立法而几乎没有立法监督的实践;如果广义地理解“立法监督”,将备案、批准等也认定为立法监督,那么我国还是有一些立法监督实践的。

宪法和法律规定的这些全国人大享有的税收立法监督权力的行使情况并不很好,具体说要求立法机关将立法报送备案的权力、一些类别立法的批准权这两类权力的行使情况较好,绝大部分税收立法都按照规定进行了报备,所有的需要进行批准的税收立法都经过了批准程序;某些类别立法的撤销权、接受请求并对立法进行审查的权力则基本没有行使过,迄今为止全国人大没有撤销过行政法规、地方性法规或者自治条例和单行条例,也没有撤销过被授权机关制定的超越授权范围的法规,还没有撤销过授权,更没有接受请求对立法进行审查,当然也就没有对有关税收的立法行使过这些权力。

1958 年由全国人大常委会批准并以国务院令的形式公布了《国务院关于改进税收管理体制的规定》(已失效)和《工商统一税条例(草案)》(已失效),这样的批准行为是一种监督,但是当时这样的批准行为并无法律依据,2000 年《立法法》制定以后,类似这样的批准行为就有了法律依据,《立法法》没有规定这种由国务院制定由全国人大常委会批准并以国务院令的形式公布的监督形式,实践中也没有这样的做法,但是《立法法》规定了一些全国人大常委会进行批准的情形,如民族自治地方有权制定自治条例和单行条例报全国人民代表大会常务委员会批准后生效。这样,就完全可能出现民族自治区制定有关税收方面的自治条例和单行条例,报全国人大常委会批准由自治区人大常委会发布公告予以公布。

总结全国人大立法监督权行使的发展,可以看到随着立法监督的有关立法的逐步完善,全国人大税收立法监督权的行使也越来越规范和依法而行,但是最根本的问题还未解决,即撤销和改变违宪或者违反上位法的法律性文件的制度还未得到落实,当然也许是至今还没有出现违宪或者违反上位法的税收立法,但是即使现在还没有,也应当未雨绸缪,制定启动和实施合宪审查的具体法律规范,一旦出现违宪或者违反上位法的税收立法,我们也能够及时依据法律启动和实施具体的合宪审查。

我们应通过《立法法》或者其他基本法律中对全国人大的上述立法监督权的程序、方式等问题加以明确,这将为严肃财经纪律、维护财经秩序、提升财政监督效能提供有力的法制保护。我们也应当对财政立法监督的职权范围进行全面、清晰的界定,形成财政立法监督的职权清单，对财政立法监督具体行为进行全面规范，使财政立法监督各个环节有法可依，不仅提出基本原则，还规范其具体内容。

2. 非税收入立法权的监督

我国现行的非税收入立法体制主要存在如下一些问题：缺乏一部由全国人大或全国人大常委会制定的非税收入方面的基本法律；由财政部制定《政府非税收入管理办法》显然不符合宪法和《立法法》的精神，这种制度安排也必然导致地方非税收入的设定权由各级人民政府及其财政部门、价格主管部门享有；地方拥有的非税收入立法权自由度过大；地方拥有的非税收入立法权几乎都掌握在行政机关手里。

上述这样的非税收入立法体制非常不利于非税收入立法权的监督：

第一，缺乏一部由全国人大或全国人大常委会制定的非税收入方面的基本法律，会导致监督的标准的缺乏或者监督的基本依据不明确，没有明确的监督依据和标准或者只有自己确定的标准，监督就会无从谈起。

第二，由财政部制定《政府非税收入管理办法》显然不符合宪法和《立法法》的精神，这种制度安排也必然导致地方非税收入的设定权由各级人民政府及其财政部门、价格主管部门享有，这样的制度安排就使得财政部和各级财政部门既是立法者和规则的制定者，又是执行者，自己立法自己执法，“自编自导”，监督的公信力缺失。

第三，地方拥有的非税收入立法权自由度过大，其原因还是在于自己立法自己执法，“自编自导”，依据自己制定的规则监督自己,虽然各级人大有一定的监督权,最终也会被消解于无形。

第四,地方拥有的非税收入立法权几乎都掌握在行政机关手里,这种立法权的配置增加了监督的难度,也缺乏民主性。

3. 债务收入立法权的监督

我国债务收入立法权的监督主要体现在我国《预算法》当中,《预算法》在具体规范政府债务收入立法权时,同时规定了监督权。全国人大设定中央政府层级的举债余额规模;国务院确定省级政府举债的限额;各级人大及其常委会审查本级预算,安排举借的债务的规模、结构、使用、偿还等是否合法、合理,风险是否可控;各级预算在执行中需要增加举借债务数额的,应当进行预算调整。地方各级人大应当加强对政府债务的审查监督,这对于有效防范化解财政金融风险,具有重要现实意义。

我国政府债务收入立法权配置的基本情况是:债务收入立法权基本上都属于中央,地方基本上只有执行权;债务收入立法权主要在国务院,地方主要在地方政府,这样的制度安排有利于上下级之间的监督,但是不利于财政监督民主性的彰显,因为各级人大是各级人民代表机关,由其行使债务收入立法的立法权和监督权更为合适。

(三)我国财政支出立法权的监督

1. 财政支出立法权的监督

关于财政支出规则立法权的纵向配置,我国《预算法》《监督法》《立法法》等法律进行了规定,财政支出规则立法的监督权集中在全国人大及其常委会、国务院还有地方人大及其常委会以及审计机关。中央与地方政府之间,省、自治区、直辖市政府的预算要报送国务院备案，国务院汇总后报全国人大常委会备案，国务院和省级政府具有撤销或改变权，省级以下政府是没有财政支出立法层面的监督权。我国中央对地方，上级政府对下级政府的财政支出立法权的监督整体偏弱，原因有三：一是我国《预算法》对财政开支合法与否的实质标准缺失；二是有少数立法对财政开支有刚性约束，但又不合适，过于僵化；三是立法缺乏对财政预算案未通过等情况的规定，立法不愿意财政立法监督有刚性约束力。

财政支出决定权是一种对有关财政支出的事项作出实体性决定和决策的权力，具体包括三个方面的权力：一是预算草案的编制权，即各级人民政府财政部门编制本级政府预算草案；二是各级政府提交预算草案，同级人大审查和批准预算草案；三是各级政府提出预算调整方案，同级人大审查和批准。这三项权力中都包含了广泛的监督权，主要是人大对政府的监督权和上级对下级的监督权，前者主要是同级的、横向的国家机关之间的监督，后者主要表现为上下级的、纵向的国家机关之间的监督。我国纵向财政支出立法权的监督存在刚性不足的问题，这就导致地方财政支出立法和执行的随意性大。中央与地方政府之间，省、自治区及直辖市政府的预算需报送国务院备案，国务院汇总后报全国人大常委会备案，国务院和省级政府具有撤销或改变的权力，省级以下政府是没有财政支出立法层面的监督权。地方财政支出立法和执行的随意性大，一个很重要的原因就是纵向的财政支出立法权的监督刚性不足，实践中也没有发生过中央因监督地方政府的财政支出立法或者行为采取了撤销权或者改变权的情形。

上级政府对下级政府的财政支出监督乏力，缺乏刚性。我国上级人大和政府对下级政府的具体财政支出决定权的监督形式主要有备案、改变或者撤销：下级政府要将本级预算报上一级政府备案，上一级政府汇总后报本级人大常委会备案；国务院和县级以上地方政府有权监督本级政府各部门和下级政府的预算执行；国务院和县级以上地方政府有权改变或者撤销本级各部门和下级政府关于预算、决算的不适当的决定、命令。上级人大和政府对下级政府的监督，在程序监督阶段，监督乏力的问题较为普遍存在且没有达到实际的监督效果。上级政府对下级政府的财政支出监督乏力，除了立法的原因以外，还有两个现实原因。一是在客观上，每一个上一级政府和上一级人大常委会都没有过多的时间和精力去监督每一个下一级政府的预算，要实现有效监督需要有相当的人力和物力，这几乎是一件不可能完成的任务。二是上级政府的监督属于内部监督，存在监督的强制力、公信力不强的问题。"这种具有'软约束力'的监督方式，不是抑制了预算违规，而是导致了预算违规。"①

2. 财政转移支付立法权的监督

我国《预算法》第56条和《各级人民代表大会常务委员会监督法》都规定了各级人大常委会对本级政府接受或者下拨财政转移支付的监督。可以得知我国确立了财政转移支付的监督机制，对人大常委会审查本级人民政府的决算草案和预算执行情况报告进行了规定。

财政转移支付的立法监督存在两个方面的问题。一是政府间财政事权、财权划分不清，导致财政转移支付的立法监督的基

---

① 宋达、郑石桥：《政府审计对预算违规的作用：抑制还是诱导？——基于中央部门预算执行审计数据的实证研究》，载《审计与经济研究》2014年第6期。

础不稳固。由于总体上我国政府间财政事权、财权划分不清晰,财政转移支付的随意性较大,这是因为合理的财权配置是以财政事权为依据的,财政转移支付具体应该怎样支付,支付额度的确定应该是以财政事权为标准的。如果财政事权没有划分清晰,那么财政转移支付的数额就无法确定,因为财应当是随着事走的,由承担事务的多少而确定的。二是立法对纵向配置的规定不明确,特别是缺乏明确可行的计算标准。中央对地方的专项拨款补助缺乏比较规范的法律依据和合理的分配标准。此外,财政补助分配透明度不高,随意性较大,具体的表现就是政府间财政转移支付中,专项转移支付较多,均衡性转移支付的比重偏小,财政转移支付的标准化、法治化程度还是有所欠缺的。

三、责任追究

权责统一、明确职责、依法监督、责任追究是前后相连的环节,其中的责任追究原则非常关键,再明确的职责划分,再严格的立法监督,如果违法行为不被追究责任,那么责任追究和依法监督都是空的,因此,在财政立法权的纵向配置过程中始终坚持和贯穿责任追究十分必要和重要。

(一)我国财政立法责任追究的基本特征

1. 公开性、透明性

"我国的财政体制改革在财政责任追究的公开和透明问题上取得了相当的进步,然而财政责任追究公开的广度、深度和刚性不够,使得透明度大打折扣,部门预算虽较之以往的预算科学、明晰,但仍然不细致,让财政立法的责任追究无从下手。值得庆幸的是，有些地方已经开始改革。"①公开性、透明性不仅仅针对财政立法责任追究的内容，也包括财政立法责任追究的过程，另外法律法规、所依据的标准和程序、评审的过程都应当公开。

各级政府的财政事权及相应的收入和支出的范围界定应当清晰、公开、透明，这是我国财政立法责任追究的前提和基础，如果各级政府的财政事权及相应的收入和支出的范围界定不清晰，也不公开和透明，那么财政立法责任追究就失去了依据和依托。目前，各级政府间的财政立法权配置及相应的支出责任划分不够具体、清晰，地方政府事实上具有较多的机动性。因此，我们应当首先明确各级政府的财政事权和责任，使其权力和责任有明确的边界，也就是说让权力和责任有公开性、透明性，是保证责任追究的公开性和透明性的前提和基础。

2. 完整性、科学性

财政立法责任追究的完整性应该表现在内容和时间两个方面，即在全口径、全时间的监督下贯彻责任追究制度，具体包括税收立法权、非税收入立法权、债务收入立法权、财政支出的规则立法权和财政支出决定权等所有行为和国家机关以及相关人员的全方位的、全视角的、全过程的、所有环节的、不留空白的责任追究。财政立法责任追究的科学性应该表现在责任追究的具体方式和程序的设计上，即在责任追究的方式和程序的设计上应当坚持针对具体情况，有的放矢，合理适度，与其他制度相互衔接和配合，与我国国情相适应的原则进行责任追究的制度安排。

---

① 宁立成、张兰兰：《论我国财政支出监督法律制度的改革》，载《江西社会科学》2014年第1期。

“财政立法责任追究的公开性、透明性、完整性和科学性是一个有机联系、不可分割的整体，公开透明是目的，完整和科学是实现公开透明的必然要求和手段，不完整的财政立法责任追究制度往往才会既不公开透明也不科学，因此不科学的财政立法责任追究制度必然影响其公开透明性和科学性。”①

（二）我国财政收入立法的责任追究

明确各个财政收入立法机关的权限和范围，依法对财政收入立法权进行监督是责任追究的前提和基础。对于立法主体作为一个整体进行责任追究，无论是在我国还是在世界其他国家都是很难找到相关的法律规定，同样对于财政收入立法中将立法主体作为一个整体进行责任追究，我国现在还没有这样的制度安排。

然而，对于立法机关中的具体个人进行责任追究的法律，在我国和世界其他国家都普遍存在。2018 年 3 月 20 日全国人大通过的《监察法》明确了监察范围全覆盖的原则，实现对所有行使公权力的公职人员监察全覆盖，只要是行使公权力的主体，都应当受到监督，各级人大代表、各级国家机关工作人员，包括各级党组织中行使公权力的人员都在被监察之列。监察委应当依照《监察法》和有关法律规定履行监督、调查、处置职责，有权对财政收入立法中涉嫌职务违法和犯罪进行调查和处理。

从广义上说，财政收入立法权的责任追究也包括通过党纪党规对相关党组织和党员个人进行责任追究。这是贯彻对于财政收入立法的责任追究，把权力关进制度笼子里，把权力运行纳入

---

① 宁立成、张兰兰：《论我国财政支出监督法律制度的改革》，载《江西社会科学》2014 年第 1 期。

制度轨道的必然要求。此外财政收入立法机关的党组织和党员个人应当严守党规党纪，加强自我监督，《中国共产党党章》《中国共产党纪律处分条例》《中国共产党第十八届中央委员会关于新形势下党内政治生活的若干准则》《中国共产党党内监督条例（2016 修订）》等党内制度和法规的制定、修订和实施，对于党员也有了更加明确的要求。在我国财政收入立法当中，也必须坚定推进全面从严治党，严厉惩治腐败、净化党内政治生活，不断强化责任意识和纪律观念，切实增强守规矩的自觉性和坚定性，自觉贯彻党中央的决策部署，做到廉政自律，更好地追究财政收入立法的责任。

责任追究要求在财政收入立法权的配置中，首先，应当对国家财政收入立法权进行适当制约，各个国家机关的财政收入立法权限应当明确具体并且依法行使；其次，财政收入立法权应当以人民代表大会为主导，当然也应当与其他国家机关相互配合，受到一定的制约；再次，税收立法者应当为立法行为的后果承担责任；最后，严肃党纪党规，严格适用《监察法》，对于在财政收入立法过程中违反党纪党规的党组织和党员依照党纪党规进行追究和处理，对于在财政收入立法中利用职权违法犯罪的人员应当严格依据《监察法》进行追责。

（三）我国财政支出立法的责任追究

责任追究制度是为了进一步强化责任，倒逼财政立法权配置的优化，倒逼各个财政立法机关严格依法立法，从而实现立法工作的合法、有序和高效。同时，责任追究制度也是为了贯彻和落实监督制度，将监督制度落到实处的必然要求。

我国财政支出立法的监督制度主要在《预算法》当中，主要包括各级人大及其常委会对本级预决算进行监督，并且有权依法进行组织调查等。本书的财政支出立法权包括财政支出规则的立法权和财政支出决定权，前者是比较纯粹的立法权，后者本质上是执行权。前文已述，责任追究对于立法主体作为一个整体进行责任追究，我国和其他国家都没有这样的规定，同样我国也没有将财政支出立法中的立法主体作为一个整体进行责任追究。不过，对于立法机关中的具体个人进行责任追究的法律，在我国和世界其他国家都普遍存在，我国《监察法》实现了对所有行使公权力的公职人员监察全覆盖，包括行使财政支出立法权的所有行使公权力的人员都在被监察之列。财政支出立法的立法机关的党组织和党员个人应当严守党规党纪，如果他们的行为违法党纪党规就会受到党纪党规的责任追究。

对于财政支出决定权行使过程的相关主体和人员的追责，法律有比较多的规定，特别是对违法的个人进行行政责任追究的规定相对较多，但是对于作为一个整体的国家机关的责任追究的规定相对较少。我国财政支出立法的责任追究主要在《预算法》当中进行规定，明确了相关人员不行使或者不依法行使《预算法》规定的各项权力的，应当依法追究行政责任，情节严重的应当追究刑事责任。然而，《预算法》对于作为一个整体的国家机关的责任追究的规定相对比较缺乏。例如，既然人民代表大会有预算审批权，即可存在预算否决之情形，被否决之后政府有什么样的后果和责任，这些问题在法律中都未作规定。再如，追究决策者个人的法律责任也是必要的，如果上级人民代表大会改变或者撤销了关于预算、决算的不适当的决议；撤销了本级政府关于预算、决算的不适当的决定和命令,那么本级人民代表大会常务委员会或者本级政府是否存在相应的责任,承担何种责任,特别是故意弄虚作假并做出不适当的预算、决算的决定和命令的有关领导应当承担何种责任,法律应当加以规定。

第五章

我国财政立法权纵向配置的改革

第一节 改革政府间财政事权配置制度

改革开放以来,我国的财政税收体制在不断的改革和完善之中,但相对于财政税收体制的改革而言,政府职责的划分进展则显得较为迟缓。在我国,财政权力向上级政府进行了集中,但上级政府所承担的职能没有相应上移,甚至还存在向下级政府转移的倾向,这在一定程度上导致了各级政府财政事权与财权的脱节。此外,我国作为一个人口众多、地区经济发展不平衡的发展中国家,市场经济制度尚未健全成熟,这一系列的因素都加剧了我国政府财政事权划分的复杂程度。

因此,规范我国各级政府间的财政权力的纵向配置,前提是改革政府间的财政事权配置制度,完善政府职责,加快政府财政事权与财权匹配。明确划分政府间的财政事权分配，下面主要从减少政府层级与合理配置政府的财政事权着手分析。

一、减少政府层级至三级

（一）我国政府层级设置的现状

关于我国政府层级设置的框架，《宪法》第 30、31 条明文规定我国地方政府层级为省、县、乡三级，加之中央政府，国家的政府层级应为“中央—省—县—乡”四级框架。然而，实际上我国现行政府层级和财政层级是按照五级构架设置的。1982 年中共中央、国务院发布的《改革地区体制，实行市领导县体制的通知》肯定了辽宁等地区实行的市领导县体制的优秀经验，加快了市领导县体制在全国范围内的改革进度，此后通过“撤地设市”“地市合并”等方式，实现地级市取代地区对县实行直接领导管理，截至 1998 年年底，全国范围内有 219 个市领导 875 个县。1999 年中共中央、国务院发布的《关于地方政府机构改革的意见》指出，“避免重复建设与地级市并存一地的地区，实行地市合并”。截至 2016 年 12 月 31 日，全国范围有 293 个地级市。“地级市”已成为事实上完整的一级政权组织。“地方政府的层级构架——在地方四级政权构架中极为重要的‘地级市’之设置与改革，均未能取得明确的宪法与法律依据，至多只能说是其为立法所默许，而为行政惯例所确立。”

(二)我国政府层级过多存在的问题

1. 财政事权无法明确划分,无法为财权的划分提供稳定的前提和基础

"财政事权决定财权"原则是财政领域的基本性原则,实现"财权与财政事权相匹配",由各级政府拥有的财政事权分配其相应的财权。财政事权与财权的划分是理顺中央与地方财政关系的关键,是国家建立现代财政制度的基础,财政事权的划分更是财权划分的前提,因此,财政事权划分在财政活动中的重要性自然不言而喻。

政府财政事权的划分是财权划分的前提,各级政府间财权划分明确程度取决于财政事权划分的清晰程度。财政事权划分的粗略,会造成政府财权没有稳定的根基,进而导致财权划分的混乱。只有在明确政府间财政事权具体范围的基础上,才能更好地对中央与地方的权力进行分配。

目前我国各级政府间财政事权划分存在的问题主要是没有明确的标准与具体的规则,宪法仅在原则上对中央与地方政府的职责作了概括性的规定,没有通过专门的立法对各级政府间的财政事权进一步加以规范;并且中央对财政事权会进行调整,造成地方财权没有形成合理的格局,政府间的财政事权与财权的明确性与稳定性都不够。我国目前五级政府的格局使得财政事权无法明确划分,无法为财权的划分提供稳定的前提和基础,要在五级政府间明确划分财政事权几乎是一件不可能完成的事情。

2. 财政事权层层下移，财权层层上收，导致财政事权与财权划分不匹配

人民群众对政府提供基础公共服务的要求越来越高，这意味政府承担的财政事权也随之增多。财政事权的增多表明对财权需求也要相应增加，而各层级政府间的财政事权划分又不够明确，那么有些政府为了节省本级财政资源，长期将政府财政事权下移，但没有为下级政府匹配相应的财权，在中央和地方政府的职责范围界定不够明确时，无法明晰的财政事权大多会推给下级政府。由此，造成中央与地方财政事权错位、地方各级政府之间的财政事权也相互错位，财政事权与财权更是错位严重。

我国是五级政府框架，按照“一级政府一级财政”，对应的是五级财政体制，过多的层级一方面增加了财政事权和财权划分的难度，使得明确划分财政事权和财权变成了一件几乎不可能完成的任务，也加剧了“财政事权层层下移，财权层层上收”的趋势，使得各级政府间财政事权与财权得不到合理配置。

3. 基层财政事权增多，财政困难加剧

政府层级过多会使得政府间的财政差距扩大，地方财政困难加剧，层级越多基层政府的财政困难就越严重，“财权层层上收，事权层层下移”的累加效果就越明显和突出。一个国家的各级政府各自负责自己分内的任务，解决各自的问题，既各司其职，又相互配合，形成合力。我国实行“一级政府、一级财政、一级预算”的模式，就使得这种局面很难形成。由于各财政层级间的财政事权层层下移，财权层层上收，财政盈缺状况与政府级次的排序相同：中央及省、市两级财政处于持平或盈余状态，然而县乡两

级财政处在普遍困难的状态。因此,现实中我国很多基层政府由于承担了与其财力不相称的事务,“基础教育与公共卫生这类区域外溢性效应较强的公共产品也过多的由县乡政府承担”。[①] 这也导致了近年来基层财政困难加剧。

(三)我国政府层级划分的探索与实践

各级政府是国家履行公共职能的载体,政府层级的科学合理地划分是政府间财政事权划分的前提和基础,我国的总体目标应当是将现有的政府层级由五级简化成三级,即中央、省级、县级,为此进行了一系列的探索与实践。

2005 年 12 月,中共中央、国务院《关于推进社会主义新农村建设的若干意见》指出,“有条件的地方可加快推进‘省直管县’财政管理体制和‘乡财县管乡用’财政管理方式的改革”。这在财政体制改革上为中国行政层级改革提供了方向与空间。[②] 实际上是提出了构建三级财政的基本设想。

1.“省管县”财政体制改革

(1)“省管县”财政改革。调整和减少地方财政层级是我国财政体制改革的大势所趋,更是建立科学的地方财政关系的必然要求。实行“市管县”的结果是事与愿违,地级市的数量反而增加了许多。地级市虽在行政区划上统合了城乡,但在社会发展和经济建设方面往往是地级市利用行政力量强占县的资源,“随着

① 刘全顺、魏俊、张献勇:《地方财政体制的法律问题研究》,知识产权出版社 2011 年版,第 58 页。

② 时红秀:《财政分权、政府竞争与中国地方政府的债务》,中国财政经济出版社 2007 年版,第 204 页。

这种体制弊端的日益凸显,新的行政区划的调整,即省管县体制的改革的呼声高涨”。[①]

“省管县”使得省直接向县级提供各类专项补助和拨款,而不必再经过市这一级,实行“省直管县”。实际上,“省管县”体制并不是一种全新的财政体制模式,“省管县”模式与“市管县”模式长久以来都是处于并行状态。就浙江而言,实行的就是财政上的省管县。2002 年以来,全国多省如安徽、湖北、吉林等都在学习浙江陆续推行省管县财政体制改革。

2008 年,党的十七届三中全会通过的《关于推进农村改革发展若干重大问题的决定》提出,“有条件的地方可依法探索省直接管理县(市)的体制”。到 2009 年,全国已有 2/3 的省实行了省管县的财政体制模式。2013 年,党的十八届三中全会通过的《中共中央关于全面深化改革若干重大问题的决定》也指出“有条件的地方探索推进省直接管理县(市)体制改革”。推行省管县财政体制模式已是全国范围内的大势所趋。

(2)“省管县”财政制度的优势。近些年来,全国部分省级政府不断增强宏观调控能力,解决县乡财政困难,积极改革,并且依照这样的部署将原来的市管县财政模式改革为省管县财政模式。“省管县”的优点主要表现在减少管理层次和中间环节;促进县域经济的发展;缓解县级财政困难;推动我国财政体制改革;有利于统筹城乡的发展。

---

① 张晖:《县级市由谁管——市管县体制合宪性分析与省管县体制改革建议》,载《理论月刊》2016 年第 2 期。

2."乡财县管"模式改革

(1)乡级财政的弱化。一方面我国的乡级政府的财政事权已经变得非常有限,另一方面其所能掌握的财力也很有限,已无单独设立一级财政政府的必要。近年来,我国一些地方也采取过如建立乡级金库等办法扩充乡级财政,但从结果上看都不尽如人意。[①] 加之目前税务、金融、工商等管理系统已按照经济区域而非行政区划在基层设所,那么财政系统仍按照乡、镇行政区划而建立的乡财机构已经失去了意义。[②] 农村税费改革后,占乡级支出大部分的乡镇教师工资已由县级统一发放,加之农业税的停征,从实际情况分析,乡级财政在实质上已经是形同虚设了。

(2)"乡财县管"的含义。"乡财县管"顾名思义是在保持乡镇资金所有权、使用权和审批权不变的前提下,以乡镇为独立核算主体,实行"预算共编、账户统设、集中收支、采购统办、票据统管"的财政管理方式,由县财政直接管理并监督乡级财政的收支,在财政上实现"县乡联网"。其主要内容有预算共编;账户统设;集中收支;采购统办。[③] 值得注意和强调的是乡级财政并未被取消,其在客观上仍然存在,即"三权"不变。[④]

(3)逐步取消乡级财政。鉴于我国县级政府的职能部门很多都在乡镇设置了派出机关管理各项事务,加之"乡财县管"的

---

① 陈纪瑜、赵合云:《地方财政体制权责不对称问题研究》,载《经济经纬》2004 年第 5 期。

② 于凌云、田发:《论我国政府财政层级的改革》,载《财政研究》2005 年第 9 期。

③ 王小林、徐丽萍:《中国财政体制改革:制度演进与优化》,载《经济研究参考》2009 年第 45 期。

④ 马昊、庞力:《中国县级财政制度的历史变迁与改革思路》,载《湖南师范大学社会科学学报》2010 年第 5 期。

改革比较成功,乡级财政已缺乏必要的财政事权作为其支撑基础了。同时,乡镇财政受地方经济结构单一的制约,收入有限,且乡镇债务繁多,乡镇政权的运行风险加大,实践中乡镇对县级财政的依赖程度也很高。

2006年财政部也下发的《关于进一步推进乡财县管工作的通知》提出,在全国范围内逐步推行“乡财县管”财政管理体制改革,至2011年年底,全国实行“乡财县管”的乡镇约有2.93万个,约占全国乡镇总数的86.1%。

(四)逐步调整政府层级至三级

1.基本思路和原则

逐步将我国原本的五级政府调整至三级政府模式,取消地方的“市”与“乡”两级政府,实现“中央—省—县”三级政府构架,需要实行的改革主要有“省管县”财政体制和“乡财县管”财政体制。“省管县”的财政体制改革的推行,在全国范围内逐步取代“市管县”财政体制,县级政府在财政分配上直接由省级政府领导,“乡财县管”使得在财政上乡镇一级成为县级政府的派出机构,乡镇不再作为独立的一级预算单位,这样也就减少了“乡”这一财政层级。

2.过渡方案:实现财政上三级政府,即“省管县”和“乡财县管”

推行“省管县”和“乡财县管”两项财政体制改革能够有效地减少政府的财政层级,真正在财政上实现三级政府的框架。实行省直管县财政体制,县市在财政上属于同一层级,使得地级市不再集中县(市)财力,在财力上加强了县级财政的实力,推动县域经济的发展,保证基本公共服务的均等化。“省管县”和“乡财县管”财政体制的推行,同时能够加强中央、省向县以及从乡镇到县双向财力的集中,并且使我国财政管理级次由五级变为三级,实现财政管理层级的“扁平化”。

3. 最终目标:调整政府层级至三级

我国现今设置的政府层级是国际上少有的五级政府模式,政府层级与财政层级密切相关,通过实行“省直管县”与“乡财县管”财政体制改革等措施,将我国政府财政层级调整至中央、省、县(市)三级,然后根据“一级政府、一级财政、一级预算”的原则,最终将我国政府层级缩减至三级框架。这一改变有利于政府间财政事权与财权的分配的明朗化,提高政府财政运行效率,改善政府间财政分配不均的现象,并减少政府财政事权层层下压的情形,缓解基层政府财政不足的压力,从而为政府间财政立法权纵向配置创造出更有优势的条件。

二、合理配置各级政府的财政事权

(一)我国政府财政事权划分的现状

我国宪法对财政事权只作了原则性概括性的规定,使得现实中具体操作难度大。1994 年分税制改革虽对我国的财税体制进行了规范,初步奠定了我国财政收入的基础与框架,但是从目前我国财政情况分析,各级政府的财政事权与财权仍无法形成统一的局面。中央政府在权力支配上占据优势地位,拥有更大的财权,而省级以下地方政府的财权比起其需要承担的财政事权来说,则要少得多,影响地方政府财政的承受能力,加重基层政府财政危机;同时也会出现上级政府借助地位的优势,获取更大的财权的现象,导致“政府财权层层上移,而财政事权却层层下压”,政府财政事权与财权不匹配甚至出现背离的情形。

1. 我国政府财政事权划分的概况

长期以来,我国中央与地方之间的财政事权分配一直没能走出“收收放放”的怪圈,只有正确认识其中的诸多问题,才能合理、科学划分中央与地方之间的财政事权。[①] 我国省与市、市与县、县与乡之间财政事权划分难度本就很大,再加之上级政府在管辖权限上的干涉,[②]极易导致中央与地方财政事权分配的不清晰、不明确,划分随意性大。

财政事权划分缺乏明确的法律依据,《宪法》第 3 条“遵循在中央的统一领导,充分发挥地方的主动性、积极性的原则”是关于中央与地方财政事权配置总原则的规定,但因原则性太强而缺乏可操作性。在缺乏必要的法律依据的条件下,我国划分中央与地方财政事权的法律性文件几乎都是一些文件和规定,正式的法律性文件较少。

由中国行政体制改革研究会编写的《行政改革蓝皮书:中国行政体制改革报告 No. 5(2016)》指出当前中央与地方权力结构不合理,在政府财政事权划分上,财政事权与财力不匹配。《宪法》《立法法》仅确定了中央与政府财政事权划分的基本原则,央地政府间的财权配置也缺乏有效方案,近年来财力向上集中、财政事权向下集中的趋势明显。“财权上收、财政事权下放”趋向

---

① 杨继永:《论我国中央与地方财政事权配置的法治化》,河北师范大学 2016 年硕士学位论文,第 11 页。

② 任广浩:《国家权力纵向配置的法治化选择——以中央与地方政府间财政事权划分为视角的分析》,载《河北法学》2009 年第 5 期。

性增强，影响财政基本公共服务均等化的目标。

2. 我国政府财政事权的具体划分情况

我国对于政府间的财政事权的划分的法律系文件主要是国务院于2016年发布的《关于推进中央与地方财政事权和支出责任划分改革的指导意见》和国务院办公厅于2018年发布的《基本公共服务领域中央与地方共同财政事权和支出责任划分改革方案》，一方面提出了划分财政事权的基本原则，另一方面对于具体财政事权进行了明确，将义务教育、学生资助、基本就业服务、基本养老保险、基本医疗保障、基本卫生计生、基本生活救助、基本住房保障等八大类18个基本公共服务事项，纳入中央与地方共同财政事权范围，明确由中央与地方共同承担支出责任，具体根据各地的实际情况，实行差别化分担，既推进了基本公共服务均等化的进度，又考虑了各级政府财政的承受能力。

（二）合理配置财政事权的意义

科学、合理地界定央地各级政府财政事权与支出的范围，是保证我国财政管理体制有效运行和处理好中央与地方政府间财政关系的基础。目前我国地方各级政府间财政事权划分的规范性不够，必须加以改进。本书提出，在调整政府层级构架、理顺政府与市场的关系的前提下，按照三级政府的框架合理配置我国央地政府间的财政事权支出。

1. 财政事权是政府存在的唯一理由，是财权的前提和基础

在政府财政关系涉及的众多内容中，"财政事权与财权"是最基础的要素，"财政事权决定财权"也是财政领域中的基本原则。财政事权是政府在提供基本公共服务中应承担的责任与职

能。在一定程度上,财政的目的就是国家的目的。建立现代公共财政制度,要求政府履行好公共服务的职能,而最能体现政府公共性本质的是财政的支出事项,财政事权支出是政府存在的唯一理由;财政事权是财政分权的基础,政府获得财税收入是为了提供公共服务与设施,只有在明确各级政府财政事权范围的前提下,才能合理有效地划分政府的财权范围。

2. 理顺政府与市场的关系,规范政府财政行为

目前我国处在市场经济发展阶段,市场因素发育不够完全,也不够充分,政府职能界定把握也不够到位。现今对市场与政府的关系研究主要是以效率与公平为价值判断标准,以两者的行为机制为研究对象,致力于寻求市场与政府之间清晰的边界。随着我国财政改革的深入与制度的创新,吸收和借鉴市场经济发展比较成熟国家的经验,对市场与政府职能以及相互关系有了比较全面和正确的认识,为确定科学规范的分级财政体制提供必要的理论前提条件。如今形成的基本共识是,在市场经济条件下,"市场机制主要作用于微观经济层面,政府机制主要作用于宏观经济层面"。① 市场在资源配置中起决定性作用,政府职能由市场来定位,主要在于弥补市场在资源配置中失灵的领域,对市场本身能有效发挥作用的领域,政府一般不予介入。

因此,政府应当特别关注改革和完善与市场之间的关系。一是优先发挥市场的作用,市场应在资源配置中占主导作用,政府在资源配置方面起辅助作用。市场在资源配置领域具有更高的

---

① 田志刚:《地方政府间财政支出责任划分研究》,中国财政经济出版社 2010 年版,第 139 页。

效率，市场的目标与资源配置的目标有着高度的一致性，因此在社会资源配置上应优先让市场起作用。二是政府应当承担矫正与弥补市场失灵的职责。在市场竞争不完全的情形下，外部性、信息不充分不对称以及公共需求供给的短缺等因素都会导致市场自主选择机制的失灵，这时政府应当主动对市场失灵进行调整与矫正。政府在一定公共政治规则的约束下，既需要履行政治管理职责，也需要履行公共管理职能。三是根据实际情况，适时地调整市场与政府的作用范围。“政府与市场机制作用的范围，取决于不同国家或者同一国家不同时期的市场化程度与人们实时对政府所应提供的公共物品范围的广泛认定以及政府的实际能力的变化。”①政府与市场的作用范围始终处在一个动态发展的过程。因此，应理顺政府与市场范围以及正确处理好两者间的关系，规范政府财政行为，更好地发挥政府履行公共服务的职能。

3. 加快政府职能的转变，规范政府管理经济的方式

按照市场经济要求对我国政府职能进行明确界定，对不同的经济社会事务实行不同的财政扶持政策。政府对于不同类别的事务实行不同的对待方式，有的由政府完全负责，有的由政府负责资助和补贴，有的完全由市场解决。

（三）政府财政事权划分原则和方式

1. 政府财政事权划分原则

财政事权划分应当是政府的财政事权划分，不同国家或者同

① 田志刚：《地方政府间财政支出责任划分研究》，中国财政经济出版社 2010 年版，第 141 页。

一国家不同时期存在的政府并不是相同的,因此财政事权的划分也就没有固定统一的模式,但在特定的时期,财政事权划分仍需要遵循一定的原则。

西方在财政事权划分上的代表性思想是由英国学者巴斯特布尔(C. F. Bastable)提出的三项原则:受益原则,即依据各项财政事权支出项目的受益对象与范围大小作为各级政府承担财政支出的划分依据;行动原则,即依据是需要全国一致的行为还是某地区一致的行为划分财政事权;技术原则,即依据是需要高度技术还是一般技术计划分。

2. 政府财政事权划分方式

从理论角度来分析,中央与地方政府间权限划分,主要有三种方式:第一种方式是在宪法等基本法律中列举中央政府的权限范围,使中央政府的财政事权得以明确。但此种方式的弊端在于,若在剩余权力中存在关乎国家整体利益的事项,将其由地方行使,长此以往会影响社会的稳定、造成国家的分裂,如美国的南北战争的发生,典型代表是美国宪法。第二种方式恰好相反,在宪法中列举地方政府的财政事权范围。实行这种方式的前提要件必须是中央权威地位有坚实的保障,在中央的统一领导下,为发挥地方政府的积极性,中央可以主动顺时合理地赋予地方权限;但是一旦中央的领导权威遭受破坏,地方的权力过大,中央就徒有虚名了。第三种方式是将中央与地方政府的财政事权范围分别在宪法中列举。这种方式典型实例是加拿大宪法。

(四)完善我国各级政府财政事权的具体划分

目前,我国中央与地方政府间财政事权划分的法律依据主要是《宪法》第3条第4款“中央和地方的国家机构职权的划分，遵循在中央的统一领导下，充分发挥地方的主动性、积极性的原则”的规定。这一规定的原则性过强、可操作性不足，且国家权力机关没有其他专门立法对各层级政府间的财政事权划分加以规定。中央与地方各级政府间的财政事权具体划分的主要依据是国务院及其部门颁布的意见、决定等相关的“红头文件”，例如国务院于2016年发布的《关于推进中央与地方财政事权和支出责任划分改革的指导意见》和国务院办公厅于2018年发布的《基本公共服务领域中央与地方共同财政事权和支出责任划分改革方案》，这导致我国各级政府间财政事权的划分不够明确、细致，各级政府的财政事权分配状况也较为混乱。为加强我国各级政府间财政事权划分的合理性与科学性，针对此类问题，我们应当从以下几点进行完善。

1. 确立由全国人大立法明确政府财政事权的体制，将纵向财政事权划分法治化，实现政府财政事权的全面法治化

我国政府财政事权的具体划分依据主要是国务院及其部门的决定、意见等，省级以下的政府财政事权的具体划分依据也多由各级地方政府规定，这使得我国政府间的财政事权划分规则不一。相较而言，我国政府间财权的划分与配置主要依据是全国人大制定的《预算法》，该立法文件的权威性更大，法律制定较为清晰、明确、规范。财政活动中应当遵循的最基本的原则是“财政事权决定财权”原则，政府的财政事权在财政领域更是具有基础性地位。由全国人大制定政府财权的相关事项，却由国务院或其他行政机关制定政府财政事权划分项，这显然是不合适的，政府间财政事权的划分是财权划分的前提与基础，

如此“重财权而轻财政事权”必然会影响政府间财权划分的稳定性。

针对上述现状，我们可以确立由全国人大立法明确政府财政事权的体制，将政府间纵向财政事权划分法治化，实现政府财政事权的全面法治化，理由如下。

第一，法治与民主的必然要求。我国现在政府财政事权的规定依据不仅仅是由国务院制定的，而且是由国务院的“红头文件”进行规定的，鉴于针对的是如此重要的在全国各级政府间进行财政事权划分的问题，此种立法方式完全不符合法治原则。财政法治要求对于比较重要的事项应当制定比较规范的法律性文件，而且应当是由代议机关制定。

我国各级人大都是由人民选举的代表组成的，代表人的利益，相对于行政机关，代议机关的民主合法性当然更强，更能代表人民利益。对于在全国各级政府间进行财政事权划分这样的事关全国财政权力划分的前提性的事项，由人大进行规范也是理所应当的。

第二，公平公正的必然要求。其一，我国的各级人大都是由人民选举的代表组成的，代表人民的利益，相对于行政机关，代议机关的民主合法性当然更强，更能代表人民利益。其二，在我国，全国人大是最高国家权力机关，行使最高国家权力，由其代表全国人民的意志制定关于各级政府间财政事权划分的规则更公平公正，相对而言，国务院是中央的人民政府，只是全国人大的执行机关，不是代表机关。其三，由国务院制定各级政府间财政事权划分规则有违“任何人不能做自己案件的法官”的原则，因为国务院本身就是被划分财政事权的对象，这显然不能体现公平公正。

2. 全国人大在立法明确政府财政事权划分时,应同时将各级政府财政事权法治化

在我国,宪法和法律对中央与地方政府间财政事权的划分概括性较强、实践操作难度较大,虽然国务院和财政部通过政策或是决定对中央与地方的财政事权和支出范围作了不少规定,但大多是原则性规定,比较模糊,没有对各级政府的具体财政事权的划分作出相对明确的规定,政府间财政事权的划分缺乏明确的法律依据。我国各级政府财政事权划分还存在“上下不清”的问题,政府财政事权层层下移的趋势显著,造成各级政府间财政事权的“缺位”“错位”,财政事权在上下级政府间划分随意性大。现实中“上级通过考核、一票否决等程序将本级责任分解成了下级的责任,出现所谓的上级请客,下级买单的状况”。[①] 中央与地方财政事权的具体规定主要存在于多为中央机关制作发布的政策、决定等低位阶性的规范文件之中。这种现实与现代财政制度建设应遵循的民主法治原则的要求是互相违背的,原因在于这些文件、政策“不具备法律的强制性和程序性,使得公民未能形成合理预期”。[②] 因此,全国人大在立法中明确政府财政事权划分,这既符合民主法治原则,又解决了稳定性问题。

---

① 董玉明、张淑祺:《地方预算权问题研究》,载中南财经政法大学财税研究所、湖北财政发展研究中心编:《财政经济评论》(2006 年卷),中国财政经济出版社 2006 年版。

② 晁茹:《中央与地方财政分权法律制度研究》,沈阳师范大学 2017 年硕士学位论文,第 28 页。

3. 全国人大的立法应当对政府财政事权划分的规则和标准进行合理、科学的规定

中央制定财政事权划分规则应宽严适度,科学合理。科学立法有两重含义,有两种理解。其一,科学立法可以理解为"科学地立法",即"强调立法工作的权力归属、程序过程的规范性、民主性",可称为"程序的科学性"。其二,科学立法还可以理解为"科学的立法",即"强调立法成果即法律文本中的各种法律规范要符合科学性的要求",可称为"实体的科学性"。[①] 依据这一理论,任何立法都应当从以下两方面加以规范。一是立法程序方面,严格遵守法律规定的立法权限,不可越权或争权;恪守提案、审议、通过、公布和实施各个过程的法定程序要求;完善公众参与政府立法机制,还有健全立法机关和社会公众沟通机制。二是实体规范层面,不得与宪法、法律等上位法的实体规范要求相冲突。"立法文本及其法律规范内容尊重、反映、体现、符合法治的内在规律、市场经济的客观要求、社会公众的利益诉求、国家社会的发展方向和我国的具体国情,从而具有正当性、合理性、可行性。"[②]

具体到我国政府间财政事权配置的立法,从程序上说,我国政府财政事权划分所依据的法律应当由全国人大进行立法,其程序应当体现民主法治原则,充分听取和尊重地方政府以及洽谈各方的利益诉求。同时,在制定财政事权具体划分规则时不仅程序

---

① 李友根:《论法治国家建设中的科学立法——学习〈中共中央关于全面推进依法治国若干重大问题的决定〉的一点思考》,载《江苏社会科学》2015 年第 1 期。

② 李友根:《论法治国家建设中的科学立法——学习〈中共中央关于全面推进依法治国若干重大问题的决定〉的一点思考》,载《江苏社会科学》2015 年第 1 期。

上要坚持科学原则，实体上也应体现科学精神，实现政府财政事权划分事项的科学立法。

4. 应当由省级人大制定省以下地方财政事权划分的具体规则

我国地方政府财政事权的具体划分大都是效仿中央与省级政府间的划分模式，各地做法虽不完全一样，具体如何实施由省级政府决定，但是有一点是完全一样的，就是从形式上都是由地方人民政府特别是省人民政府制定规范性文件确立省以下地方财政事权的具体划分，这与中央是由国务院制定有关规定的模式是完全一致的。例如，江西省人民政府 2017 年发布《关于推进省以下财政事权和支出责任划分改革的实施意见》对省以下财政事权和支出责任划分进行规范。由省人民政府制定规范对省以下财政事权进行具体配置是不合适的，省人民政府的规定一方面权威有限且不符合民主法治，另一方面内容也抽象模糊，只是一些宏观的原则，应尽快改变这一现实状况。

因此，应当由省级人大制定省以下纵向财政事权划分的规则。这样的制度安排有利于人民民主原则的实现，规范和监督政府的财政收支行为，“民主国家的设立旨在防止行政部门的任意膨胀财政支出，增加人民负担”。[①] 由行政机关自行决定政府财政事权的划分显然不合适，这有悖于民主主义原则。人大制定政府财政事权的具体划分财政事权更能够体现民意，也可对行政机关起到一定的制衡作用，保障人民基本权益实现人民民主。这样的制度安排也更能体现法治原则，相比于省人民政府的“红头文

① 王宏、高玉琢：《预算法治及其廉政功能》，北京大学出版社 2015 年版，第 151 页。

件”,省级人大制定的地方性法规更适宜规定如此重要的事项,更有权威性,也更有稳定性和操作性。

5. 在确立人大进行立法的体制的基础上,加强地方参与,建立中央与地方相互协商机制

确立由全国人大和省级人大立法明确政府财政事权划分的体制,将政府财政事权划分事项法治化,实现政府间财政事权划分的全面法治化。在此基础上,我们也应当加强地方参与,建立中央与地方相互协商机制,充分发挥中央和地方、上级和下级、政府和人民等多方的主动性和积极性。

目前,我国中央的立法中多方参与的成分较少,应当坚持民主协商,“重大事项的决定机制应遵循民主协商制度,充分开展协商民主,有效的、多维度的合作是现今解决问题的良方”。[①] 这意味着在涉及经济社会发展重大问题或群众切身利益的实际问题时,应开展广泛协商、尽可能取得一致意见,这样的制度安排具有真实性、广泛性、多层性、多样化和制度化等特征。

我国在政府间财政事权划分规则制定中,应当加强中央与地方、上级与下级的协商,建立协商机制。其意义主要有以下几方面:有助于信息交流,增加博弈过程的透明度,增强决策的科学性与合理性;有助于地方政府了解全国的形势和相应的规则;有利于中央政府听到来自地方的不同呼声,“改变地方政府应如何担当自己角色的问题导源于上层的命令的等级模式,建立以面对面

---

① 李翰林:《政府事权配置的制度困境与优化路径》,载《广西政法管理干部学院学报》2018 年第 4 期。

的讨价还价或地方之集体作出决定为特征的平等模式”。①

第二节 实现财政立法权横向配置的法治化和民主化

财政立法权的横向配置与纵向配置是财政立法权配置的两个方面，一体两面，相互影响、相辅相成、相互制约，如果我们只是对财政立法权的纵向配置进行改革完善，而不对财政立法权的横向配置加以改革完善，那么财政立法权的纵向配置的改革就会受到阻滞，就不能得到好的效果。因此，为了更好地为财政立法权的纵向配置改革提供支持和配套条件，我们必须对财政立法权的横向配置进行改革完善，唯有如此，财政立法权的纵向配置改革才能更深入地进行，才能实现二者的相互推动和促进。财政立法权的横向配置与纵向配置的有机结合共同构成了完整的财政立法权配置，如果我们只研究财政立法权的纵向配置，只是关注财政立法权在中央与各级地方政府之间的配置，而不关注在纵向配置中被配置给了中央与各级地方政府的财政立法权具体是由哪一个或者几个国家机关行使，就无法关注到财政立法权具体落实到哪一个或者几个国家机关，就更不可能深入研究这些国家机关是否合法、合理、积极行使了被配置的财政立法权，以及这些国家机关行使被配置的财政立法权而制定的立法是否得到有效实施。

① ［美］加布里埃尔·A. 阿尔蒙德、小 G. 宾厄姆·鲍威尔：《比较政治学：体系、过程和政策》，曹沛霖等译，东方出版社 1987 年版，第 66 页。

实现财政立法权横向配置的法治化和民主化,最核心的目标和要求就是将财政立法权主要配置给相应级别的人大及其常委会,具体做法如下:落实税收法定原则;由全国人大或者其常委会制定非税收入基本法律;赋予相应级别的人大及其常委会非税收入设立权,改变由政府行使非税收入设立权的现状;各级人大的预算和决算审批监督权落到实处。

一、税收立法权"回归"全国人大及其常委会

(一)规范全国人大对国务院的授权立法,落实税收法定原则,理顺全国人大与国务院的税收立法关系

1. 全国人大进行税收立法的现状

(1)宪法和法律的规定。

《立法法》对全国人大立法的一些问题作了规定,为全国人大进行税收立法提供了法律依据:一是立法地位和权限,"行使国家立法权",规定十类事项只能制定法律,授权立法的规则等。二是立法程序,包括提案主体和程序,审议的主体和程序,表决的程序和规则,公布的主体和形式。三是立法解释,包括立法解释的主体,全国人大常委会在何种情况需要进行法律解释,提出法律解释的主体,法律解释草案的拟定、审议、表决和公布,以及全国人大常委会法律解释的法律效力。四是立法技术和格式,"法律应当明确规定施行日期""签署公布法律的主席令载明该法律的制定机关、通过和施行日期""法律签署公布后,法律文本以及法律草案的说明、审议结果报告等,应当及时在全国人民代表大会常务委员会公报和中国人大网以及在全国范围内发行的报纸

上刊载。在常务委员会公报上刊登的法律文本为标准文本”“法律部分条文被修改或者废止的,必须公布新的法律文本”“法律根据内容需要,可以分编、章、节、条、款、项、目。编、章、节、条的序号用中文数字依次表述,款不编序号,项的序号用中文数字加括号依次表述,目的序号用阿拉伯数字依次表述。法律标题的题注应当载明制定机关、通过日期”。《立法法》的这些规定适用于全国人大及其常委会的所有立法,当然也适用于全国人大及其常委会的税收立法。

(2)全国人大行使税收立法权。

其一,全国人大税收立法的地位和权限。从宪法和法律的规定来看,其地位和权限比较明确,但是由于“两个授权”,宪法和法律所规定的地位和权限未能实现,基本被虚置了,虽然1984年的授权决定已经在2009年被废止了,但是依据其制定的法律性文件并不会因此而失效。之所以说全国人大税收立法的地位和权限被虚置,是因为不管是立法的数量还是立法的分量,相对于国务院,全国人大的税收立法权都是很小很轻的。

其二,立法程序。全国人大进行税收立法的程序与其他方面的立法基本相同,不同的方面有二:首先,由于国务院的职权之一是“领导和管理经济工作和城乡建设”(《宪法》第89条第6项),所以提出税收法律案绝大多数是由国务院行使,其他主体极少行使提出法律案的权力。至于说国务院具体怎样提出税收法律案,由哪一个部门具体起草,那是国务院内部的事情,反正都是国务院,对此本书不作探讨,因为我们的研究对象是全国人大。其次,税收立法的公众参与程序。我国“税收立法中普通公民参与机制不健全”。[①]《立法法》第40条对此有一些规定:“列入常务委员会会议议程的法律案,应当在常务委员会会议后将法律草案及其起草、修改的说明等向社会公布,征求意见,但是经委员长会议决定不公布的除外。向社会公布征求意见的时间一般不少于三十日。征求意见的情况应当向社会通报。”税收立法直接关系到公民、法人和其他组织的经济利益,与其他立法相比应当有更高的公众参与程度。“2005年9月27日。全国人大常委会就个人所得税法修改中的工薪所得费用扣除标准问题举行了听证会。2005年10月27日通过的修改后的《中华人民共和国个人所得税法》吸收了听证意见。将费用扣除标准由草案规定的1500元提高到1600元。这次听证会是全国人大及其常委会立法史上首次召开立法听证会,被誉为中国民主立法的里程碑,透视了中国民主政治建设的巨大进步。”[②]不过,像这样的立法听证会较少,其具体程序和规则也需要完善。

其三,法律解释。《立法法》规定:“法律解释权属于全国人民代表大会常务委员会。法律有以下情况之一的,由全国人民代表大会常务委员会解释:(一)法律的规定需要进一步明确具体含义的;(二)法律制定后出现新的情况,需要明确适用法律依据的。”全国人大常委会对法律的解释实质上是对法律的补充和明确,本质上是一种立法活动,《立法法》第53条规定:“全国人民代表大会常务委员会的法律解释同法律具有同等效力。”全国人大常委会较少行使法律解释权。

---

① 胥力伟:《中国税收立法问题研究》,经济科学出版社2014年版,第64页。

② 施正文:《个人所得税法听证会与我国税收立法程序的完善》,载《税务研究》2006年第5期。

其四，立法技术和格式。《立法法》对制定法律所提出的一些原则性的、比较基本的立法技术和格式，税收法律基本上都达到了，但是税收法律在立法技术和格式上还存在一些不足，主要是不具体、缺乏可操作性、立法质量有待提高等。

2. 全国人大税收立法监督的现状

(1)全国人大税收立法监督权力的制度规定。

依据我国《宪法》和《立法法》的规定，一般意义上的立法监督包括批准权、否决权、撤销权、改变权等立法监督权。具体到全国人大的税收立法监督权，依据《立法法》的规定可以分为四大类。

其一，要求立法机关将立法报送备案的权力。《立法法》第109条规定行政法规，省、自治区、直辖市的人民代表大会及其常务委员会制定的地方性法规，较大的市的人民代表大会及其常务委员会制定的地方性法规，自治州、自治县制定的自治条例和单行条例，需要报全国人大常委会备案；另外根据授权制定的法规应当报授权决定规定的机关备案。

其二，一些类别立法的批准权。《立法法》第85条规定了全国人大的立法批准权：自治区的自治条例和单行条例，报全国人民代表大会常务委员会批准后生效。

其三，某些类别立法的撤销权。《立法法》第108条规定了全国人大的立法撤销权：全国人民代表大会常务委员会有权撤销同宪法和法律相抵触的行政法规，有权撤销同宪法、法律和行政法规相抵触的地方性法规，有权撤销省、自治区、直辖市的人民代表大会常务委员会批准的违背宪法和《立法法》第85条第2款规定的自治条例和单行条例；授权机关有权撤销被授权机关制定的超越授权范围或者违背授权目的的法规，必要时可以撤销授权。

其四，接受请求并对立法进行审查的权力。《立法法》第 110 条规定：国务院、中央军事委员会、最高人民法院、最高人民检察院和各省、自治区、直辖市的人民代表大会常务委员会认为行政法规、地方性法规、自治条例和单行条例同宪法或者法律相抵触，或者存在合宪性、合法性问题的，可以向全国人民代表大会常务委员会书面提出进行审查的要求，由全国人民代表大会有关的专门委员会和常务委员会工作机构进行审查、提出意见。前款规定以外的其他国家机关和社会团体、企业事业组织以及公民认为行政法规、地方性法规、自治条例和单行条例同宪法或者法律相抵触的，可以向全国人民代表大会常务委员会书面提出进行审查的建议，由常务委员会工作机构进行审查，必要时，送有关的专门委员会进行审查、提出意见。

(2)全国人大税收立法监督权力的实际行使。

宪法和法律规定的这些全国人大享有的税收立法监督权力的行使情况并不很好，具体说要求立法机关将立法报送备案的权力、一些类别立法的批准权这两类权力的行使情况较好，绝大部分税收立法都按照规定进行了报备，所有的需要进行批准的税收立法都经过了批准程序；某些类别立法的撤销权、接受请求并对立法进行审查的权力基本没有行使过，迄今为止全国人大还没有撤销过行政法规、地方性法规或者自治条例和单行条例，也没有撤销过被授权机关制定的超越授权范围或者违背授权目的的法规，还没有撤销过授权，更没有接受请求对立法进行审查，当然也就没有对有关税收的立法行使过这些权力。

3. 全国人大与国务院税收立法权横向配置存在的问题

(1)全国人大与国务院的税收立法权形成了“双头体制”，全国人大的税收立法权虚置，税收立法民主性缺失，不符合“税收法定”原则，也造成税收立法的权威性不足。全国人大的税收立法授权是“空白授权”，我国现在的税收立法绝大多数由国务院制定，国务院不但制定了大多数税法，而且基本是全国人大所有税收立法的提案主体，财政部、税务总局、海关总署等还出台大量实施细则和通知，全国人大的税收立法权虚置。

税收民主要求立法、执法等各方面的民主，有学者认为我国“宪法对纳税人法律地位的义务定性以及对税收法定原则的缺失，对税的概念更多地着眼于国家的征税权而忽略了纳税人的权利，突出征税权而不谈用税权，明确征税主体却轻视征税依据”。[①] 税收立法民主性的具体表现就是“税收法定”，这里的“法”是狭义的，是指全国人大及其常委会制定的法律。“税收法定”原则是现代民主法治国家的普遍准则，人民是国家权力的最终所有者，对于税收这样涉及人民根本利益的问题，应当得到人民或者其代表的同意，这是人民主权原则的具体体现，“将国民从行政权的承揽者——国王的恣意性的课税中解放出来”。[②]

大部分税收立法由国务院行使造成税收立法的权威性不足，如果税收立法是由行政机关而不是由人民或者其代表机关制定，人民对这样的法律的遵从度必然不高。有学者认为发展税收民

① 张晓君：《国家税权的合法性问题研究》，人民出版社2010年版，第250页。

② ［日］金子宏：《日本税法》，战宪斌、郑林根译，法律出版社2004年版，第59页。

主有助于提高税收道德，提高人民遵从度。[①] 历史上英国人民提出的“无代表不纳税”就是这个道理。

（2）全国人大的税收立法授权是“打包”授权。代议机关在必要的时候授权行政机关立法是当今世界很多国家的做法，但是一应当有法律依据，二应当适度、合理，三应当明确、具体。全国人大的税收立法授权不符合这三点。

首先，不符合法律规定。我国《立法法》第13条规定：“授权决定应当明确授权的目的、事项、范围、期限以及被授权机关实施授权决定应当遵循的原则等。”全国人大的税收立法授权是“打包”式的授权，国务院可以行使税收立法权，授权的目的、范围都不明确。

其次，不适度、不合理。所谓“授权”，就是将本来属于自己的一部分权力暂时性地、有条件地授予其他机关行使，不能没有限度，不能使得绝大部分的税收立法都由被授权主体行使，应当有所保留，比如全国人大应当将最基本最重要的税种的立法权保留在自己手里。现在的税收授权立法就是全国人大对国务院说：“这本来是我固有的权力，我现在授权给你行使，你要怎样行使就怎样行使，我不限制你，我完全相信你，就像相信我自己。”

最后，不明确、不具体。即使为了特定的目的需要授权，授权也应当说明具体的事项、时间，而不能够大范围而不标明具体事项地授权，也就是说即使需要授权立法也应当“一事一授”。

（3）国务院存在转授权立法、越权立法现象。国务院的转授

---

① Benno Torgler, *Tax Morale and Direct Democracy*, European Journal of Political Economy, Vol. 21, p. 525 – 531 (2005).

权行为不符合法律规定。我国《立法法》第 15 条规定:“被授权机关不得将被授予的权力转授给其他机关。”前文已讲到,国务院 1994 年授权省级地方政府可以决定继续征收或者停征屠宰税、筵席税,2010 年国务院授权上海、重庆两市政府发布“房产税实施细则”,2011 年国务院批复授权“上海市政府发布《营业税改征增值税试点》实施细则”,国务院接受了授权以后,再授权给财政部、国家税务总局制定有关实施细则的情况较多。这些是国务院转授权税收立法的行为,明显违反了被授权机关不得将被授予的权力转授给其他机关的规定。

国务院 1984 年 11 月发布的,自 1984 年 12 月 1 日施行《关于经济特区和沿海十四个港口城市减征、免征企业所得税和工商统一税的暂行规定》(已失效)涉嫌越权,因为其依据的是 1984 年的授权决定不适用于“三资”企业,直到 1985 年的授权决定才适用于“三资”企业;1985 年 3 月国务院发布《进出口关税条例》,同样其依据的是 1984 年的授权决定,而此决定只适用于工商税收而不适用关税,直到 1985 年的授权决定才适用关税。

4. 全国人大进行税收立法存在的问题

全国人大进行税收立法存在如下一些问题:宪法和法律中对全国人大进行税收立法的规定较简单,全国人大与全国人大常委会的税收立法关系未理顺、程序的民主性不足、立法质量有待提高、立法解释缺失等问题。

(1)现行《宪法》《立法法》《税收征收管理法》对全国人大及其常委会的税收立法权进行了规定,这些规定主要是明确了“税收法定”原则,对全国人大立法的一些问题作了规定,包括立法技术和格式也适用于税收立法,这些规定较简单。

(2)全国人大与全国人大常委会的税收立法关系未理顺。全国人大与全国人大常委会制定的、现行有效的税收立法共有四部,其中由全国人大制定的有两部,即《个人所得税法》和《企业所得税法》,由全国人大常委会制定的有两部,即《税收征收管理法》和《车船税法》。我国宪法规定,全国人民代表大会有权制定“基本法律”,相应地,全国人大常委会制定的法律我们可以称为“非基本法律”,以此为标准,《个人所得税法》和《企业所得税法》是基本法律,而《税收征收管理法》和《车船税法》是非基本法律,这是依据制定主体所做的分类。不过,宪法将全国人民代表大会制定的法律称为“基本法律”,其本意并不仅仅是因为其制定主体是全国人大,更因为全国人大有权“制定和修改刑事、民事、国家机构的和其他的基本法律”的这些法律的内容更重要、更基本。

反观《个人所得税法》《企业所得税法》《车船税法》《税收征收管理法》这四部法律,前三部都是关于某一税种的法律,而后一部法律则是关于所有税种征收程序的规定,其中也对税收立法权的划分作了基本的规定,如果我们从内容上将前两部法律认定为基本法,那么其他所有税种都应当制定为基本法律而不是行政法规,要知道许多税种的分量远远重于个人所得税和企业所得税,恰恰《税收征收管理法》是独一无二的对税收征收程序进行规定的法律。因此,将《税收征收管理法》设定为基本法律由全国人大制定,将《个人所得税法》《企业所得税法》《车船税法》设定为非基本法律由全国人大常委会制定才是合适的。

(3)全国人大税收立法程序的民主性不足。全国人大税收立法程序主要由提出法律案、审议、表决、公布等步骤组成,这些程序相对来说比较规范和成熟,存在的主要问题是民主性不足。

较之其他立法,税收立法关系到民众的切身利益,听取和反映民意更为重要。我国《立法法》第 39 条规定:“列入常务委员会会议议程的法律案,宪法和法律委员会、有关的专门委员会和常务委员会工作机构应当听取各方面的意见。听取意见可以采取座谈会、论证会、听证会等多种形式。”这条规定对全国人大常委会立法的公众参与作了规定,但是仅仅规定应当“听取各方面的意见”,对于应当采取哪些形式保证公众参与的实现由全国人大常委会自由裁量,用的是“可以”一词。

(4)全国人大税收立法的质量有待提高。首先,法律规范不够明确,例如《个人所得税法》第 5 条规定,因自然灾害遭受重大损失的,可以减征个人所得税。这里的“重大”等情况在《个人所得税法实施条例》也未作解释,就是不确定的假设。[①] 其次,税收立法中名称设置不合理,同样是全国人大制定的法律,有的称为条例,有的称为法律,例如《工商统一税条例(草案)》(已失效)和《农业税条例》(已失效),当然现在的法律的名称经过 1994 年的税种改革已经比较规范了;税收立法对纳税主体权利的保障不足,侧重于对税收征收主体权力的保障。

(5)全国人大常委会税收立法解释缺失。《宪法》规定全国人大常委会有权解释法律,但是全国人大常委会较少行使这项权力。在全国人大常委会怠于行使此权力的同时,国务院甚至其组成部门却积极行使了对税收法律的解释权。2013 年 2 月 20 日,国务院常务会议出台五项加强房地产市场调控的政策措施,称为“国五条”,一些地方出台了“国五条”的实施细则。

① 刘剑文主编:《中国税收立法基本问题》,中国税务出版社 2006 年版,第 134 页。

“国五条”对转让不动产的净收入征收20%个人所得税，这实际上是对《个人所得税法》的新解释，因为在“国五条”出台之前转让不动产所得是不征所得税的；我国《个人所得税法》第2条将“偶然所得”列为应缴纳个人所得税的范围，《个人所得税法实施条例》第6条又明确将“中奖”所得列入了偶然所得的范围。根据规定，对偶然所得的应纳税额是不扣除任何费用，直接适用20%的税率计算。但是，在《国家税务总局关于社会福利有奖募捐发行收入税收问题的通知》(部分失效)中，对个人购买社会福利有奖募捐奖券一次中奖收入不超过10,000元的暂免征收个人所得税，对一次中奖收入超过10,000元的，规定应按税法规定全额征税。这一通知违背法律，为中奖所得规定了一个起征点，并且没有得到立法机关的授权，是越权立法。[①] 这些法律解释是对全国人大或者其常委会税收立法的扩大解释，甚至改变了其字面的本来含义，此类的解释应当由全国人大常委会进行比较合适。

5. 全国人大税收立法监督存在的问题

(1)制度规定不具体，没有设定税收立法监督权力的行使程序。我国《宪法》和《立法法》规定了全国人大的立法监督权，当然也涵盖了税收立法监督权，包括备案权、批准权、撤销权、改变权和接受请求并对立法进行审查的权力等立法监督权，对全国人大及其常委会监督国务院、地方人大等国家机关的税收立法都作了规定，问题是这些规定没有被加以细化和具体化，导致真正要

---

① 刘剑文主持：《WTO体制下中国税收政策合法化问题研究》，法律出版社2007年版，第64～66页。

实施这些规定无具体程序可以遵循。

例如,《立法法》第85条规定了全国人大的立法批准权:“自治区的自治条例和单行条例,报全国人民代表大会常务委员会批准后生效。”问题是全国人大常委会应当在多长时间内批准,也没有一部法律规定如果全国人大常委会不批准,那么已经过自治区通过的自治条例和单行条例该怎样处理?实际上,《立法法》第85条的表述存在问题,不能将还未经全国人大常委会批准的“自治条例和单行条例”称为自治条例和单行条例,因为还未生效。《立法法》和其他法律对全国人大常委会行使撤销立法权、接受请求并对立法进行审查的权力的实施程序都没有作出详细规定,例如应当在接到请求后多长时间内作出是否启动审查程序的决定、审查程序应当在多长时间完成、审查程序的具体步骤是怎样、是否需要为原立法机关提供申辩的机会等问题都付之阙如。

(2)全国人大的很多税收立法监督权力没有行使。宪法和法律规定的这些全国人大享有的税收立法监督权力,其中的备案权和批准权经常在行使,但是撤销权、接受请求并对立法进行审查的权力基本没有行使过。当然,全国人大的很多税收立法监督权力没有行使的原因与制度规定不具体、没有设定税收立法监督权力的行使程序有直接的关系。

6. 理顺全国人大与国务院的税收立法关系

(1)落实税收法定原则。税收法定原则中的“法”,仅限于狭义的法律,即立法机关通过法定程序制定的法律文件。在中国,就是指全国人大及其常委会制定的法律,不包括行政机关制定的行政法规、规章及其他规范性文件。[①] 税收法定原则中的"定"应当包括这些要素的规定和确定：虽然修改后的《立法法》第 8 条第 6 项只点出税种的设立、税率的确定和税收征收管理，但其后的"等税收基本制度"意味着纳税人、征税对象、计税依据、税收优惠等税收基本要素都属于税收基本制度，只能由法律规定。[②]

我国落实税收法定原则主要应当做好三方面的工作。首先，全国人大应当积极行使法定的税收立法权，既不要"打包"式的授权，也不要轻易将某一税种授权，尽量自己进行立法。其次，依照 1985 年《关于授权国务院在经济体制改革和对外开放方面可以制定暂行的规定或者条例的决定》中的规定，将国务院制定的暂行规定或者条例及时制定成为法律。我国有的授权性质的税收行政法规已经"暂行"很多年，例如有关增值税、消费税、营业税、土地增值税、资源税的行政法规都是 1993 年制定的，还有些税种的行政法规是 20 世纪 80 年代制定的，已经很成熟，早就应当由全国人民代表大会或者全国人民代表大会常务委员会制定为法律。最后，应当规范全国人大对国务院的授权立法。

值得肯定的是，近年来，我国税收立法权在逐步向全国人大及其常委会回归。我国《城市维护建设税法》《契税法》已经十三届全国人大二十一次会议审议通过，于 2021 年 9 月 1 日起施行。"土地增值税法、增值税法、消费税法、关税法送审稿已联合有关部门上报国务院，目前司法部正在进行立法审查。印花税法已于 2021 年 1 月 4 日经国务院常务会审议通过，将提请全国人大常委

① 刘剑文：《落实税收法定原则的意义与路径》，载《中国人大》2017 年第 19 期。

② 张学博：《中国税收立法的历史观察（1977—2015）——从集权角度切入》，载《兰州学刊》2018 年第 4 期。

会审议。截至目前现行 18 个税种中 11 个税种已由全国人大及其常委会制定了税收法律，其他由财政部牵头起草的税法均形成草案上报国务院。”[①]这些情况表明我国税收立法权逐步向全国人大及其常委会回归，但还是有很大的改进和完善的空间，截至目前，土地增值税法、增值税法、消费税法、关税法还未正式出台。

(2)规范全国人大对国务院的授权立法。税收法定原则并非完全排除“授权立法”，但是“授权立法”不能损害其基本价值，税收法定原则是要实现“财政民主价值，让纳税人（通常是其代表）决定税收要素，其防范的对象是行政机关。为何要特别防范行政机关？”[②]“授权立法”有其现实必要性，其本身并不是问题，问题是全国人大授权国务院税收立法的方式是“空白”“打包”“无期限”式的，实质已经违反了税收法定原则。笔者认为，改革全国人大对国务院的授权立法并不是要废止授权立法，而是要废止这种授权模式，废止 1985 年的授权决定，建立“一事一授”的授权模式，即授权应当说明具体的事项、主要的内容、期限等。

另外，依据《立法法》的规定“被授权机关不得将被授予的权力转授给其他机关”，应当对包括前文提到的国务院的转授权进行清理，消除违反法律转授权现象。

(3)理顺全国人大与国务院的具体税收立法权力关系。全国人大与国务院的税收立法关系有待理顺，从表决权意义上税收立法权的行使和法治意义上的税收立法权的配置两个方面来看，

① 财政部条法司：《攻坚克难　推动财政立法工作取得新成效》，载《中国财政》2021 年第 8 期。

② 姜峰：《人大授权立法与财政民主价值的流失》，载《国家检察官学院学报》2018 年第 1 期。

全国人大与国务院的税收立法关系有待理顺。

其一，表决权意义上税收立法权的行使。从表决意义上说，全国人大与国务院的税收立法权力横向配置的制度规定是“双头体制”，他们都可以行使权力。因为全国人大的授权是“空白授权”，什么都授予给你了，也可以说什么都没有授予给你，全国人大如果积极行使权力，对很多方面的税收进行立法，那么国务院在这些方面就不能立法，反之，国务院就可以在这些方面立法。试想，如果全国人大的授权是明确具体的对哪一税种立法的授权，当然在有效期内全国人大自己不能进行此项立法。因此，现有的“空白授权”是一把双刃剑，并不是一定就对国务院有利，当然，在全国人大较少行使税收立法权的情况下，国务院实际享有并行使了很大的税收立法权。

从全国人大与国务院税收立法权力的实际行使来看，全国人大税收立法的权力被虚置。立法的数量上，中国现行税收基本法规有 24 部，其中仅有 6 部是由全国人大或者全国人大常委会制定的。立法的分量上，中国现行税收制度共设有 18 个税种，其中仅有企业所得税、个人所得税、车船税 3 个税种是全国人大或者全国人大常委会设定，其他 15 个税种，其中有许多是很有分量的税种都是由国务院及其组成部门设定。① 上文也提到，国务院的一个《关于实行分税制财政管理体制的决定》就对我国的税收管理体制作了重大改变。近几年，我国税收立法权正在逐步向全国人大及其常委会回归。《城市维护建设税法》《契税法》已经由全国人大通过，于 2021 年 9 月 1 日起施行。土地增值税法、增值税

① 刘佐：《2014 中国税制概览》（第 18 版），经济科学出版社 2014 年版，第 16 ~ 21 页。

法、消费税法、关税法送审稿已联合有关部门上报国务院,印花税法将提请全国人大常委会审议。截至目前现行18个税种中11个税种已由全国人大及其常委会制定了税收法律,其他由财政部牵头起草的税法均形成草案上报国务院。[①]

另外,依据《宪法》和《缔结条约程序法》的规定,条约和重要协定的立法权属于全国人大常委会,一般协定的立法权属于国务院。实践中,涉税的国际条约都由全国人大常委会批准,例如我国加入WTO中涉及的关税、税收和补贴及反补贴的相关国际条约就是由全国人大常委会批准,我国所有的税收协定中没有一部是经过全国人大常委会决定批准的,也就是现实中我国税收国际条约都由全国人大常委会决定,所有国际协定都由国务院决定。

其二,法治意义上的税收立法权的配置。在全国人大税收立法过程中的权力行使,国务院是最主要的、最重要的、最经常行使权力的提案主体,全国人大是审议和表决主体,国务院的权力仅次于全国人大及其常委会。

在国务院税收立法过程中的权力,现实中提案、审议、表决、公布都是国务院及其组成部门自己完成的,《立法法》仅仅规定"行政法规在起草过程中,应当广泛听取有关机关、组织、人民代表大会代表和社会公众的意见。听取意见可以采取座谈会、论证会、听证会等多种形式",全国人大及其常委会没有参与这一过程,只是在立法完成之后,通过备案、撤销等方式进行事后监督。

理顺全国人大与国务院的税收立法关系,最终形成以下格

---

① 财政部条法司:《攻坚克难　推动财政立法工作取得新成效》,载《中国财政》2021年第8期。

局:(1)表决权意义上的税收立法权的配置,税收立法权属于全国人大及其常委会,国务院在全国人大授权的情况下有权进行税收立法,而且全国人大只在特别需要的时候采用“一事一授”的方式进行授权。在税收条约和协定的立法权力问题上,全国人大行使对条约和重要协定的批准权,一般协定由国务院决定,改变现在所有的协定都由国务院决定的局面。(2)法治意义上的税收立法权的配置。形成于全国人大及其常委会的税收立法过程中,国务院是最主要的提案主体,审议和表决的主体都是全国人大及其常委会,国家主席是行使公布权的主体。在国务院税收立法过程中,国务院税收立法应当公开透明接受社会监督,接受全国人大常委会的监督。

(二)理顺全国人大与其常委会的关系,充实财政经济委员会,完善立法程序,提高立法质量,落实法律解释

1.理顺全国人大与其常委会的关系,充实财政经济委员会

理顺全国人大与其常委会的关系。一是要明确哪些立法应当由全国人大制定为基本法律,哪些立法需要由全国人大常委会制定为非基本法律,应当将那些涉及税收体制问题和普遍问题的立法通过基本法律加以规定,《税收征收管理法》和其他的内容涉及我国税收体制基本问题的法律应当通过基本法律加以规定。二是要加强全国人大对其常委会的监督,将《立法法》第108条“全国人民代表大会有权改变或者撤销它的常务委员会制定的不适当的法律”的规定落到实处。

财政经济委员会是全国人大的专门委员会,全国人大与其常委会的税收立法由其和法律委员会具体审议,税收立法是一件专

业性很强的工作，虽然法律提案大多数由国务院提交，但是审议也是一件很复杂而专业的事情，所以充实财政经济委员会非常必要。

2. 完善立法程序，加强民主性和科学性

《立法法》仅仅规定应当“听取各方面的意见”，但是对于应当采取哪些形式保证公众参与的实现却完全由全国人大常委会自由裁量。2005 年全国人大常委会就个人所得税法修改中的工薪所得费用扣除标准问题举行了听证会，像这样的立法听证会应当经常化，而且需要完善其具体程序和规则。同时，税收立法的专业性很强，应当广泛听取专家的意见，我们这方面的规则和实践较少。

3. 提高立法质量

我国税收法律普遍存在规范的表达不明确的问题。例如，《个人所得税法》第 5 条规定，因自然灾害遭受重大损失的，可以减征个人所得税。这里的“重大”等情况在《个人所得税法实施细则》也未作解释，就是不确定的假设。① 税收立法中名称设置有的不合理，同样是全国人大制定的法律，有的称为条例，有的称为法律，例如《工商统一税条例（草案）》（已失效）和《农业税条例》（已失效），当然现在的法律的名称经过 1994 年的税种改革已经比较规范了。税收立法对纳税主体权利的保障不足，侧重于对税收征收主体权力的保障。另外，有些法律规范的逻辑存在问题，假定、处理和制裁这三部分缺少其中一部分甚至两部分或者其中一部分或者两部分不明确。因此，在立法过程中一定要注重

① 刘剑文主编：《中国税收立法基本问题》，中国税务出版社 2006 年版，第 134 页。

这些问题,保证法律规范明确、具体、可操作,提高立法质量。

4. 落实法律解释

《宪法》规定全国人大常委会有权解释法律,但是全国人大常委会较少行使这项权力。2013 年 2 月 20 日,国务院常务会议出台五项加强房地产市场调控的政策措施,称为“国五条”,一些地方出台了“国五条”的实施细则。“国五条”对转让不动产的净收入征收 20% 个人所得税,这实际上是对《个人所得税法》的新解释,此类的解释应当由全国人大常委会进行比较合适。

前文已论及在很多需要解释法律的情况下,国务院行使了对税收法律的解释权。因此,在并不是仅仅对税收法律的执行进行细化和明确的情况下,而是出现《立法法》第 48 条规定的情形:“(一)法律的规定需要进一步明确具体含义的;(二)法律制定后出现新的情况,需要明确适用法律依据的”,应当由全国人大常委会进行解释。

(三)完善和强化全国人大税收立法监督权

我国《宪法》和《立法法》规定了全国人大的立法监督权,当然也涵盖了税收立法监督权,对全国人大及其常委会监督国务院、地方人大等国家机关的税收立法都作了规定,问题是这些制度规定不具体,没有设定税收立法监督权力的行使程序,这些规定也很少被其他规范性文件加以细化和具体化,导致真正要实施这些规定无具体程序可以遵循。例如《立法法》第 85 条规定了全国人大的立法批准权:“自治区的自治条例和单行条例,报全国人民代表大会常务委员会批准后生效。”问题是全国人大常委会应当在多长时间内批准,也没有一部法律规定如果全国人大常委会不批准,那么已经过自治区通过的自治条例和单行条例该怎样处理?

针对现实中存在的这些问题,我们应当在《立法法》或者其他法律中对全国人大的上述立法监督权的程序、期限、方式等问题加以明确,以利于具体实施,主要应当规定:全国人大常委会应当在多长时间内批准或者决定不批准自治区的自治条例和单行条例;如果全国人大常委会不批准自治区的自治条例和单行条例,那么已经过自治区通过的自治条例和单行条例该怎样处理;全国人大常委会撤销国务院行政法规的具体程序;全国人大常委会应当在接到请求后多长时间内作出是否启动审查程序的决定、审查程序应当在多长时间完成、审查程序的具体步骤是怎样、是否需要为原立法机关提供申辩的机会等。

在这些具体的程序和实施规范确定以后,全国人大常委会应当积极行使税收立法监督权,注重该权力在现实中的运用。

二、非税收入基本法律的立法权"回归"全国人大及其常委会

我国税收法定原则落实较好,但"'行政事业性收费收入、国有资源(资产)有偿使用收入和其他收入'等典型非税收入的权限则不尽然"。[①] 在我国,现行关于非税收入的设定、征收和管理等事项的基本法律是财政部于2016年颁布实施的《政府非税收入管理办法》,笔者认为这并不合理,也不符合宪法和相关法律的精神。

---

① 贾小雷:《我国非税收入法律规制与国家财权治理的现代化》,载《法学论坛》2017年第4期。

由代议机关对比较重要的财政事务行使立法权和决定权，掌握“钱袋子”是当今世界各国的通例，我国宪法和法律的相关规定也体现了这一精神。这也是人民主权原则的具体要求。我国《立法法》第 11 条第 6、9 项规定：“下列事项只能制定法律……（六）税种的设立、税率的确定和税收征收管理等税收基本制度……（九）基本经济制度以及财政、海关、金融和外贸的基本制度……”这一规定表明我国财政税收的基本制度应当由全国人大及其常委会以法律的形式进行规定。非税收入虽然不是税收，但是也是财政收入的重要组成部分，非税收入基本规则的立法权应当属于《立法法》第 8 条第 9 项“（九）基本经济制度以及财政、海关、金融和外贸的基本制度”的范畴，应当由全国人大及其常委会以法律的形式制定。

退一步说，考虑到全国人大常委会 1985 年发布的《关于授权国务院在经济体制改革和对外开放方面可以制定暂行的规定或者条例的决定》，国务院有权依据授权对非税收入的基本规则进行立法，但是不管怎么说也轮不到由财政部制定非税收入的基本规则或者说财政部应当无权制定非税收入的基本规则。当然，上文已经提到，笔者主张应当废止全国人大常委会 1985 年的《关于授权国务院在经济体制改革和对外开放方面可以制定暂行的规定或者条例的决定》，如果这一授权决定被废止，那么只有全国人大及其常委会能够制定非税收入的基本规则。不过，笔者主张全国人大常委会可以依据《立法法》的相关规定，采取“一事一授”的模式，授权国务院对非税收入进行立法，但是授权决定应当说明具体的事项、主要的内容、期限等。

三、赋予相应级别的人大及其常委会非税收入设立权

我国政府的“各部门设立和收缴的非税项目繁多,资金管理混乱,不仅增加了企业和社会负担,亦严重干扰了社会经济秩序,滋生了腐败等不正之风”。①

(一)依据我国现行法律,各级人大及其常委会对非税收入的设立几乎不容置喙

财政部于 2016 年颁布实施的《政府非税收入管理办法》第二章是“设立和征收管理”,其第 9 条规定明确列举了八类非税收入,这一规定中所有类别的非税收入,除了第 1 款第 6、7 项,即中央银行收入、罚没收入由于有法律、法规等明确规定,因此依据法律、法规和规章进行征收,其他的所有类别的非税收入都是由国务院、财政部或者省级人民政府及其财政部门、价格主管部门,以及其他层级的人民政府及其财政部门进行,全国人大及其常委会,省级人大及其常委会、其他层级的人大及其常委会都没有参与。

换言之,各级人大及其常委会除了在上述第 6、7 项的非税收入的设定中有可能通过法律、地方性法规进行设定,其他类别的非税收入的设定全都由各级人民政府及其财政部门、价格主管部门设定,这显然不合适,不符合宪法原则和精神。理由有以下三点。

第一,由代议机关对比较重要的财政事务行使决定权,掌握

---

① 谭立:《政府非税收入设立权及其配置》,载《社会科学战线》2015 年第 11 期。

“钱袋子”是当今世界各国的通例,我国宪法和法律的相关规定也体现了这一精神。这也是人民主权原则的具体要求。

第二,非税收入的设定由各级人民政府及其财政部门、价格主管部门设定,不符合我国《立法法》的立法精神。我国《立法法》第11条第6、9项规定:“下列事项只能制定法律……(六)税种的设立、税率的确定和税收征收管理等税收基本制度……(九)基本经济制度以及财政、海关、金融和外贸的基本制度……”这一规定表明我国财政税收的基本制度应当由全国人大及其常委会以法律的形式进行规定。依据这一精神进行推理,地方对财政收入的基本规定也应当由地方人大及其常委会进行规定。另外,我国《立法法》第93条第2款规定:“地方政府规章可以就下列事项作出规定:(一)为执行法律、行政法规、地方性法规的规定需要制定规章的事项;(二)属于本行政区域的具体行政管理事项。”这一规定表明地方政府规章只是就执行上位法或者属于本行政区域的具体行政管理事项进行立法。很显然,非税收入的设定并不是执行上位法,而是一种创设性的规则制定,也不属于本行政区域的具体行政管理事项,而是涉及公民基本财产权利的保障,因此,由政府规章对非税收入进行设定违反了本条的规定,也就是说由地方性法规设定非税收入才符合立法本意。

第三,由地方性法规设定非税收入更有利于保证公民的财产权。各级人大及其常委会相对于各级政府而言,其民主合法性更强,更能代表民意,而且其立法程序更加严格和规范,更能反映广大民众的意图和诉求,其立法也更加慎重。因此,由政府规章对非税收入进行设定并不合适,由地方性法规设定非税收入更合理,更有利于保证公民的财产权。

(二)通过立法规定由各级人大及其常委会设立非税收入

“在单一制中国,地方政府(省及省以下政府)并不具备制税权,不能设立新税种也不能随意变更税率,因此当面临财政压力时,非税收入成为其最为可能的收入来源。”①因此,遏制各级政府汲取非税收入的冲动,规范非税收入的设立权非常重要。我国应当通过《立法法》和有关非税收入的基本法律法规明确规定由地方人大及其常委会设立地方非税收入,人民政府不得设立地方非税收入。

第一,改变由财政部制定《政府非税收入管理办法》的现状,由全国人大常委会或者国务院制定有关非税收入的法律法规,为各级人大及其常委会设立非税收入创造条件。上文已述,由财政部制定《政府非税收入管理办法》不符合宪法和法律精神,也是导致其规定由政府财政部门设定非税收入的直接原因。由财政部制定《政府非税收入管理办法》,就必然会在其中规定由各级政府财政部门设定非税收入,因为财政部是国务院的职能部门,其对应领导或者指导的地方国家机关就是财政部门,财政部只能对各级地方财政部门的行为进行规定,财政部不是地方人大的上级机关,也无权对地方人大的行为作出规定。因此,只有由全国人大常委会制定或者由全国人大常委会授权国务院制定有关非税收入的基本法律,才有可能实现由各级人大及其常委会设立非税收入。

第二,由《立法法》对地方层面的人大与政府的财政收入立

① 武玉坤:《中国地方政府非税收入汲取研究——一个财政社会学分析框架》,载《贵州社会科学》2015 年第 10 期。

法权进行明确。我国《立法法》第11条第6、9项规定我国财政税收的基本制度应当由全国人大及其常委会以法律的形式进行规定，这实际上是对全国人大与国务院在财政税收方面的立法权做了一个基本的分工，但是《立法法》对地方层面的人大与政府的财政收入的立法权并没有进行明确。实际上，由《立法法》对地方层面的人大与政府的财政收入的立法权进行明确对于划分地方人大与政府立法权的界限很有必要，应当参照《立法法》对全国人大与国务院在财政税收方面的立法权限的划分，对地方人大与政府的财政收入立法权进行比较明确的划分。

第三，全国人大常委会制定有关非税收入基本法，在其中对有关问题进行规范。在对《立法法》进行修改以后，由全国人大常委会制定有关非税收入的基本法律，对非税收入的设定和征收的基本原则和制度进行规定，明确设定主体及其权限、执收主体及其权限等，特别是要在其中规定只有地方人大及其常委会通过地方性法规等规范性文件才能设定非税收入，政府及其部门不得设定非税收入，只能在上位法或者地方性法规已经设定了收取基数、比率、标准等基本要件的前提下对执收的主体、程序、方式等事项进行规定。

四、各级人大的预算和决算审批监督权落到实处

财政预算制度已经为当今世界各国普遍实行，新中国自成立以来就一直实行财政预算制度，《中国人民政治协商会议共同纲领》第40条规定“关于财政：建立国家预算决算制度”。财政预算总体上包括编制、审查和批准、执行、调整、决算这五个阶段。我国存在重视预算的执行而忽视编制、调整、决算等环节的情况，

其实编制预算的重要性丝毫不亚于执行等环节。财政预算的编制是起点和基础,其质量的高低直接关系到整个财政预算的总体水平。粗制滥造的计划必然无法严格实施,以致调整频繁、没有权威、成为摆设。对财政预算编制进行系统规范,有利于从起点上和源头上规范财政预算制度,提高我国财政预算制度的法治化和科学化水平。

我国《预算法》基本只对预决算的程序作了规定,至于财政支出应当用于哪些方面,不能用于哪些方面,基本不做要求,《预算法》第 27 条第 2 款规定:“一般公共预算支出按照其功能分类,包括一般公共服务支出,外交、公共安全、国防支出,农业、环境保护支出,教育、科技、文化、卫生、体育支出,社会保障及就业支出和其他支出。”这样的规定较为笼统。可以看出,我国《预算法》给予了各级政府很大的财政支出自由,具体到各级政府,这些很大的财政支出权力在各级政府内部是如何配置的,也就是财政支出权的横向配置是怎样的呢?这也是一个非常重要的问题。

依据我国《预算法》的规定,各级人大审查本级总预算草案及本级总预算执行情况的报告,批准本级预算和本级预算执行情况的报告,改变或者撤销本级人大常委会关于预算、决算的不适当的决议,撤销本级政府关于预算、决算的不适当的决定和命令。从这些规定来看,各级人大对本级政府的预决算有审查批准权,但是实际上各级人民政府对本级预决算有着最主要的决定权,究其原因,一方面,各级人民政府财政部门提交的预算草案都比较粗略和宏观,各级人大代表就是想要进行仔细审查也不可能;另一方面,各级人大及其代表也缺乏对提交的预算草案进行严格审查的人力和技术力量,以及时间。此外,法律没有规定如果各级人大对本级政府提交的预算草案有意见应当采取何种途径进行修改和完善,只能依照法律规定全盘通过或者全盘否决。

(一)我国财政预算编制存在的问题

自新中国成立至今,我国的财政预算制度已经发展了60余年,财政预算编制制度日趋完善。我国从2000年开始对政府预算制度进行改革,初步建立了部门预算编制制度和复式预算编制制度,主要明确了编制主体,确立了自下而上的逐级编制预算方法,按照"零基预算"和"综合预算"方法编制部门预算,规范了编制程序,延长了预算编制的时间。然而,我国现行的财政预算编制制度仍然存在诸多问题。

1. 预测性和计划性不足

编制预算的计划性的强弱取决于两个方面:一是数据和信息的准确性;二是分析、综合信息和数据的能力。我国在这两方面显得不足,一些统计部门的数据不够准确;一些政府部门对于研究和确定收支标准、指标和计算公式对收集到的信息和数据进行分析并不热心。因此,我国一些政府财政预测能力有限,计划性不足。因此,一些政府部门编制的预算草案不准确、不精确,以至于不少政府部门出现了快到年底还有相当比例的财政预算资金未花完而"年底突击花钱"的现象。这有可能是一些政府部门编制预算草案时故意多报支出而导致的,也可能是编制的预算草案预测性和计划性太差而导致的。如果我们的预算编制得更严谨一些,预测性和计划性更强一些,何至于出现如此情况。

2. 预算编制的内容不完整

我国还没有实现"全口径政府收支预算管理",有些预算外收支没有纳入预算编制之中,预算编制的统一性未实现。统一性的欠缺实际上也使得预算编制的计划性、科学性和法治性等存在欠缺。

3. 缺乏合理的依据和标准,随意性强

虽然我国法律规定应当实行“零基预算”,但是实际上预算编制部门实行“基数预算”,即每一年的预算都是在上一年的基础上增加一定数额,并且结余全部上缴,其原因可能是为了简便或者避免争议。“按照我国目前的财政预算制度,下一年预算额度由本年度收支情况决定。这意味着,今年的预算资金花不完,明年的预算就可能被核减。甚至于,有可能会受到‘办事不力’的批评。于是,把本年度的钱在年底前突击花完,在某种意义上就成了一项重要的任务,而对经费使用的合理性和有效性却往往不予在意。”①这样的预算编制方法不科学,形成了一种“负激励”机制。

4. 预算编制的过程不公开

我国法律对财政预算编制的公开性未作出明确要求,更没有设定公开的主体、方法、程序等内容,也无这方面的实践,现实中至多只是公开已经被各级人民代表大会审查批准后的预算。预算的编制是确定国家财政收支计划的第一个阶段,对其进行公开有利于人民对之加以监督,也有利于集思广益、提高预算编制的水平。如果我们仅仅是公开人民代表大会审查通过的财政预算,而不公开预算编制的过程与相关信息,这样的公开就不全面、不完整、不严格,就只是事后监督而没有事前、事中监督的“马后炮”。

---

① 梁昌杰:《年底“突击花钱”的悖论》,载《当代贵州》2011 年第 32 期。

5. 相关规定较简单和原则

我国财政预算编制的相关规定较简单和原则，如复式预算、平衡等，而对于一些具体的程序和方式却少有规定，例如，各个行业和部门如何在预算编制过程中表达自己的意愿和诉求；财政部门对各部门报送的预算草案如何进行审议，如果发现问题应当如何解决；每一部门编制的预算支出的依据是什么等。

6. 缺乏法律责任的规定

我国《预算法》对法律责任的规定共有五条，分别为《预算法》第 92 条至第 96 条，其中没有一条是对违法编制预算的责任追究。

（二）财政预算编制应坚持的原则

财政预算编制是政府就下一年度的财政收支拟定计划的行为，也是政府准备向立法机关提交预算草案以备审查批准的行为，其目的在于制定财政收支计划和民主监督。为达到此目的，预算编制应当坚持计划性、统一性、科学性、公开性、法治性和责任性等原则。

1. 计划性

政府编制的财政预算本身就是一个计划，即对下一年度财政收支的预计和规划。计划是准备实施的具体安排，应当尽可能地具备细致性和可操作性。财政预算的编制应当尽可能细化、具体、明确、可执行、便于立法机关和公众的监督。计划性要求政府在编制财政预算时一定要掌握准确的信息和数据、实事求是、慎重、认真地编制出切实可行的财政预算草案。

2. 统一性

政府的所有收入和支出都应该纳入预算，使其成为“全口径”的财政预算。如果财政预算只是将一部分财政收支纳入其中，那么这样的财政预算就是残缺不全的，其意义也将大打折扣，如同一个有着大大小小漏洞的羊圈，这样的羊圈有多大的作用？只有建立统一的财政预算编制制度，才可能有真正的预算，才有利于立法机关和民众的监督。

3. 科学性

所谓科学性是指政府编制的财政预算应当有科学的、合理的依据和标准，不能随意收支。我国《预算法》第 32 条规定：“各级预算应当根据年度经济社会发展目标、国家宏观调控总体要求和跨年度预算平衡的需要，参考上一年预算执行情况、有关支出绩效评价结果和本年度收支预测，按照规定程序征求各方面意见后，进行编制。”此条规定确定了“零基预算”的原则，使得预算的编制更科学。科学性还要求我们在编制预算时要尊重客观规律、实事求是，不能为了政绩而提出不切实际的收入计划，也不得肆意扩大开支规模，应当保持收支平衡、统筹兼顾。

4. 公开性

财政预算是公共事务，预算的编制亦如是，除极少数国家机密事项的财政预算，预算编制应当公开、透明，接受人民的监督，这是“人民主权”的本质要求，也是满足人民群众知情权的必然要求，同时也便于广泛听取和接受人民群众的意见和建议。预算编制的公开不仅仅是结果的公开，更应当是整个预算编制的过程、依据等全方位的公开，如此预算编制才可能更民主、更合理、更科学。公开性归根到底是财政民主性和公民知情权的必然要求。

(1)知情权的基本含义。法国1789年的《人权宣言》第15条规定“社会有权要求全体公务人员报告其工作”，这一规定表达了公民对国家事务有全面了解的权利的理念。“二战”以后，世界上有不少国家制定了有关政府信息公开的立法，从而在法律上确认了公民的知情权，例如美国1966年即制定了《信息自由法》，对世界各国的影响很大。不仅如此，1948年的《世界人权宣言》第19条也规定“每人均有观点和表达的自由权利，本项权利包括不受干预地拥有观点以及通过任何方式寻找、接受和传播信息与观念的自由”。

一般都认为知情权有广义和狭义之分，日本有学者认为“就广义而言，是指寻求、接受和传递信息的自由，是从官方或非官方获知有关情况的权利，就狭义而言仅指知悉官方有关情况的权利。从内容上讲，知情权包括接受信息的权利和寻求获取信息的权利；后者还包括寻求获取信息而不受公权力妨碍与干涉的权利以及向国家机关请求公开有关信息的权利”。[①] 我国学者通常也持此类观点：“广义的知情权是指公民及居民、法人及其他组织依法所享有的、要求对方向本方公开一定的情报的权利和在不违法的范围内获得各类信息的自由。它既包括抽象的权利，也包括具体的权利；既包括宪法上规定的权利，也包括其他法律所规定的权利；既包括民主权利、政治权利，也包括人身权、财产权等与具体权利密切相关的基本权利。从范围上讲，它涉及政治、经济、社会、文化、教育等各领域及各法律部门。狭义的知情权指公民

① ［日］平松毅：《知情权》，载《法学家》1986年（增刊）。转引自张庆福、吕艳滨：《论知情权》，载《江苏行政学院学报》2002年第1期。

及居民、法人及其他组织对国家机关掌握的情报知道的权利。该权利的实现,包括国家机关主动公开某些情报的义务和应相对方请求公开某些情报的义务。国家机关包括行政机关、议会、法院等,一般以行政机关为主,其核心是情报公开请求权。”①基本上是知情权广义上既包括公法意义上的,也包括私法意义上的;而狭义则只包括公法意义上的知情权。本书是从公法意义上,即狭义上来使用知情权。

(2)知情权在法律中的体现。知情权是一项基本人权。现在世界上已有不少国家将公民获得政府信息的权利作为基本人权载入了宪法。1996 年的《南非宪法》第 32 条规定:“(1)每个人都有权利获得(a)政府拥有的任何信息;和(b)由任何第三人拥有并且是行使或者保护任何权利所需要的信息。(2)国家必须制定法律实施该权利,并且可以规定合理的措施减轻国家的行政的财政负担。”1990 年的尼泊尔《宪法》第 16 条规定:“每个公民应有权要求和得到任何有关公共事务的信息。”1987 年的《菲律宾宪法》第 3 条第 7 节规定:“应承认人民得到公共信息的权利。除了法律所规定的限制以外,应向公民提供官方记录与文件,与官方行为、交易或决定有关的文件,以及作为决策基础的政府研究资料。”1997 年的《泰国宪法》第 58 条规定:“除非公开政府信息会影响国家安全、公共安全或其他人受到法律保护的利益,人们应有权获得国家机关、公有企业或者地方政府机构所拥有的公共信息。”

---

① 皮纯协、刘杰:《知情权与情报公开制度》,载《山西大学学报(哲学社会科学版)》2000 年第 3 期。

包括我国在内的一些国家的宪法虽未明确规定知情权，但是也通过对表达自由权等权利的规定事实上也规定了公民的知情权。我国2018年修订的《宪法》第35条规定："中华人民共和国公民有言论、出版、集会、结社、游行、示威的自由。"美国《宪法修正案》第1条规定：国会不得制定关于确定宗教或者禁止自由从事宗教活动的法律；不得制定剥夺言论或新闻出版自由的法律；不得制定剥夺人民和平集会和向政府请愿的权利的法律。普遍的观点认为表达自由是通过各种方式发表、传递自己的意见、思想、观点的自由，也暗含着接受包括政府在内的主体的意见、思想、观点等信息的自由。

当今世界有许多国家制定有关于信息公开的法律，"最近20年，应该说国际社会出现了一个制定信息公开法的浪潮"。[①]

知情权作为一项基本人权得到了国际法律文件的确认，有些国际法律文件还将知情权与表达自由作为一个整体加以规定。

首先，联合国的一些法律文件确认了这项基本人权。联合国1946年通过的第59(1)号决议中规定："信息自由是一项基本人权，也是联合国追求的所有自由的基石。"1948年的《世界人权宣言》第19条规定："人人有权享有主张和发表意见的自由；此项权利包括持有主张而不受干涉的自由、和通过任何媒介和不论国界寻求、接受和传递消息和思想的自由。"1966年通过的联合国《公民权利和政治权利国际公约》第19条第2款规定："人人有自由发表意见的权利；此项权利包括寻求、接受和传递各种消息

① 周汉华主编：《政府信息公开条例专家建议稿——草案·说明·理由·立法例》，中国法制出版社2003年版，第36～37页。

和思想的自由,而不论国界,也不论口头的、书写的、印刷的、采取艺术形式的或通过他所选择的任何其他媒介。”

其次,一些区域性法律文件中也有不少关于获得政府信息的规定。1950 年 11 月 4 日签署的《欧洲人权公约》(又称《保护人权与基本自由欧洲公约》,The European Convention for the Protection of Human Rights and Fundamental Freedoms)第 10 条规定:“每个人都有表达自由的权利。这一权利包括拥有观点以及不受政府机关干扰,接受和传播信息和观点的自由。”1981 年非洲统一组织通过的《非洲人权和民族权宪章》第 9 条规定:“①人人有权接受信息;②人人有权在法律范围内表达和传播自己的观点。”

最后,一些单行的国际条约也规定了知情权。1992 年的《里约环境与发展宣言》第 10 条规定:“环境问题最好在不同层级公众参与的基础上解决。在国家层面,每个人应获得其社区的有害物质与活动的有关信息,并有机会参与政策制定。国家应通过广泛地提供信息,鼓励和促进公众觉悟与参与。”WTO 的相关文件从政府有义务公开信息的角度规定了公民乃至他国的公民和组织的知情权。

由此可知,知情权作为一项基本人权已经得到了不少国家的宪法和国际条约的承认,作为将这项基本人权具体规范落实的政府信息公开法体现基本人权的精神。

(3)知情权的重要意义。知情权之所以重要,是因为在现代社会信息资源,特别是政府信息资源具有越来越重要的价值。

信息、物质和能量是构成客观世界的三大要素,信息是人类社会生存和发展的基本条件,也是人类认识世界、改造世界的媒介,更是一种重要的生产力要素,归根到底,信息是社会存在和发展的必不可少的资源。资源原本指自然资源，即能够为人类提供生存、发展、享受的自然存在的物，如土地、矿藏、水流、森林等。工业革命使得传统的人力和畜力为主要动力的时代一去不复返，石油、煤炭、电力、水能、风能、太阳能、核能等能量资源越来越成为社会生产、生活不可须臾或缺的资源。“二战”以后，以电子计算机为标志的信息技术突飞猛进，信息产业已成为国民经济的重要支柱，信息社会已经到来，信息资源成为继自然资源、能量资源之后的第三大资源。有人认为物质、能量、信息这三者就好像是一个人的体质（物质）、体力（能量）和智力（信息）。只有体质、体力和智力都发展的人，才是一个真正健康的人[①]。《孙子兵法》云：“知彼知己者，百战不殆；不知彼而知己，一胜一负；不知彼，不知己，每战必殆。”表明我国古人已经认识到信息对于战争的巨大价值了。在现代社会中，信息资源越来越丰富，且越来越重要。

政府信息资源是一种公共资源，这种公共资源如同政府提供的其他公共产品一样，是由政府用纳税人的钱生产、搜集和加工的，它也应该如政府提供的其他公共产品一样供全社会使用。依据宪法理念与精神，主权在民，人民建立政府的目的是实现人民的利益，从某种意义上可以说是为了完成单个的公民或者少数人们无法完成的事以造福人民。政府有能力也有责任提供公共产品，只有政府才有能力利用纳税人的钱对信息进行生产、搜集和加工。政府在生产、搜集和加工信息上有着其他的组织和个人所

① 靖继鹏：《信息经济与社会知识讲座　第五讲　信息商品市场》，载《国外情报科学》1995年第1期。

没有的优势。首先,政府有着雄厚的信息采集实力,政府拥有庞大的行政体系和专门采集信息的机构和专业人员,拥有无偿采集市场信息的行政权力。其次,政府自身是一个庞大的信息制造者,政府机关每年要制定大量行政法规、规章、规定,还要进行任免干部、调整机构设置等行为,这些行为本身就是在生产制造信息。再次,政府拥有强大的信息贮存能力,拥有非常丰富的信息。据统计,1996 年我国运行的 1038 个大型数据库中有 554 个属于政府机构,78 个属于企业,311 个属于科研机构,其他类型只有 95 个,由于我国科研机构大多数属于国家,因此,这 311 个属于科研机构的数据库大多数还是由政府机构掌握。最后,由于政府部门拥有先进的技术,专业的人才和丰富的信息资源,其信息分析能力强效率高。

《世界人权宣言》《公民权利和政治权利国际公约》《欧洲人权公约》《非洲人权和民族权宪章》中都将表达自由权与知情权连在一起进行规定,这是因为本来表达自由权与知情权就有着紧密的联系。如果我们要将表达自由确立为一项基本人权,那么知情权也应该成为一项基本人权。这是因为,首先,表达自由是一个输出信息的过程,而获得政府信息是一个接受信息的过程,如果政府信息被严密封锁,公民没有信息来源,那么公民就无法表达对有关事情的思想、观点,表达自由就失去了意义。其次,表达自由一个最重要的功能就是公民参政议政管理社会,如果政府信息不公开,公民连政府的实际情况都不知道,公民就不可能真正地参政议政。最后,表达自由权知情权共同组成了信息自由流通权,只有当公民同时享有这两种权利时,公民才既有权发出信息,又有权接收信息,才能完整享有信息自由流通权。

政府信息公开也是公民实现监督权的必要途径。我国 2018 年修订的《宪法》第 41 条第 1 款的规定明确了公民享有监督权。政府信息公开是公民实现监督权的前提,如果政府信息不公开,公民连政府的情况都不知道,监督就会成为空谈。世界各国都把政府信息公开当作一项遏制腐败,实现公民监督权的重要手段。我国实施的村级财务公开,农民负担情况公开、公开选拔干部、干部任前公示、重大工程公开招标等制度对遏制腐败、加大对政府机关及其工作人员的监督收到了非常明显的效果。如果我们能够比较好地实行政府信息公开,公民的监督权就能够较好地实现,渎职、贪污、腐败等政府工作人员的违法犯罪现象就会大大减少。

5. 法治性

财政预算的整个过程都应当依法而行,预算编制当然也不例外。我国的《预算法》等法律对预算编制有比较明确的规定,预算编制部门应当严格遵守。

法治性要求财政预算的编制、审查和批准、执行、调整、决算、监督等各个环节都应当依法进行,同时也要求如果有违反相关法律的情形,就应当追究相关主体的法律责任。我们比较注重对执行预算违法行为的追究,但是关于追究编制预算的违法行为的规定和实践则付之阙如。

6. 责任性

权力与责任应当是一致的,责任性也是法治性的必然要求。如果在预算编制过程中发生的违法行为得不到追究,那么整个预算编制过程就会变得“无法无天”。因此,责任性是保证预算编制的质量、权威和合法性的保证。

（三）完善财政支出的三个阶段：编制预算、执行预算、编制决算，以及相关制度

1. 编制预算阶段

我国的法律制度中存在“重预算执行、轻预算编制”的倾向，往往忽视了预算编制的问题，特别是忽视了预算编制阶段的问责。有权力就有责任，各政府部门就自己编制的预算草案、财政部门就自己编制的本级政府预算草案、人大就自己通过的政府财政预算应当分别承担责任。各级人民政府及其财政部门如果发现其他政府部门编制的预算支出草案存在弄虚作假、多报预算支出数额、骗取国家财政资金或者由于疏忽等原因而少报预算支出等行为，人民政府及其财政部门应当追究相关责任人的法律责任；人民政府及其财政部门在编制本级政府预算支出草案存在增大财政预算的故意或者严重过失行为等违法或者不适当的行为，人大应当追究其责任；人大如果没有严格履行自己的审查监督职责，通过了不适当的财政预算草案，人大也应当承担责任，只不过这种责任主要是集体责任和政治责任，例如选民或者选举单位罢免由其选出的代表，如果人大代表有受贿等违法行为则追究行为人的法律责任。除了对以上这些国家机关的责任进行追究以外，法律还应当规定对在预算编制过程中直接责任人法律责任的追究。

现行《预算法》的第十章名为“法律责任”，对于编制预算草案阶段相关主体的责任虽有一定的规定。但是缺乏对政府预算草案被否决如何处置的规定。既然人大有预算审批权，理所当然政府提交的预算草案既有可能被批准也有可能被否决，但是立法

似乎就没有考虑到预算草案有被否决的可能。实践中,政府提交的预算草案人大代表有提出修改意见的权利但没有自行修改的权力。如果人大的意见不被采纳,那么人大只有两种选择:整体否决或者整体通过预算草案。如果政府的财政预算草案被否决应当承担什么责任,政府领导成员应当集体辞职还是追究直接责任人的责任,法律没有规定。

2. 执行预算阶段

虽然我国法律对于预算执行阶段有关主体的法律责任有一些规定,但是并不完善,需要在两个方面加以改进。一方面,对现有规定加以具体化,增加其可操作性。国务院颁布的《财政违法行为处罚处分条例》第 6 条对财政支出过程中以虚报、冒领等手段骗取财政资金;截留、挪用财政资金;滞留应当下拨的财政资金;违反规定扩大开支范围,提高开支标准等行为进行了规定。然而,这条规定过于原则:“情节较重的,给予降级或者撤职处分;情节严重的,给予开除处分。”为了便于操作,第 6 条应当具体规定这些类型的行为中何为“情节较重”或者“情节严重”,具体是什么样的违法目的、使用了何种违法手段、达到什么数额或者造成什么危害后果才分别构成“情节较重”或者“情节严重”。

另一方面,加强对法律规定的落实。近些年来在所谓的“审计风暴”中很多部委存在违反财政法律法规的情况,特别是挪用财政资金的情况。我们应当改变“财政资金被贪污是大事,被挪用是小事”的观念,加大执法力度,严肃财政纪律,保证预算得到全面、准确的执行。

3. 编制决算阶段

我国法律规定的财政收支决算的程序与财政预算的程序基本是相同的，相应地，财政支出决算过程中的法律责任的主体与财政支出预算的主体基本相同。依照我国预算法的规定，各单位、各部门编制本单位或者部门决算草案，各级政府财政部门在汇总、审查各部门决算草案的基础上具体编制本级政府决算草案，人大审查批准同级政府及其财政部门编制的政府决算草案，在此过程中各主体应当对自己编制或者审查的决算草案负责，而不仅仅是汇总数据、审查是否"完成了预算"。

同编制预算草案的法律责任缺失一样，编制决算草案的责任也没有法律加以规定。应当通过立法规定财政决算的编制者、审批者承担相应的法律责任，规定直接编制财政支出决算的各单位、各部门应当保证其真实和客观，财政部门和人大应当审查报送来的决算草案是否真实、合理以及绩效的高低，改变现在的决算草案编制者只要账面上没有超预算，只要"完成预算"就万事大吉的现象。此外，审批者只审查财政支出的最终数额是否完成了预算，对于节约财政资金的单位和个人不但不鼓励还提出批评，事实上成了"逼人花钱"[①]。"年底突击花钱"现象就是只审查是否"完成预算"所造成的恶果，只有明确这些责任才能够有力地阻止"只问花钱、不问绩效"情况的发生，才能"倒逼"财政支出合法、合理、高效。

---

① 陈琦钿：《原广州地铁老总称节省 18 亿反被批　被逼乱花钱》，载《新快报》2008 年 1 月 21 日，第 3 版。广东省人大代表，原广州地铁老总、白云国际机场"掌门人"卢光霖大吐苦水："地铁 2 号线的概算是 106 亿元，执行概算到结算时是 88 亿元。省了几十个亿啊，但是到头来，没有一句赞扬的话，还批评你，说你没'达概'，搞得你心灰意冷。"

（四）改革财政支出的监督体制，落实人大的财政支出监督权，完善和落实财政支出的问责制度

1. 完善和细化预算编制的内容

预算编制的内容只有在完整和得到细化的情况下才可能让民众和监督机关看得懂、能监督。

（1）将所有财政收支情况纳入财政预算编制。一个不完整的、只反映部分财政收支情况的财政预算既不科学（因为不完整所以就无法统筹安排布置），也不民主（因为不完整所以人民和人民代表就无法知晓全部情况，也就无法有效地监督）。因此，编制包括公共预算、政府性基金预算、国有资本经营预算、社会保障预算在内的囊括所有财政收支的“全口径”财政预算是我们的必然选择，唯有完整的预算才可能是科学的、民主的、真正的预算。

（2）预算编制越细致越好，应当将其细化到每一项目、类别的具体内容，细化到每一分钱，同时还应当列明收入和支出的具体依据。值得庆幸的是，有些地方已经开始改革，2001 年广东省通过了《广东省预算审批监督条例》，该条例的预算科目扩延到 300 多个款级、500 多个项级。2004 年广东省人大开会时的《2004 年省级部门预算单位预算表》是一本 16 开、3 厘米厚、504 页、包括 115 个省级部门的大部头，而且每个部门的预算草案都附有一份文字说明，列明单位基本情况、人员设置、新一年工作任务收入预算说明、支出预算说明等。[①] 应当将这样好的经验做法

---

① 张悦、李益崇：《广东：多方合力打造阳光财政》，载《南方周末》2007 年 5 月 24 日，A05 版。

推广到全国各地。

2. 完善财政预算编制的程序

“严格程序化乃是政府预算编制行为的关键所在。鉴于此，对预算编制行为的各环节都要予以明确的规定与具体的技术指导，才能从最大程度上保证政府预算活动的协调性、灵活性与规范性”[①]，具体来说我们应当从以下几方面加以完善。

（1）公开、透明。我国现在对于已经审查批准的财政预算进行了公开，这当然很好，但是还远远不够，财政预算编制的整个过程也应当公开和透明，让人民和人民的代表不但知道预算是怎样的而且知道预算是怎样形成的。比较可行的做法是，各部门和各级政府在编制出自己的财政预算草案上报有关部门汇总、审查或者批准的同时应当通过网络、报纸等新闻媒体向社会公布，同时还应当公布编制预算草案的法律依据和事实依据，特别是要公布本部门或者政府的职责、人员、车辆、项目等这些与编制预算草案直接相关的情况。

（2）增加有关社会团体和公众参与预算编制的程序。财政预算的编制关系到广大民众的切身利益，公众有参与的热情和积极性，增加公众参与的参与程序有利于增强财政预算的民主性。

有人认为我国“各‘利益集团’追求自身利益，对预算编制行为施加压力，最终造成政府预算编制的非规范化”，此话不完全正确，有“倒果为因”的嫌疑。社会团体、“利益集团”对预算编制行为施加压力，追求自身利益，只要不违法，本身并没有错，更不是造成政府预算编制的非规范化的原因，恰恰是因为“政府预算

① 蒋悟真：《我国预算法修订的规范分析》，载《法学研究》2011 年第 2 期。

编制的非规范化”，即法律没有为公众、社会团体、“利益集团”提供表达意愿、施加压力的途径，所以“利益集团”对预算编制行为施加压力的行为显得不太正常，其实只要没有使用违法手段就是合法。可以参照《立法法》中关于制定行政法规的过程中应当采取座谈会、论证会、听证会等多种形式广泛听取有关机关、组织和公民的意见的规定，科学设定社会公众参与财政预算编制的具体形式、程序。

(3)延长预算编制的时间，提高预算草案的质量。较充足的时间是预算编制质量的保证。“美国标准的预算编制时间是一年，而参与预算编制的各职能部门甚至更早就开始着手本部门的项目计划。我国现在推行的标准周期预算，预算编制时间是从上年的3～12月，约有9个月的时间。我国的《预算法》规定，省级财政部门应在本级人代会召开1个月以前，向人大常委会提交预算草案的主要内容，而美国是在6个月以前提供。”[①]虽然按照《预算法》第18条的规定，我国预算周期为1年，自公历1月1日起至12月31日止。但是实际每一年从1月1日至3月上中旬全国人大召开，这段时间是没有预算而进行的财政收支，实际依据预算进行的财政收支只有9个多月。因此，建议调整预算周期的起始时间，由于我国每年的两会都是在3月上中旬召开，建议全国人大的预算周期改为从上一年度的4月1日至下一年度的3月31日，实行跨年度的预算周期。

① 财政部预算司:《美国加里弗尼亚州预算编制情况》，载财政部网，http://www.mof.gov.cn/pub/yusuansi/zhengwuxinxi/guojijiejian/200809/t20080928_79342.html.2012-07-09。

3. 明确支出标准,提高预算编制的科学化水平

2009 年财政部制定了《中央本级项目支出定额标准体系建设实施方案》,提出建设的目标是:"到 2020 年基本建立起与公共财政相适应的内容完整、结构优化、定额科学、程序规范、修订及时的中央本级项目定额标准体系,形成项目定额标准的有效运行机制和监督评价机制,提高财政预算管理的科学化、精细化、规范化和透明化水平。"这个目标现在已经基本完成,但是各级地方政府参照这个体系制定自己的标准体系进度不一。

我们应当加快制定实施中央、地方的项目支出定额标准体系,只要抓紧时间、集中精力,应该可以在较短的时间制定出来,因为这没有很大的技术难度,关键是有没有这个决心。

4. 加强对预算编制的监督

我国财政监督制度的三个组成部分:人大监督、审计监督和财政部门内部监督已完全具备,但是体制并未理顺,具体问题也不少,应当在以下方面进行改革:人大监督和审计监督合二为一;细化财政部门内部监督;人大监督和财政部门内部监督紧密衔接。

依据我国《预算法》的规定,各级人民代表大会及其常务委员会有权对本级和下级政府的预算、决算进行监督;各级政府监督下级政府的预算执行,下级政府应当定期向上一级政府报告预算执行情况;各级政府财政部门负责监督检查本级各部门及其所属各单位预算的执行,并向本级政府和上一级政府财政部门报告预算执行情况;各级政府审计部门对本级各部门、各单位和下级政府的预算执行、决算实行审计监督。

从这些规定中可以看出只有各级人民代表大会及其常务委员会有权对本级和下级政府的预算、决算进行全面的监督,不局

限于预算的执行、决算，其他的机关都只是有权对预算的执行、决算进行监督。事实上，各级人民代表大会及其常务委员会也只是对已经编制好的预算草案进行审查、批准，并没有对预算编制的过程进行监督，对预算编制的过程进行监督的只有财政部门。审计部门是我国法定的对国家财政、财务收支进行监督的国家机关，但是我国的审计部门并没有介入预算编制而只是对预算执行和决算进行监督，这不利于对预算编制的监督。财政预算编制是财政收支活动的重要组成部分，审计部门有权力也有责任对其进行监督。

或许有人认为预算草案编制出来以后要经过同级人民代表大会的审查和批准，这样预算编制就得到了有效地监督，殊不知人民代表大会的审查和批准时间短，只有一个月，缺乏技术力量，没有财政和审计部门那样强大的专业技术力量，而且这种监督只是对预算编制草案结果而不是对编制的过程的监督。如果我们完全寄希望于各级人民代表大会对财政预算编制进行把关，这显然是不妥的，必须对预算编制的过程中各方面的情况进行监督。或许还有人认为财政部门在预算编制的过程中对各部门报送的预算草案进行了审核和监督，这样的监督就有了技术支持，殊不知财政部门的监督存在一个无法克服的问题：财政部门本身是预算编制的主体，而且还是预算执行的主体，让其负责预算编制的监督有违“任何人都不得做自己的法官”的原则。

因此，充分发挥审计部门的作用，让其提前介入监督财政预算的编制是一个可行的选择。比较可行的方法是各部门在向财政部门提交财政预算草案时，国务院和地方各级政府依法在人民代表大会召开之前的一个月向本级人民代表大会常务委员会提交预算草案的主要内容时,同时向同级或者上级审计部门提交,并接受审计。

5.完善和落实财政支出的问责制度

各级政府和部门编制财政预算草案的权力同时也是一种责任,他们应当为自己编制的预算草案承担责任,有监督责任的国家机关如果没有依法履行自己的监督职责也应当承担责任。各级人民政府及其财政部门如果发现其他政府部门编制的预算支出草案存在弄虚作假、多报预算支出数额、骗取国家财政资金或者由于疏忽等而少报预算支出等行为的,人民政府及其财政部门应当追究相关责任人的法律责任;人民政府及其财政部门在编制本级政府预算支出草案时若存在因故意或者严重过失而增大财政预算支出的违法或者不适当的行为,人民代表大会应当追究其责任。

我国《预算法》对这些责任虽已做出一些规定,但是有必要在法律中明确规定对在编制财政预算草案过程中存在的违法行为如何追究法律责任,主要规定哪些违法编制财政预算的行为应当被追究、被追究何种法律责任、追究法律责任的主体、追究的程序等。

第三节 以财政事权和财权为依据配置各级政府财政立法权

一、以财政事权为依据配置各级政府的财权

党的十九届五中全会通过的报告《中共中央关于制定国民

经济和社会发展第十四个五年规划和二〇三五年远景目标的建议》明确提出："明确中央和地方政府事权与支出责任，健全省以下财政体制，增强基层公共服务保障能力。"政府的财权包括财政收入权力与财政支出权力。探讨政府财政事权与财权的配置问题，更具体地说就是政府财政事权与政府财政支出权的合理配置问题。前文已述，我国财政支出的权限配置可以划分为两大类，一类是横向的配置，另一类就是纵向配置。所谓横向配置，就是同级政府机关之间在财政支出权限方面的划分。所谓纵向配置就是上下政府机关之间在财政支出权限方面的划分，其核心是上下级政府之间的财政支出的权力怎么划分，财政事权和支出责任怎么划分。

在将我国财政支出的权限配置划分为横向的配置和纵向配置两大类的基础上，可以将我国整个政府之间财政支出权限的分配分为三大步骤。第一步是将整个国家的财政支出权限（对多大份额的财政收入和财力有多大的、怎么样的支配权力），依据不同层级的政府承担的支出事项的多少在不同层级之间的政府之间进行配置；第二步是各个不同层级的政府将自己分得的财政支出权限在同级政府机关之间，包括人大、政府和同级的国家机关，以及政府的职能部门之间进行配置，这一过程除了依据各个部门承担的支出事项以外，还应当遵循人大审批和监督等原则；第三步是上级政府对下级政府，人大对政府行使财政支出权力的行为进行监督，其主要依据是《预算法》等法律，其实第三步的很多监督行为是在第一、二个步骤中进行的，本书只是为了论述的方便而将其与事后的监督一起放在第三步。这三个步骤分别规定的是纵向配置、横向配置和监督三个问题。

关于政府财政支出权限分配的三个步骤，即纵向配置、横向配置与监督，第二、三个步骤（横向配置、监督）有着明确的全国人大的立法规定，主要依据有《预算法》；第一个步骤对于不同层级政府间财政支出权力的纵向划分只有国务院的决定依据，例如国务院于2016年发布的《关于推进中央与地方财政事权和支出责任划分改革的指导意见》和国务院办公厅于2018年发布的《基本公共服务领域中央与地方共同财政事权和支出责任划分改革方案》，这不利于对我国中央与地方各级政府间财政事权、支出责任与财政支出权限等进行合理有效的划分。

（一）财政事权与财权的类别

1. 财政事权及其分类

财政事权具有支出责任与政府权力的双重属性，既是政府提供公共服务的职能，也是政府处理行政事务的权力。政府财政事权具有以下三个特点：政府财政事权是政府为实现其职能而拥有的权限；政府财政事权是经过法律授予的；政府财政事权是管理国家具体事务的权力。

政府事权从字面上解释，就是政府做事的权力，从这一角度出发，政府事权的涵盖内容就非常宽泛，例如进行外交活动的权力、制定行政法规规章的权力、人事任免的权力、进行经济建设管理的权力等。这也就意味着并不是政府所有事权都需要财力的支持，而主要是政府在提供公共产品，满足公众需求，即履行支出义务或责任时所要匹配的相应财力，表现形式主要是财政支出。

因此从某种意义上来说，政府在承担提供基础设施，履行公共服务职能时才需要财权的支撑。支出事权划分的核心问题是如何在政府间恰当地划分支出责任,确保合理的分配中央与地方财政权限,使得政府能够作为一个整体有效地履行国家职能。

2. 财权及其分类

(1)财权的界定。财权是指某一级政府所拥有的财政管理权限,包括财政收入权和财政支出权,与财政事权相对应,财政体制所要解决的主要问题就是如何在各级各类国家机关之间进行权力划分。

(2)财权的分类。从法律角度理解,政府财权(包括财政收入权与财政支出权)也可以分解为财政立法权、执法权与司法权三个要素,这三大要素在中央与地方之间的不同组合便形成了三种类型的财政体制。并且,政府财权的三个要素,即立法权、执法权和司法权是可以相互分离的,因此,政府财政权力并不等同于政府的财政立法权。判断一级政府是否拥有某项财权的标准,立法权、执法权及司法权完全是可以分离的,例如立法机关拥有制定立法的权力,但是执行权很可能被配置给了行政机关。

(二)财政事权决定财权的现实意义

财政事权决定财权原则不仅是财政领域重要的价值理念,更有着现实的意义,这也是政府在进行财政活动时需遵循的基础性原则。"财政事权决定财权",要求各级政府财权的分配以财政事权支出范围为依据,要求政府财权应当做到与财政事权相匹配。

1. 依据政府财政事权配置财权,坚持政府财权与财政事权的一致性,充分调动中央与地方各级政府的自主性、积极性,为公共服务均等化的目标创造有利的条件。若出现政府的财权与财政事权脱节的现象,将会限制政府履行公共服务的职能。

2. 财权与财政事权相匹配,能够有效减少“财权层层上收、财政事权层层下压”的情况发生,也有利于缓解基层政府的财政支出压力。如果财权与财政事权不统一,将会进一步加剧基层政府的财政危机,可能会提高基层政权的运行风险。

3. 财政事权与财权相匹配是政府间财政权限规范化的必然要求,政府间的财政事权与财权都能得以明晰化,财权有着稳定的划分基础,政府财政事权与财权也能形成合理的格局。

4. 财权与财政事权相一致是财政管理体制作为协调中央与地方各级政府间国民收入分配的内在机制的必然属性。财政分配关系是财权与财政事权的统一体,财政事权是财权的基础,是各级政府获得财权的依据,建立科学的财政的机制,需要以财政事权为基础合理划分政府间的财权。

(三)政府间财政配置模式分析

1. 政府财政收入的划分模式

从集权与分权的意义上分析,中央与地方各级政府间的财政收入划分模式大致有以下三种。

(1)分散型。分散型财政收入划分模式的主要特点是赋予地方政府很大的税收权限,尤其是地方政府在税收上拥有较大的自主权,而中央政府的税收权限相对较小。

(2)集中型。集中型财政收入划分模式主要是指财政基本权限相对集中在中央,地方政府没有或者仅有小部分的税收权限。

(3)适度集中,相对分散型。适度集中、相对分散型是指各种税收权限当中的某一部分归属中央政府,剩余部分归属地方各级政府。

当今世界各国的财政收入的划分模式,大多实行集中型或集中与分散相结合的收入划分模式,把重要税种划归中央政府所有。

2. 政府财政支出的划分模式

与政府的财政收入有着明显划分类型不同,当今世界各国政府财政支出模式大体是相同的。在市场经济体制下,政府财政支出的大多通过预算方案的形式决定。

我国政府财政支出预算主要在《预算法》中规定。政府支出预算的内容规定:“一般公共预算支出按照其功能分类,包括一般公共服务支出,外交、公共安全、国防支出,农业、环境保护支出,教育、科技、文化、卫生、体育支出,社会保障及就业支出和其他支出。”

从世界其他国家的做法来看,政府整体预算主要由中央预算与地方各级政府预算组成。我国政府财政支出预算由各级政府及其公共部门预算构成一个体系。我国实行的是“一级政府、一级财政、一级预算”的原则,一国的预算由各级政府的预算组成,各级政府的预算则由该级政府所辖的公共部门预算组成。政府财政支出预算的基本程序是“各级政府进行预算编制—各级人大审批本级政府预算编制—本级政府执行通过的预算—各级政府进行决算编制”。由此可以看出,财政支出预算的编制、执行权属于各级政府所有,各级人大享有的是对预决算案进行审查、批准与监督权力,且主要是对预决算案进行程序上的监督工作。

2018 年 11 月，中共中央印发的《关于人大预算审查监督重点向支出预算和政策拓展的指导意见》指出要切实发挥人大的监督作用，发挥人大对政府编制支出预算的指导与约束作用，将政府支出预算纳入人大审查监督的重点方面，加强对支出预算的审查、批准与监督工作，落实对政府预算的全口径审查与全过程监管的目标。

（四）以财政事权为基础合理配置财权

1. 明确政府财政事权的范围

以财政事权为基础合理配置政府间的财权，前提要明确各级政府的财政事权范围。财政事权的划分是财权划分的基础，要实现政府财权与财政事权相统一，前提应当是明确界定各级政府的财政事权范围。财政事权的划分与政府的职能有着密切的联系，明确财政事权的划分，加快政府职能的转变加快政府职能的转变，理顺政府与市场的关系。2016 年，国务院印发的《关于推进中央与地方财政事权和支出责任划分改革的指导意见》，指出合理划分央地财政事权与支出责任是政府提供公共服务的基础与前提。明确政府财政事权，推进中央与地方政府间财政事权与支出责任的划分，为构建现代财政体制创造有利的条件。该指导意见还指出，正确处理政府与市场、政府与社会的关系，明确政府与市场的分工，合理确定政府履行公共职能的范围与方式，发挥市场资源配置的主导性作用，凡是市场可以解决的事务与领域，就应该由市场主体去承担，只有当市场失灵或无法解决的情况下由政府进行调节。

由于政府间财政事权涵盖的内容多、涉及的范围大，将财政事权进行逐一归属并且一次性明确规定是不现实的,且政府间财政事权的划分并非绝对不变的,而是维持着一种动态平衡。尽管财政事权的划分难以一次列举,但这并不意味着政府财政事权的划分是杂乱无章的。厘清各级政府间职责,依据一定的原则划分财政事权的归属。一是政治原则,即财政事权的划分必须以保证的国家的利益为前提,既要符合全国人民的整体利益,又要符合地方人民的局部利益;二是效率原则,不同层级政府财政事权的范围是有所区别的,以效率为依据合理划分各级政府的财政事权内容;三是受益原则,即各级政府财政事权的支出范围应当依据提供的公共产品的受益范围确定。[①]

2. 合理配置各级政府的财权

财政事权是政府财权的划分依据,在划分好政府间财政事权的范围后,作为财政事权主体的各级政府应当拥有执行与实施这些财政事权所需要的财政权力。

各级政府拥有的财政能力与财政资源是实现其各自利益的基础与保障。市场经济下,中央与地方都是相对独立的经济主体,各自具有不同的利益。因此,中央与地方政府在财政分权中存在利益博弈,若无规范的政府权力划分方式,那么层级较低的政府往往处于弱势地位,而层级较高的政府则通常享有着更多的财政权限,拥有更多的财政收入,承担更少的财政事权支出责任。因此,要依据财政事权合理划分政府间的财权,明确各级政府的职责,规范政府财权划分方式,做到财权与财

---

① 刘剑文等:《中央与地方财政分权法律问题研究》,人民出版社 2009 年版,第 58 页。

政事权相统一,使得各级政府有效提供公共产品,实现公共服务均等化的目标。

二、以财权为依据配置各级政府的财政立法权

财政立法权是政府财权重要的组成部分,也是财权中最重要最核心的权力。政府的财权与财政立法权是整体与部分的关系,部分理应服从于整体,因此各级政府财政立法权的配置也应当依照政府财权范围进行划分,做到各级政府财政立法权与财权配置相适应。

(一)财政立法权的内容与分类

"中央与地方的财政立法权限的划分是一项极为敏感、细致且难度大的系统工程,其实质就是中央与地方税收利益、资源的分配和责任的确定。"[①]通常而言,财政立法权是指国家权力机关(或经授权机关)依据法定权限和程序制定、认可、修改、补充和废止财政法律、法规的权力。

财政立法权作为立法权中的一个重要类别,其内涵与外延应与立法权具有统一性。国家立法权是特定国家机关行使的,制定、认可和变动法的综合性权力体系,即一般意义上的法的"立、改、废"事项,笔者在前文论述中已说明,

广义上的法的提案权、审议权、表决权、公布权等也是立法权的表现形式,另外包括立法监督的权力,例如批准权、否决权、撤

① 刘剑文等:《中央与地方财政分权法律问题研究》,人民出版社2009年版,第75页。

销权、改变权等。因此,在此基础上,财政立法权可以分为提案、审议、表决、公布及监督等权力。按照财政收支内容进行分类,也可以将财政立法权分为财政收入立法权与财政支出立法权,其中财政收入立法权包括税收、非税收入、政府债务收入及财政转移支付等收入的权力,财政支出立法权包括财政支出规则制定权和财政支出决定权。

(二)以财权为依据配置各级政府财政立法权的基本思路

1. 财政立法权是财权的重要内容,但不等于财权

政府财权包括财政立法权,财政立法权是政府财权的重要组成部分。合理划分各级政府的财政立法权一方面可以发挥中央与地方政府的财政自主性和积极性,另一方面,行政机关获得的相应的财政立法权可以加强本级政府财权的稳定性。财政立法权与财权是局部与整体的关系,部分的利益应当服从整体的利益,部分与整体的步伐要相协调,因此,依据财权配置财政立法权要求,中央与地方各级政府财政立法权的划分不仅要遵循政府间财权划分的方向,也要遵循财政分权的原则基础。具体而言,财政立法权的划分要依据不同层级政府的财政事权为基础,与各级政府履行的公共服务职能相匹配。

在进行财政立法权划分时,各级政府财政立法权配置的比例与财权配置的比例并非完全相同,我国作为单一制结构的社会主义国家,中央政府的性质和地位决定其占据着主导地位,拥有更多的财政资源,主要工作是在国家层面进行宏观调控、协调各地区的经济发展、统筹各地区进行一系列决策,应当配置更多的财政立法权。而地方政府主要负责是区域性的事务,

提供小范围内的公共产品，更多的是需要执行方面的权力。因此，政府财政立法权虽然是财权的重要内容，但并不完全等于财权。

2. 财政立法权的配置在依据财权的同时，应将其置于我国整体立法体制内考量

我国作为人民民主专政的社会主义国家，国家的一切权力属于人民，且人民行使国家权力的机关是全国人大与地方各级人大。人大是国家权力机关，人民代表大会制度是我国的根本政治制度。基本财政事项的立法权当属于国家立法权的范畴，所以财政立法权的行使主体也主要是全国人大及其常委会。《立法法》第 8 条规定“税种的设立、税率的确定和税收征收管理等税收基本制度，基本经济制度以及财政、海关、金融和外贸的基本制度等，必须由全国人大及其常委会制定法律”，以及第 9 条规定“本法第八条规定事项尚未制定法律的，全国人大及其常委会可以根据实际需要授权国务院先行制定行政法规”，表明财政税收等财政领域重要事项的立法权力主要集中于全国人大及其常委会。受我国单一制国家结构形式的影响，国家立法权力集中在中央，而中央的立法权力集中于全国人大及其常委会，这是我国国家整体立法特点。因此，财政立法权限的划分也应当符合国家整体立法的特点，符合我国国家整体立法体制的要求。

3. 财政立法权的配置在依据财权的同时，应考量其他条件

各级政府间财政分权是一项复杂且艰难的任务，况且中央与地方政府各自的财政立法权限并不是一成不变的，而是保持着相对稳定的状态，是需要根据具体的时代背景、财政体制改革方向

等方面进行长期不断调整的过程。

研究事物都不可能脱离其所处的历史阶段与时代背景,政府间财政立法权限的配置亦是如此。现今我国处于社会主义市场经济的时代背景下,财政领域进行着多项重要的改革举措。一是增值税改革的不断深化,自1979年起我国进行增值税改革,逐步取消营业税,到2016年营业税全面取消,“营改增”顺利完成。增值税改革减少了重复征税的概率,减轻了公民的税收负担,同时营业税的取消,使得税收财政事权主要集中在国家税务部门,地方税务部门征管的税收种类大幅度减少。二是2018年国税地税的合并,国税与地税的合并,使得实行了24年的分税制彻底退出历史舞台。在2018年两会上,人大会议对国务院机构改革方案进行审议,改革方案明确指出:“改革国地税征管机制,将省级和省级以下国地税机构合并,具体承担所辖区内的各项税收、非税收征管等职责。国税地税机构合并后,实行以国家税务总局为主与省(市、区)人民政府双层领导管理体制。”国税与地税的合并,建立起统一的税收征管机构,我国的税收模式在分配上更进一步地集中在中央,税收立法权也主要集中于中央。

总的来说,财权是包括财政立法权、执行权、司法权、监督权等在内的综合性权力,财权的纵向配置包括了,也决定了财政立法权的纵向配置,但是立法权是一项非常重要的、更基础性的且带有根本性的权力,因此,我们在进行财政立法权的纵向配置时,应当考量我国的政治制度、国家结构形式等国情。

第四节 通过宪法和法律明确规定财政立法权的纵向配置

一、宪法和法律明确财政立法权纵向配置的基本规范

(一)明确财政立法权纵向配置的基本原则

《宪法》对我国财政制度最基本的准则进行了规定,其规定应当作为国家取得财政资金与物资所有权的最高依据,但由于《宪法》的特殊性,不适合对应该由部门法规定的内容进行详细的规定,只能进行原则性和全局性的规定,下位法在《宪法》的原则指导下,再进行细化。

1.财政立法权纵向配置应坚持“立法集中、适度分权”的原则

我国的财政立法体制应当与我国的国情相适应,应当坚持民主集中制,财政权限必须较大程度地集中,主要财政立法权应归中央,但考虑到我国地域辽阔,各地的情况差别较大,为了充分调动地方的积极性,就要求赋予地方政府部分财政立法权,即适度分权。这种大权集中、适度分权的立法模式,有利于国家发挥财政的宏观调控和组织收入的功能,统一协调各地的财政活动,又能充分发挥地方主动性、积极性,促使地方积极开辟税源,保证地方的有效财力,避免地方挤占中央收入。

2.财政立法权的纵向配置应坚持“便于征收,提高效率”的原则

1994 年实行的分税制改革,给中央和地方税收征管和财政

管理带来了较大的进步，但是也存在一些不足，主要是导致各级征收机关在税收征管权限、征管范围上容易出现争议，引起矛盾，从而弱化了征收管理。2018 年我国实行国税地税征管体制改革，将国税和地税两套机构进行合并，就是要解决分税制时期留下的问题，规范征管秩序，按照“便于征收，提高效率”的原则来划分税收征收管理权限。国税地税合并就是通过提高税务机关的工作效率，达到便民、便企的效果，以前分税制期间国税与地税之间的权力划分存在交叉或重叠的部分，如今两者合并减少了诸如此类的现象。为落实国税地税征管体制，也应该从立法层面强调高效便民的原则。

3. 财政立法权的纵向配置应坚持“依法明确授权”原则

全国人大及其常委会把立法权授予国务院时，在严格遵守现行《立法法》的规定的同时，应严格恪守下列原则：谨慎授权原则；具体原则；不可转授原则。这里特别强调“不可转授权原则”即国务院只能自己行使所授予的立法权，而不能把全国人大授予自己的立法权再转授权给财政部、国家税务总局以及地方政府，如果国务院认为确有必要由地方进行试点财政立法，国务院应当向全国人大常委会提出请求，由全国人大常委会授权地方人大进行试点立法，不能再出现 2010 年国务院授权上海、重庆两市政府发布“房产税实施细则”，2011 年国务院批复授权“上海市政府发布《营业税改征增值税试点》实施细则”这样的情况。①

---

① 早在 1993 年 12 月 19 日海南省政府颁布《海南经济特区机动车辆燃油附加费征收管理办法》试点燃油税；1996 年 9 月 18 日，依据全国人大授予的地方特别立法权，海南省人大常委会颁布实施《海南经济特区机动车辆燃油附加费征收管理条例》，其实 1996 年的立法行为才符合《宪法》和《立法法》的规定。

4. 财政立法权的纵向配置应坚持社会主义市场经济原则

我国宪法明确的社会主义市场经济原则,不仅仅是一个静态的规范,还是一个动态的、不断发展和深化的过程。纵观我国1982年《宪法》的五个修正案中经济规范的变迁,就可以看出它的总趋势是社会主义市场经济,规定进入市场的生产要素不断丰富和完善;进入市场的主体不断增多和完善;对公民私有财产权的保障更加完善和理性化;国家调控干预经济的手段由直接变为间接,政企分开。

其一,宪法修正案中关于经济制度的条款所占比重很大。在总共31条的《宪法修正案》中有16条是关于经济制度方面的,占总的修正案条款的一半以上。这一方面是因为生产力是社会生活中最革命最活跃的因素,特别是改革开放以来我国社会生产力更是得到了巨大的发展,因此原来的生产关系与新的生产力不相适应,客观上要求变革旧的生产关系以适应生产力的发展;另一方面我国正在进行的经济体制改革,主观目的就是要改革生产关系中不适应生产力发展的因素以促进生产力的发展。我国经济体制正处在转型时期,改革客观上是从经济体制改革到政治体制改革,即生产力的发展要求变革生产关系,然后生产关系的发展又要求变革上层建筑,因为经济体制改革是改革生产关系中与生产力不相适应的因素,而政治体制改革是改革上层建筑与生产关系的总和——经济基础不相适应的因素。因此,经济体制改革要先于政治体制改革,现行宪法修正案中经济方面的条款比政治方面的条款更多一些是必然的。

其二,进入市场的生产要素不断丰富和完善。市场经济就是市场机制成为推动生产要素流动和资源优化配置的主要手段,它本能地要求各种生产要素进入市场流动和分配，生产要素是否完善和丰富是衡量市场经济发达与否的重要标准。马克思主义认为社会物质资料的生产有三个要素，即人的劳动、劳动对象和劳动资料。1988 年《宪法修正案》肯定了私营经济的合法地位，使得私营经济成为市场主体，这意味着承认了劳动力成为生产要素，因为如果劳动力没有成为生产要素不能进入市场买卖，私营经济就无法产生和发展。1988 年《宪法修正案》使得“土地使用权”这个生产要素进入市场，在实践中人们一般将矿业等资源的使用权也当作一种特殊的土地使用权进入市场流通，大大地促进了市场经济的繁荣。劳动力和土地等这些重要的生产要素进入市场，表明我国生产要素市场已臻于完善。

其三，进入市场的主体不断增多和完善。1988 年《宪法修正案》肯定了私营经济的合法地位，使得私营经济成为市场主体。1999 年《宪法修正案》提高了个体经济和私营经济等非公有制经济的法律地位，认为其“是社会主义市场经济的重要组成部分”，使得个体经济和私营经济等非公有制经济成为真正能够参与市场平等竞争的主体。1993 年《宪法修正案》将“国营经济”改为“国有经济”并将“国营企业在服从国家的统一领导和全面完成国家计划的前提下”和“集体经济组织在接受国家计划指导”去掉，它意味着国有企业成为市场经济中独立核算、自负盈亏的经济实体。没有真正独立、平等的市场主体就没有真正的市场经济。至此，我国各种所有制经济主体，包括公有制经济主体和非公有制经济主体都已成为市场平等竞争主体。

其四，对公民私有财产权的保障更加完善和理性化。私人财产是人们寻求生存与发展的依靠，也是人们谋求幸福与自由的必要条件,甚至有人认为"任何人放弃自然自由并受制于公民社会的种种限制的唯一方法,是同其他人协议联合组成为一个共同体,以谋他们彼此间的舒适、安全和和平的生活,以便安稳地享受他们的财产并且有更大的保障来防止共同体以外任何的侵犯",[①]对私人财产权的保护因此成了宪法一项神圣而庄严的任务。在20个世纪60~70年代,有位外国学者曾作过一次统计,在各国宪法中规定私有财产权的达118个(占83.1%),没有规定的只有24个(占16.9%)。[②]

在2004年的《宪法修正案》通过之前,《宪法》在第13条中列举了保护公民的合法收入、储蓄、房屋等生活资料,却未列举生产资料。生产资料和投资性资产是财产权的重要组成部分,产权制度是市场经济的基础制度。2004年的《宪法修正案》第22条将《宪法》第13条修改为:"公民的合法的私有财产不受侵犯。""国家依照法律规定保护公民的私有财产权和继承权。""国家为了公共利益的需要,可以依照法律规定对公民的私有财产实行征收或者征用并给予补偿。"一方面将生产资料和投资性资产都纳入了保护的范围,只要是公民合法的私有财产不管是生活资料还是生产资料,甚至是别的财产都"不受侵犯",从而扩大了财产权的范围;另一方面又对私有财产进行了必要的限制,使得对公民私有财产权的保障更加完善和理性化。2004年《宪法修正案》第20条将《宪法》第10条第3款"国家为了公共利益的需要,可以依照法律规定对土地实行征用"修改为"国家

① [英]洛克:《政府论》(下篇),叶启芳、瞿菊农译,商务印书馆1964年版,第59页。

② [荷]亨利·范·马尔赛文、格尔·范·德·唐:《成文宪法的比较研究》,陈云生译,华夏出版社1987年版,第154页。

为了公共利益的需要,可以依照法律规定对土地实行征收或者征用并给予补偿”也体现了对私有财产的尊重和保障,因为它规定了国家应给予补偿,但是这种保障还有待继续完善,因为只规定了“给予补偿”而没有规定是等值的,还是适当的抑或是充分的补偿。

其五,国家调控干预经济的手段由直接变为间接,政企分开。这表现在两方面:一方面将“国营经济、国营企业”改称为“国有经济、国有企业”,将“国营经济在服从国家的统一领导和全面完成国家计划的前提下”和“集体经济组织在接受国家计划指导”去掉,表明国家不再直接经营管理企业,政企分开。另一方面将“国家在社会主义公有制基础上实行计划经济。国家通过经济计划的综合平衡和市场调节的辅助作用,保证国民经济按比例地协调发展”去掉,增加“国家加强经济立法,完善宏观调控”,表明国家调节干预经济的手段由直接变为间接。市场是配置资源的基本手段而不是唯一手段,市场经济并不排斥国家调控和干预。因为市场经济有其本身无法克服的弱点。国家对经济的调控和干预应该是采用法律、税收等间接手段而不是直接干预经济。从法律层面上讲这是由法治原则所决定的,法治原则要求依法治理而不是由领导随意干预,从市场经济的本质要求来讲这是由市场经济要求市场主体平等竞争的内在规定性所决定的,国家应该对市场主体一视同仁,依法行事。国有企业、集体企业等公有制经济的强大生命力和巨大的优越性是在同非公有制市场主体的公平竞争中显示出来的,而绝不是依赖于国家的特殊政策。国有企业的困难有相当部分的原因是国有企业在长期政企不分的情况下所形成的落后的经营管理体制,经过近年来对国有企业的改革,国有企业已呈现出强劲发展的势头其强大的生命力已开始显现出来。

我国宪法明确的社会主义市场经济原则,也是财政立法权纵向配置应坚持的原则,如何纵向配置财政立法权应充分考虑是否有利于社会主义市场经济的稳定、持续、健康发展。

(二)确立税收法定的基本原则

在现代多元社会中,“受制于信息条件或利益俘获,人民的代表在税收事项上并不总是能很好地代表人民”[①]。由代议机关行使立法权对税收问题进行规定是世界上大多数国家的做法,也是人民主权原则的最直接的体现。换言之,“税收立法权也应当受到实质上的限制,应当受到宪法价值的约束,特别是要受严格平等原则的约束,亦即依量能课税原则予以平等负担。在这个意义上,以立法控制来防范课税侵犯人民基本权利的时代已经结束,强调税收法定不得不面临寻求宪法保障之新时代”[②]。因此,很多国家纷纷在宪法中正式确立税收法定原则。

税收法定原则,要求只有国家代议机关才“拥有完全的税收立法权,不仅可以通过确定税收规模、选择税收结构、设置税收要素等来贯彻政策意图、配置和调度经济资源,还能在一定程度上控制税收征管权和税收政策制定权,税收立法权实质上就是一种资源配置决策权”,[③]由国家的代议机关代表人民行使更为合适,

---

① [美]汉密尔顿、杰伊、麦迪逊:《联邦党人文集》,程逢如等译,商务印书馆1980年版,第42页。

② 葛克昌:《国家学与国家法》,台北,月旦出版社股份有限公司1996年版,第57~58页。

③ 陈少英:《可持续的地方税体系之构建——以税权配置为视角》,载《清华法学》2014年第5期。

更符合民主法治原则，其本质就是要求政府不得随意向人民课税，否则人民的财产权等权利将会荡然无存，“如果任何人凭着自己的权势，主张有权向人民征课税赋而无需取得人民的同意，他就侵犯了有关财产权的基本规定，破坏了政府的目的”。[①] 当然，公共利益的维护不得不依赖于税收，但是税收的收取规则必须经过人民或者人民的代表同意，这就是税收法定原则的实质所在。

党的十八届三中全会《关于全面深化改革若干重大问题的决定》首次提出“落实税收法定原则”，党的十八届四中全会通过的《关于全面推进依法治国若干重大问题的决定》也将“财政税收”作为“加强重点领域立法”的一项任务。2015 年 3 月 15 日，十二届全国人大三次会议修正的《立法法》，将第 8 条原先规定实行法律保留的“税收基本制度”细化为“税种的设立、税率的确定和税收征收管理等税收基本制度”，且单列为一项，居于公民财产权保护相关事项的首位。我国 2023 年修正的《立法法》对这一部分内容没有改变，只是从第 8 条调整为第 11 条。

（三）确立人大在财政立法中的主导地位

现代财政要求实行“税收法定”原则，行政机关通常享有提案权和一定的立法权，确立人大在财政立法中的主导地位，严格授权立法。首先，“税收法定”原则得到广泛确认。“税收法定”起源于英国 1215 年《自由大宪章》“不得人民同意不课税”的原则，其本质是人民主权原则。当今世界多数国家，如美国、法国、

① ［英］洛克：《政府论》（下篇），叶启芳、翟菊农译，商务印书馆 1964 年版，第 88 页。

日本、新加坡、卢森堡、西班牙、埃及、科威特、阿拉伯也门共和国等国家都已确立了"税收法定"原则。行政机关通常享有提案权和一定的立法权,体现了权力制约原则。其次,"税收法定"原则并不表示税收法律完全由代议机关制定,其他国家机关不参与其过程,恰恰相反,其他国家机关也会在其中扮演重要角色,体现了权力制约原则,税收立法的草案基本上都是由行政机关提出的,最终也是由行政机关执行的。最后,严格授权立法。当今世界各国授权立法已经比较普遍,但是多数国家对授权立法有严格的限制,法律对授权的形式、程序、范围等都有严格的规定,相对来说美国、英国、加拿大等普通法国家更严格。

全国人大或者各级人大在财政立法中应当发挥主导作用,在税收立法、非税收入立法、债务收入立法、财政支出的立法与决定等所有的有关财政立法活动中都应当处于主导地位,这是民主法治的必然要求,也是我国《宪法》和《立法法》精神的具体体现。

在税收立法方面,"针对当前'以税收行政法规为主、税收法律为辅'的税收立法体系,我国必须加强全国人大及其常委会的税收立法权,实现税收立法向'以立法机关立法为核心,授权立法为辅助'的'立法主导'转变。"[①]其一,坚持"法律保留"原则,宪法和法律明确规定职能指定为法律的事项坚决不得被越权立法。其二,坚持《立法法》的授权立法规定,必要时可以授权立法,但是必须严格依照《立法法》的规定进行;实行"授权立法不

① 杨敬之:《论税收立法权的宪法规制——以税收两大基本原则为视角》,中国政法大学2009年硕士学位论文,第14页。

可转授”的原则。在分析我国税收立法权横向配制的问题时，我们注意到国务院还会将全国人大及其常委会的授权立法进行再授权，授予具体的行政部门。再次授权不仅将导致税收立法层级的再次下降，还会出现税收立法混乱，不统一，缺乏权威性等问题。因此，对于仅授权给国务院的税收立法权，应坚持“授权立法不可转授”的原则，确保税收法律的权威性与统一性。其三，监督财税主管部门的行政解释权。财税主管部门为了贯彻执行税收法律和行政法规，有权制定规章并拥有一定的行政解释权。全国人大及其常委会和国务院必须加强对行政规章以及大量行政解释的监督，严格执行法规备案制度，发现行政部门越权立法、违法解释的，应即时给予纠正。

此外，有关国家机关在行使税收立法权时，应严格遵守立法程序。税收程序体现了对国家征税权的制约。它要求行使税收立法权的国家机关在立法规划阶段，组织专业人员开展广泛而深入的立法调研，并在调研基础上对立法的必要性与可行性进行分析。进入正式立法程序后，对于那些直接关涉人们切身利益、有重大意见分歧的税收立法，应举行听证会接受公众监督。民主参与制度是税收立法程序的焦点问题。立法草案出台后，应向社会公布，以进一步保障人们的立法参与权。

全国人大应当在税收立法方面发挥主导作用，全国人大或者各级人大也应当在非税收入立法、债务收入立法、财政支出的立法与决定等所有的有关财政立法活动中发挥主导作用，应当将这一原则贯穿在我国财政立法权力配置的始终。

二、完善各级政府间财政收入立法权的纵向配置

(一)税收立法权的纵向配置

1. 通过《税收基本法》确定税收立法权纵向配置基本规范

我国地方政府权力来源于中央的委托和授予,中央政府与地方政府是领导与被领导的关系,虽然随着市场经济的发展,地方政府的权力有增强的趋势,其自主性也有所加强,但是这种领导与被领导的关系没有也不能改变。我们应当在坚持着写基本原则的前提下,对税收立法权的纵向配置加以完善。

我国的《税收征收管理法》只是规定了税收征管方面的事务,关于税收立法权的相关规定并不完整,且有些已无法适应社会发展的需要。我们应当通过法律对税收立法权问题作出统一且明确的规定。制定一部《税收基本法》作为税收法律体系的上位法,无论是从理论上还是实践上都具有可行性,该《税收基本法》的效力介于宪法和一般法律之间,是规范国家税收问题的基本法律,该法律由全国人大制定,是我国税收问题的专门立法。《税收基本法》应当确立赋予地方一定的税收立法权,主要是税收立法提案权等权力,同时对相关立法进行修改和完善。

2. 赋予地方一定的税收立法提案权

2018 年 7 月,中共中央办公厅、国务院办公厅印发了《国税地税征管体制改革方案》对税务部门的管理体制作了重大改革,“明确国税地税机构合并后实行以税务总局为主、与省区市党委和政府双重领导的管理体制,并着眼建立健全职责清晰、运行顺畅、保障有力的制度机制”,这标志着国税与地税合并政策正式施行,地方已行使相对独立的税收立法权已经没有法律

依据，但针对当前中央与地方之间税收立法权的非均衡情况，我国应在税收法定主义原则指导下，赋予地方一定的税收立法提案权，给予地方人大代表联名向上级人大常委会提出立法草案的权力。

“提出立法草案属于由法案到法的这一立法过程的第一步”[①]，提出法案的权力是一种很重要的参与立法以及对立法产生重大影响的权力。从理论上讲，有权向人大提出法案的主体，也应当有权向同级人大常委会提出法案，但是，《立法法》只规定全国人大代表有权通过联名方式向全国人大提出法律案，而没有规定全国人大代表有权通过联名方式向全国人大常委会提出法律案，这应该是出于可行性的考虑。现在税收立法权上收，由中央统一行使，地方实施，在此情况之下，应在立法过程中给予地方一定的税收立法提案权，这样有利于提高立法的效率和民主性。

3. 改变国务院转授权地方进行税收立法的做法

在税收立法实践当中，“被授权机关国务院还多次将税收立法权转授给其他行政机关，比如财政部、国家税务总局，甚至是地方政府”。[②] 转授权立法的弊端显而易见，“缺乏规定的转授权行为，使得大量的转授权条款之间难以协调，由此滋生诸多矛盾和冲突，导致税收法律法规和规范性文件在执行中出现了操作难题，‘朝令夕改’更是降低了税法的权威性和稳定性，让人无所

① 周旺生：《关于中国立法程序的几个基本问题》，载《中国法学》1995 年第 2 期。

② 例如，1994 年国务院授权省级地方政府可以决定继续征收或者停征屠宰税、筵席税；2010 年国务院授权上海、重庆两市政府发布“房产税实施细则”；2011 年国务院批复授权“上海市政府发布《营业税改征增值税试点》实施细则”。

适从”。[①] 为此，应该严格约束和规范税收授权立法行为，明确税收授权立法依据。

全国人大及其常委会应当积极行使法定的税收立法权，进行授权立法要明确授权的目的、范围、时效等，杜绝“打包授权”“空白授权”“无期限授权”“转授权”等不规范行为，要做到慎重授权，明确授权依据，仅在特别必要的情况下才进行授权，并且要采用“一事一授权”的授权方式。应知，改革税收授权立法并不是要废止税收授权立法这种形式，而是要废止国务院的不合法的授权立法方式。这样不但可以约束授权主体审慎授权，而且可以防止被授权主体滥用权力。“1985 年授权决定”不符合《立法法》关于授权立法的规定，应在条件成熟的情况下对该授权决定进行撤销，之后的税收立法如果仍需授权，则要按照《立法法》的规定，由全国人大及其常委会明确授权立法的范围、内容及期限，即根据“一事一授权”的方式进行。与概括授权立法相比，“一事一授权”的单行授权立法有其自身优势，一方面它以现实依据为基础，可以在实践中进行观察和检验，更为可靠；另一方面，单行授权立法具有更少的自由裁量空间，受到更多的约束和限制。“结合我国目前税收立法的实际情况，采用单行授权立法是更为现实和明智的选择。”[②]

在严格规范和约束了税收授权行为的基础上，我们应当进一步规范和清理转授权税收立法，依据我国《立法法》的明确规定，立法权力不得转授，也就是说所有的转授权立法都是违法的，所

① 李楠楠：《论优化中央与地方税收授权立法的法治路径》，载《北方法学》2018 年第 5 期。

② 苗连营：《税收法定视域中的地方税收立法权》，载《中国法学》2016 年第 4 期。

有的这些转授权行为都是无效的,所有依据这些转授权进行的立法所制定出来的法律法规都是无效的,应当及时予以撤销。前文提到的国务院 1993 年至 2011 年转授权海南、上海、重庆等地方制定房产税、营业税、燃油附加费(本质上是燃油税)的征收管理进行的立法,这些立法都违反了《立法法》的“不得转授权立法”的规定,都当被撤销,只有 1996 年 9 月 18 日,海南省人大常委会依据全国人大授予的地方特别立法权制定《海南经济特区机动车辆燃油附加费征收管理条例》的授权是合法的,因为这是全国人大直接授权地方人大立法,不是转授权立法。

(二)非税收入立法权的配置

1. 建立完备的非税收入法律法规体系

完善非税收入法律法规是规范非税收入管理的基础,构建完备的非税收入法律法规体系,重中之重在于尽快颁布由全国人大常委会制定的关于非税收入的基本法律,对非税收入的基本制度规则进行规定,这样一部法律的地位和重要性应与《税收征收管理法》相当。“从实际操作来看,为推进《政府非税收入管理法》的顺利制定,可以先采取一个过渡办法,就是由国务院出台《政府非税收入管理办法》,同时根据非税收入的不同特点和管理需要,相继出台了一系列具有针对性的暂行条例。”①也就是说,在专门法律短期内难以出台的背景下,由全国人大常委会授权国务院以行政法规形式对政府非税收入管理进行规范,出台《政府非税收入管理条例》并依照政府非税收入类别制定单项管理办法,

---

① 白宇飞、张紫娟:《地方政府非税收入困态摆脱路径研究》,载《财政研究》2015 年第 9 期。

“明确其法律地位、管理范围、管理主体、管理职能等，为规范政府非税收入管理提供尚方宝剑”。①

我国各类非税收入项目设立权配置有一些无明确的法律可依。“在一些法治相对比较完善的国家，非税收入的设立与收缴管理均通过法律作出明确规定，充分保障了政府非税行为的规范、有序和高效。为此，我国应加强非税法治建设，力争尽快使全部非税项目的设立权均由法律配置给适当的权力与行政机关，减少或避免非税项目设立中的随意、不规范和部门化等问题。”②

2. 由全国人大常委会制定《政府非税收入征收管理法》，改变由财政部制定政府非税收入管理基本规范的现状

上文提到，我国应当建立完备的非税收入法律法规体系，这个法律体系不但要内容完整，还有一个非常重要的方面就是制定的主体一定要适格，否则内容再完整的法律体系也不过是建立在沙滩上的高楼大厦。首先就是要明确应当由全国人大常委会制定《政府非税收入征收管理法》，为建设这个法律体系的大厦打好基础，如果条件暂时还不成熟，可以先由全国人大常委会授权国务院制定《政府非税收入管理条例》。

目前，非税收入方面的部门规章是由财政部制定，存在很多问题：法律层级较低；可能出现部门利益立法；规章众多导致相关规定不统一；民主性和法治性欠缺；正当性不足。因此，应由全国人大常委会制定《政府非税收入征收管理法》。

---

① 李勇辉、林森：《政府非税收入及其治理研究》，载《吉首大学学报（社会科学版）》2018 年第 1 期。

② 谭立：《政府非税收入设立权及其配置》，载《社会科学战线》2015 年第 11 期。

3. 改变非税收入立法权和设定权几乎都掌握在行政机关的现状，改为由各级人大行使非税收入立法权和设定权

在财政部制定的《非税收入管理条例》的领导下，目前我国的非税收入立法权和设定权几乎都是由行政机关掌握。从实践中不难发现，由于非税收入法律规范位阶低导致了诸多问题，因此上文建议提高非税收入的法律位阶，由全国人大常委会制定基本法律。

由代议机关在国家财政立法中居于主导地位是当今世界大多数国家的做法，也符合民主的精神，因为"民主原则的推广意味着使用公众的资金就要受到公众的监督"，[①]最重要的制度安排就是由代议机关在国家财政立法中居于主导地位。

虽然我国法律只是明确了税收法定原则，对于非税收入并没有明确规定应当由人大主导立法，但是从民主法治的要求看，从我国《宪法》和《立法法》蕴含的精神看，在非税收入的立法和设定中应当像在税收立法中一样，人大也要起主导和决定性作用。我国的非税收入的设立还应当坚持由较高级别的人大就新设立的原则，相对而言省级人大设置较多的非税收入比较合适，也符合我国的国情。

4. 明确非税收入立法的监督机制和相关法律责任

权责应当对等，权力应当受到监督，"所谓'对应'就是相互一致，不能拥有权力，而不履行其职责；也不能只要求管理者承担责任而不予以授权"。[②] 目前，非税收入立法中违规现象仍然较

---

① ［南非］C. B. 维萨、P. W. 艾瑞斯莫斯：《公共财政管理学》，马海涛等译，经济科学出版社 2006 年版，第 40 页。

② 吴礼民：《论权责对等原则》，载《经济管理》2000 年第 7 期。

多,非税收入立法不规范,擅自设立非税收入项目等现象较为突出。

“要切实加强对非税收入立法权的监督,使非税收入立法权的管理纳入法治化的轨道,依法规范非税收入管理,理顺政府收入分配关系,增强财政统筹能力,打下良好的思想基础。”①建立健全包括人大监督、财政监督、社会公众监督和监察委的监督以及党的纪委监督等,形成一个比较完整的,不同级次、全方位的非税收入立法权的监督体系。鉴于我国绝大多数的非税收入立法的主体是行政机关,所以应当从两方面对有关违法行为进行监督和追责。一方面要规范对非税收入立法主体的监督和追责,对于为了地方或者小团体利益的立法主体进行的立法的行为,应当对这一主体进行追责,给予一定的经济处罚,例如核减其下一年度的财政拨款;另一方面对于在立法过程中有直接责任的人员或者有违法违纪行为的个人,应当依据其责任大小给予其党纪(具有中共党员身份的人员)、政纪处分直至追究其刑事责任。

(三)债务收入立法权的配置

1. 合理配置地方政府的财政事权和财权,适度增强地方财政自主权

债务收入立法权的问题主要是由于地方的财政支出满足不了现实的需要,财政事权与财权不匹配,扩大地方政府的财权的一个重要方式是加强和完善对地方的财政转移支付,完善我国政府间财政转移支付制度,优化一般转移支付和专项财政转移支付

---

① 续莉:《政府非税收入立法研究》,山东大学2012年硕士学位论文,第27~28页。

的结构，适度增强其财政支出自主权，这是减少地方政府举债的重要方面。规范地方政府的财政事权是降低其举债需求的另一个方面的重要原因，“因为全国人大的立法和国务院的行政法规可以任意地增加地方的权限或减少地方的职责，也可以任意地消减地方的权限或加重地方的职责”。[①] 一方面，地方政府的财政自主权增强了，财力加大了；另一方面地方政府的财政事权减少了、规范了，自然而然地方政府的举债冲动就会降低。

2. 法律上赋予地方政府一定的发债的自主权

应当建立和完善地方政府债务收入的法律体系，我国《预算法》规定了一些最基本的原则和制度框架，很多具体的问题并未在其中加以规定。应当对有关的主体、权限、程序、方式等问题进行具体的规定。规范地方政府债务收入的审批制度。《预算法》对相关的审批制度进行了规定，但是对于如何设定贷款余额，其标准是什么，线管的程序应当如何涉及等问题并未作规定，应当进行明确和细化。对违法违规的政府举债行为进行追责，“为了杜绝行政领导随意决策的现象，各级地方政府在使用、管理举债投资资金时，要建立严格规范的举债投资决策责任制，为明确地方政府领导人应承担的管理和偿债责任提供制度支持”。[②] 应当建立合理的奖惩制度，“要将投入项目的效益与领导决策者的绩效评估紧密结合，建立严格的奖惩机制，做到奖惩分明”。[③]

---

① 黄韬：《央地关系视角下我国地方债务的法治化变革》，载《法学》2015 年第 4 期。

② 金大卫：《我国地方政府发债：制度根源、风险控制、法律规范》，载《财政研究》2010 年第 1 期。

③ 章彤：《我国赋予地方政府举债权研究》，湖南大学 2012 年硕士学位论文，第 11 页。

3. 建立地方政府债务收入监管机制

对地方政府债务收入的监管可以分为事前监管、事中监管、事后监管三个阶段:事前监管是为了防患于未然,在举债之前就进行预防和规范,最主要的是标准的制定,有关规则的完善;事中监管主要是监督地方政府是否违规操作,通过各种方式变相举债规避法律的监管,是否依据法定的内容和程序进行操作;事后监管主要是对于违法违规的国家机关及其相关责任人员进行追责,对于造成的不良后果应当采取的补救措施,以及对于不良贷款的处理办法,中央政府在这些过程中可以采取的哪些方法和手段等。

三、完善各级政府间财政支出立法权的配置

党的十八届三中全会通过的《中共中央关于全面深化改革若干重大问题的决定》明确要求“透明预算、提高效率,建立现代财政制度,发挥中央和地方两个积极性”。这一论述为我国改革和完善财政支出立法制度指明了方向。财政支出立法权非常重要,“只有中央和地方政府达成法律范围的均权格局,才能促成中央与地方政府形成分工、良好合作的法治格局”,[①]这里面,财政支出立法权的纵向配置无疑是央地关系的重要组成部分。

重构我国财政支出立法权需以中央与地方分权为支点,通过宪法和法律法规规定布局财政支出规则立法权和具体财政支出事项决定权。财政分权理论认为,“分权有利于提高地方的支出

---

① [美]爱伦·鲁宾:《公共预算中的政治:收入与支出,借贷与平衡》,马俊等译,中国人民大学出版社2001年版,第143页。

效率、提升地方公共服务水平”。[①] 我们要将财政支出立法权放到央地分权的大背景下进行研究。我们应当依据财政事权决定财权原则进行财政支出立法权的纵向配置,不仅强调中央与省级政府支配财政的关系,还需要保障中央及地方政府宏观调控和协调地区发展所需的财政支出规则立法权和支出决定权。

(一)完善财政支出规则立法权的纵向配置

我国《立法法》将基本财政支出规则立法权分配给了中央,地方政府及其部门的财政支出规则制定权主要是对全国人大及其常委会、国务院的相关立法,特别是关于预算支出方面的立法进行具体化和细化,由于关于预算支出的立法,特别是《预算法》的规定比较原则和宏观,地方实际上也有相当一部分的财政支出规则立法权,断言地方的财政支出规则立法权微乎其微并不准确。我国财政支出规则立法权的纵向配置存在中央立法疏阔,地方立法空间较大;中央部分立法过于僵化;由于中央立法疏阔,地方财政支出执行权过大等问题。针对这些问题,我们应当从这六个方面进行改革。

1. 确立由全国人大和省级人大立法明确纵向财政支出规则的体制,将纵向财政支出规则法治化,实现财政支出规则的全面法治化

我国财政支出的规则有两大类,即横向财政支出规则和纵向财政支出规则。所谓横向财政支出规则,就是同级政府机关之间在财政支出方面的规则,所谓纵向财政支出规则就是上下政府机

---

① See Tiebout, *Charles M. A Pure Theory of Local Expenditures*, Journal of Political Economics, Vol. 64, p. 416 – 424(1956).

关之间在财政支出方面的规则,其核心是上下级政府之间的财政支出财政事权和支出责任的划分。

在将我国财政支出规则划分为横向和纵向两大类的基础上,我们可以将我国整个政府之间财政支出分为三大步骤。第一步是将整个国家的财政支出权限(对多大份额的财政收入和财力有多大的、怎么样的支配权力),依据不同层级的政府承担的支出事项的多少在不同层级之间的政府之间进行配置;第二步是各个不同层级的政府将自己分得的财政支出权限在同级政府机关之间,包括人大、政府和同级的国家机关,以及政府的职能部门之间进行配置,这一过程除了依据各个部门承担的支出事项以外,还应当遵循人大审批和监督等原则;第三步是上级政府对下级政府,人大对政府行使财政支出权力的行为进行监督,其主要依据是《预算法》等法律。

对于第二个步骤,即横向配置,我国《预算法》明确了这一方面的权力配置,由各级政府编制和提交预算草案并执行人大通过的预算,政府提出的预算草案由同级人大批准并由其监督预算的执行。对于第一个步骤,即纵向配置,我国对于这一方面的权力配置却没有像对于横向配置一样通过全国人大制定法律进行规制,而是由国务院的决定进行规定,例如国务院于 2016 年发布的《关于推进中央与地方财政事权和支出责任划分改革的指导意见》和国务院办公厅于 2018 年发布的《基本公共服务领域中央与地方共同财政事权和支出责任划分改革方案》。在财政支出的权力配置方面如此的重“横向配置”而由全国人大制定《预算法》进行规范,轻“纵向配置”而由国务院的规定进行规范,如此的厚此薄彼显然不适当。因为,财政支出权力在上下级政府之间的配置与在同级政府机关之间的配置的重要性是相当的，甚至说前者比后者更重要，因为前者更宏观也更基础，前者是第一步，只有先将财政支出权限在各级政府之间进行配置，才能进行第二步，即横向配置，将已经配置给各级政府的财政支出权限在同级政府不同的国家机关之间进行配置。

因此，既然我国横向的财政支出规则都已经由全国人大制定《预算法》规制了，比这更重要的纵向财政支出规则的配置更应当由全国人大制定法律进行规范，由国务院制定规定对纵向财政支出权限进行配置的现状相当不合适，国务院的规定一方面不如全国人大的立法有权威且符合民主法治；另一方面内容也比较抽象和原则，只是一些宏观的原则，这一状况应当尽快加以改变。

针对上述现状，我们可以进行以下改革：确立由全国人大和省级人大立法明确纵向财政支出规则的体制，将纵向财政支出规则法治化，实现财政支出规则的全面法治化，其理由如下。

第一，法治的必然要求。我国现在的纵向财政支出规则是由国务院的“红头文件”规定的，而不是由国务院的行政法规规定的，鉴于针对的是如此重要的在全国各级政府间进行财政支出的问题，此种立法方式完全不符合法治原则。财政法治要求对于比较重要的财政事项应当制定比较规范的法律性文件，而且应当由代议机关制定。既然对于横向财政支出，我国由《预算法》进行规定，那么对于比这更重要的纵向财政支出也应当通过全国人大制定法律进行规制。

第二，民主的必然要求。我国的各级人大都是由人民选举的代表组成的，代表人的利益，相对于行政机关，人民代表大会制度的民主合法性当然更强，更能代表人民利益，这也是世界大多数国家都由代议机关掌握国家钱袋子,为人民管理和监督财政的最直接原因。对于在全国各级政府间进行财政支出这样的事关全国人民财政收支的大问题,由人大进行规范是理所当然的。

第三,公平公正的必然要求。其一,在我国,全国人大是最高国家权力机关,行使最高国家权力,由其代表全国人民的意志制定关于各级政府间财政支出的规则更公平公正,由省级人大代表本地方人民的意志制定关于省以下政府间财政支出的规则也更公平公正。国务院和省级人民政府是中央和本级地方的人民政府,只是全国人大和省级人大的执行机关,不是代表机关,本身有自己的“政绩冲动”和利益计较,多给本级政府财政支出权力,少给本级政府支出责任是其本能的选择。其二,由国务院和省级人民政府制定各级政府间财政支出规则有违“任何人不能做自己案件的法官”的原则,不能体现公平公正。国务院和省级人民政府都是行政机关,都要向本级人大负责和报告工作,为本级政府多规定财政支出权力当然更有助于实现本级政府的行政目标,能更好地让本级人大满意,但是每一年全国或者全省的财政收入总是一定的,实际上是一个“零和博弈”,此消彼长,也就是说中央和地方,省级政府和其下级政府之间本质上就是一个竞争关系,由一个竞争者当裁判对其与其他竞争者之间的事务进行裁决,这显然不公平公正。

2. 由全国人大或者国务院立法明确纵向财政支出规则

由全国人大和省级人大立法明确纵向财政支出规则的体制,将纵向财政支出规则法治化,改变我国现有的仅仅实现了横向财政支出规则有《预算法》作为依据,初步实现了法治化,而纵向财政支出规则还未实现法治化,只是实现了“一半”的财政支出法治化的现状,真正实现财政支出的全面法治化。

第一,由全国人大制定法律明确纵向财政支出规则。财政支出规则立法权是财政支出立法权的核心组成部分,它决定了整个财政支出立法权配置的状态和纵向配置的基本格局,包括纵向和横向两大方面。我国横向的财政支出规则都已经由全国人大制定《预算法》进行规制了,比这更重要的纵向财政支出规则更应当由全国人大制定法律进行规范,由国务院制定规定对纵向财政支出权限进行配置的现状相当不合适。应当由全国人大制定法律明确纵向财政支出规则,这样一方面可以提高立法的位阶和权威,另一方面更符合民主法治原则,由代议机关主导国家财政收支,制定相关规则是民主法治的重要体现,此外能够解决现在国务院的规定抽象原则不具体的问题。

第二,退而求其次,由全国人大授权国务院制定行政法规对纵向财政支出规则进行规定。如果现在由全国人大制定法律明确纵向财政支出规则条件不成熟,那么可以由全国人大授权国务院制定行政法规进行规范。我国现在的纵向财政支出规则不仅仅是由国务院制定的,而且还是由国务院的"红头文件"而不是由其行政法规规定的。这样做也优于现在的情况,一方面,这种授权不是"打包授权""空白授权""无限期授权""转授权"的不规范行为,应当"明确授权依据,仅在特别必要的情况下才进行授权,并且要采用'一事一授权'的授权方式",[①]特别是要坚持"一事一授权"的基本原则,这种授权具有更少的自由裁量空间,受

---

① 李楠楠:《论优化中央与地方税收授权立法的法治路径》,载《北方法学》2018 年第 5 期。

到的约束和限制更多。结合我国财产支出立法的实际情况，采取“单行授权立法”是更为现实和明智的选择。[①] 另一方面，由国务院制定行政法规而不是通过一个“指导意见”等规定的形式更加正式、更加规范、更加稳定、更符合法治原则。

3. 全国人大或者接受全国人大授权的国务院在立法明确纵向财政支出规则时，应当同时将中央与省级财政支出事项法治化，明晰支出责任

财政支出权力的前提和基础是支出事项，财政支出权力配置的目的是完成事项，全国人大或者国务院在立法明确财政支出规则的同时，应当通过立法将中央与省级财政支出事项法治化，明晰支出责任，否则就会造成“‘中央请客，地方政府拿钱’的政策性支出严重破坏地方财政支出体制”。[②]

首先，厘清中央与地方政府财政支出事项关系。从财政结构的角度上说，“多层级治理，以任务或政策问题导向为基础，针对地方居民的共同偏好或者需求，在不同层级政权组织之间划分财政收支权限，提供特定的公共产品与服务”。在我国，尽管宪法和法律没有明确划分中央与地方的具体财政支出事项，但国务院和财政部通过政策或是决定对中央与地方的财政事权和支出范围作了不少规定。没有明确的规则对相关公共产品和服务的供给或具体责任进行明确划分，这样就为上级政府在不提供足够资金支出的情况下向下委派支出任务提供了空间。

---

① 杨志强、李娜：《税收授权立法问题探析》，载《法学杂志》2013 年第 11 期。

② 刘剑文等：《中央与地方财政分权法律问题研究》，人民出版社 2009 年版，第 97 页。

虽然与以往的情况有较大进步，但是由于上级政府对于下级政府是处于领导的地位，有足够的权威性，“上级通过考核、一票否决等程序将本级责任分解成了下级的责任，出现所谓的上级请客，下级买单的状况”。[①] 这样的制度安排对公民的权利有不利的影响，“不具备法律的强制性和程序性，使得公民未能形成合理预期”。[②] 因此，纵向财政支出事项法治化，明确各方支出责任，在立法中进行具体明确，这种法治化不是财政事权和支出责任某一方面的法治化，而是二者同时法治化，共同法治化，也就是同时在“划分财政事权和配置财力，使二者互动，从而实现匹配”，[③]这样就有助于防止利益诱导下的财政事权下沉，有利于实现公共服务在区域间均等化。

其次，依据各级政府的财政事权确立支出事项的基本范围。中央财政主要承担国家安全、外交、中央国家机关运转所需经费，调整国家经济结构、协调跨地区经济事务等事项。地方财政主要承担本地区政权机关运转所需支出以及本地区经济、事业发展所需支出。有些事项将其划分为全国性事务或者地方性事务都不合适，或者说有些介于二者之间向的特性，我们可以将“公共教育、公共卫生、医疗保健、基础科研、环境保护、生态工程等‘准全国性公共事项’”，规定为中央与地方的共同事务，共同承担支出

---

① 董玉明、张淑祺：《地方预算权基本问题研究》，载中南财经政法大学财税研究所、湖北财政发展研究中心编：《财政经济评论》(2006 年卷)，中国财政经济出版社 2006 年版。

② 晁茹：《中央与地方财政分权法律制度研究》，沈阳师范大学 2017 年硕士学位论文，第 28 页。

③ 刘尚希等：《明晰支出责任：完善财政体制的一个切入点》，载《经济研究参考》2012 年第 40 期。

责任。

最后，全国人大或者接受全国人大授权的国务院在立法明确纵向财政支出规则时，应当明确各级政府的支出事项。中央与地方支出责任的划分，涉及中央与地方的利益调整，不应当由国务院主导确定，更不应当由国务院通过规范性文件确定，退一步说即使由国务院确定也应该通过制定行政法规的形式，大多由中央以决定的形式规定。因此，由全国人大或者国务院制定法律或者行政法规的形式将中央与地方的财政支出事项进行规定，既符合民主法治原则，又解决了稳定性问题。由法律明确支出事项，就必然要求坚持"'财力协调'，让各级财政事权有相应的财力（即相应的各级税基）"，[①]为财权的配置提供前提和依据，也使得中央与地方财权关系处理有法可依。因此，应当尽快由全国人大或者国务院制定立法，在明确纵向财政支出规则的同时，将中央与省级财政支出事项法治化，明晰支出责任，为财权与支出责任的划分提供一个基本的、稳定的规则。

4. 全国人大或者国务院的立法应当对财政支出规则和标准进行合理、科学的规定

我国财政支出规则立法权的纵向配置存在中央立法疏阔，地方立法空间较大；中央部分立法僵化；由于中央立法疏阔，地方财政支出执行权较大等问题。换言之，现有的立法对于财政支出规则宽严失当，该明确的不明确，不该明确的又太明确。

中央制定财政支出规则应宽严适度，科学合理。科学立法有

① 王曙光、王丹莉：《财政体制变迁 40 年与现代化国家治理模式构建——从正确处理中央与地方关系的角度》，载《长白学刊》2018 年第 5 期。

两重含义,有两种理解。其一,科学立法可以理解为“科学地立法”,即“强调立法工作的权力归属、程序过程的规范性、民主性”,可称之为“程序的科学性”。其二,科学立法还可以理解为“科学的立法”,即“强调立法成果即法律文本中的各种法律规范要符合科学性的要求”,可称为“实体的科学性”。[①] 依据这一理论,任何立法都当从以下两方面加以规范。其一是立法程序方面。严格遵守法律规定的立法权限,不可越权或争权;恪守提案、审议、通过、公布和实施各个过程的法定程序要求;完善公众参与政府立法机制,还有健全立法机关和社会公众沟通机制。其二是实体规范层面。不得与宪法、法律等上位法的实体规范要求相冲突。“立法文本及其法律规范内容尊重、反映、体现、符合法治的内在规律、市场经济的客观要求、社会公众的利益诉求、国家社会的发展方向和我国的具体国情,从而具有正当性、合理性、可行性。”[②]

具体到我国财政支出规则的立法,从程序上说,我国的财政支出规则的法律应当由全国人大或者其人大常委会进行立法,财政立法的程序还应当体现民主法治原则,充分听取和尊重地方政府以及洽谈各方的利益诉求。另外,在制定财政规则时不仅程序上要坚持科学原则,实体上也应体现科学精神,应当立法确定“零基预算”规则以避免年底突击花钱的情况蔓延、确立绩效考核制度以提高资金使用效率、确立计算预算支出的科学的标准,

① 李友根:《论法治国家建设中的科学立法——学习〈中共中央关于全面推进依法治国若干重大问题的决定〉的一点思考》,载《江苏社会科学》2015 年第 1 期。

② 李友根:《论法治国家建设中的科学立法——学习〈中共中央关于全面推进依法治国若干重大问题的决定〉的一点思考》,载《江苏社会科学》2015 年第 1 期。

实现财政支出规则的科学立法。

5.应当由省级人大制定省以下地方财政支出的规则

上文已提到,我国财政支出的权限配置可以划分为两大类,一类是横向的配置,另一类就是纵向配置。我国对于横向配置的立法主要是《预算法》,对于纵向配置,我国没有像对于横向配置一样通过全国人大制定法律进行规制,而是由国务院的决定进行规定。财政支出权力在上下级政府之间的纵向配置与在同级政府机关之间的横向配置的重要性是相当的,甚至可以说前者比后者更重要,因为前者更宏观也更基础,前者是第一步,只有先将财政支出权限在各级政府之间进行纵向配置,才能进行第二步,即横向配置,将已经配置给各级政府的财政支出权限在同级政府不同的国家机关之间进行配置。因此,既然我国横向的财政支出权限的配置都已经由全国人大制定《预算法》进行规制了,比这更重要的纵向财政支出权限的配置更应当由全国人大制定法律进行规范,由国务院制定规定对纵向财政支出权限进行配置的现状相当不合适,国务院的规定一方面不如全国人大的立法有权威和符合民主法治,另一方面内容也抽象模糊,只是一些宏观的原则,这一状况应当尽快加以改变。

我国地方政府基本都是效仿中央与省级政府间的分权模式,各地做法不完全一样,具体如何实施由省级政府决定,但是有一点是完全一样的,就是从形式上都是由地方人民政府特别是省人民政府制定规范性文件对省以下地方财政支出的规则,这与中央是由国务院制定有关规定的模式是完全一样的,例如江西省人民政府 2017 年发布《关于推进省以下财政事权和支出责任划分改革的实施意见》对省以下财政事权和支出责任划分进行规范。同样,由省人民政府制定规定对省以下纵向财政支出权限进行配置不合理,省人民政府的规定一方面权威有限且不符合民主法治,另一方面内容也抽象模糊,只是一些宏观的原则,这一状况也应当尽快加以改变。

首先,应当由省级人大制定省以下纵向财政支出的规则。这样的制度安排有利于人民民主原则的实现,规范和监督政府的财政收支行为,“民主国家的设立旨在防止行政部门的任意膨胀财政支出,增加人民负担”。[①] 由行政机关自行制定纵向财政支出规则显然不合适,这有悖于财政民主主义原则。人大制定纵向财政支出规则的本质是“制衡政府财权,才是立法机关实质性和主要的功能”,[②]保障人民基本权益实现人民民主。这样的制度安排也更能体现法治原则,相比于省人民政府的“红头文件”,省级人大制定的地方性法规更适宜于规定如此重要的事项,更有权威性,也更有稳定性和操作性。

其次,由省级人大授权省政府制定政府规章对省以下纵向财政支出规则进行规定。如果现在由省级人大制定地方性法规明确省以下纵向财政支出规则条件不出售,退而求其次,可以由省级人大授权省级人民政府制定政府规章进行规范。我国现在的省以下纵向财政支出规则是由省级人民政府的“红头文件”,如江西省政府的《关于推进省以下财政事权和支出责任划分改革的实施意见》,而不是由其政府规章规定的。这样做也比现在的

---

① 王宏、高玉琢:《预算法治及其廉政功能》,北京大学出版社 2015 年版,第 151 页。

② 韦森:《财权制衡与中国改革》,载《国际融资》2013 年第 9 期。

情况更规范、明确和稳定。

最后,省级人大或者接受省级人大授权的省级人民政府制定有关纵向财政支出规则的地方性法规或者政府规章时,应当同时对各级政府的财政事权和支出责任进行明确。因为财政支出权力的前提和基础是支出事项,财政支出权力配置的目的是完成事项,省级人大或者接受省级人大授权的省级人民政府在立法明确财政支出规则的同时,应当“通过立法将省以下财政事权法治化,明晰支出责任,对地方各级政府间财政事权具体分工作出明确,即建立地方政府财政事权清单制度”。[①]

6. 在确立人大进行立法的体制的基础上,加强地方参与,建立中央与地方相互协商机制

确立由全国人大和省级人大立法明确纵向财政支出规则的体制,将纵向财政支出规则法治化,实现财政支出规则的全面法治化,这是我们解决财政支出规则立法权所存在的问题的基本方法。在此基础上,我们还应当加强地方参与,建立中央与地方相互协商机制,充分发挥中央和地方、上级和下级,政府和人民等多方的主动性和积极性。

目前,我国中央的立法中多方参与的成分较少,缺乏正式的、法定的参与方式和途径。这种中央掌握绝对决定权的机制与我国实行的社会主义民主协商制度存在一定的出入,“重大事项的决定机制应遵循民主协商制度,充分开展协商民主,有效的、多维

① 李翰林:《政府财政事权配置的制度困境与优化路径》,载《广西政法管理干部学院学报》2018年第4期。

度的合作是现今解决问题的良方”。[①] 这就需要对涉及经济社会发展重大问题和涉及群众切身利益的实际问题开展广泛协商，以尽可能取得一致意见，这样的制度安排同时也具备真实性、广泛性、多层性、多样化和制度化等特征。

一些国家就是在充分尊重地方自主性的前提下制定有关财政收入分配规则的。日本依据财政事权决定财权的原则，坚持地方政府承担的财政事权应当与财权相匹配，建立中央与地方在财政收入分配上的民主协商机制，赋予地方政府更多的发言权，提高地方政府的参与程度。

我国在财政支出规则制定中，特别是涉及各级政府之间的财政支出权限的配置的规则，应当加强中央与地方政府协商，建立协商机制。其意义主要有：有助于信息交流，增加博弈过程的透明度，增强决策的科学性与合理性；有助于地方政府了解全国的形势和相应的规则；有利于中央政府听到了来自地方的不同呼声。建立相互协商机制，应当坚持平等和充分协商原则，“改变地方政府应如何担当自己角色的问题导源于上层的命令的等级模式，建立以面对面的讨价还价或地方之集体作出决定为特征的平等模式”。[②]

（二）完善财政支出决定权的配置

上文提到，我国财政支出的规则有横向财政支出规则和纵向

---

① 李翰林：《政府财政事权配置的制度困境与优化路径》，载《广西政法管理干部学院学报》2018年第4期。

② ［美］加布里埃尔·A. 阿尔蒙德、小G. 宾厄姆·鲍威尔：《比较政治学：体系、过程和政策》，曹沛霖等译，上海译文出版社1987年版，第66页。

财政支出规则两大类，我国整个政府之间财政支出的具体执行可以分为三大步骤。这三个步骤分别规定的是纵向配置、横向配置和监督三个问题。

完善财政支出决定权的配置，也就是完善这三个实施财政支出规则的步骤。当然，每一步骤的法律规则是否完善直接影响了这一步骤的财政支出决定权的行使。以上所说财政支出决定权行使的三大步骤都有一些不足，需要进行改革和完善。

1. 规范国务院和省级政府的纵向财政支出行为

我国现行的国务院和省级政府自己制定纵向财政支出规则自己执行，权威性不足，公平公正性欠缺，稳定性不强，不符合民主法治原则。然而，这是立法体制问题，应该从立法上进行完善，但是在完善立法之前，国务院和省级政府也可以在执行方面进行完善，主要是明确和细化各级政府之间财力分配的依据和计算标准，明确各级政府所负责的支出财政事权，改变现有的规则模糊和不具体的现状。

2. 适度增强和保障地方政府财政自主权和积极性

我国现有的财政支出制度，一方面有立法内容疏阔，给予地方较大自主权的问题，例如，财政开支的范围不明确，自主权较大；另一方面存在立法内容僵化，限制较多的问题，例如，一些法律规定某项财政支出的比例应当达到一定的比例，设置了较多的专项转移支付等。应当适度增强和保障地方政府财政自主权和积极性，“地方的自主性，也只有在它拥有支配金钱工具以达成自主政治目标的情况下，才能得以体现”。[①] 我国 2018 年的国税

① 黄俊杰：《财政宪法》，台北，翰芦图书出版有限公司 2005 年版，第 64 页。

和地税的合并,改变了原来的分税制,因为原来的“分税制改革减少了地方的财政自主权,从而导致地方支出效率的降低,地方公共品的供给状况相较于经济增长速度而言也有所弱化”。[①] 适度增强和保障地方政府财政自主权和积极性,还有利于“将具体支出事项决定权交由地方各级政府,可在很大程度提高地方财政自主性,使地方政府逐渐具备权责利相统一的独立财政主体地位”。具体改革从以下三个方面入手。

第一,提高预算比准的效率,提高预算的计划性和工具性。现实情况是“许多县级预算在预算年度的末期才能够批准,这大大减弱了预算作为一个计划和政策工具的效用,使其仅仅成为一个会计凭证”。[②] 因此,必须改变这种状况。

第二,明确各级政府的支出财政事权,倒逼各级政府提高资金使用效率。政府不应该仅仅是完成花钱任务,而是应该用最少的钱办最好的事,这就需要明确支出财政事权,只有这样才能避免财政事权层层下移的现象,也能有效避免“因缺少有效的预算管控,造成资金短缺的情况,防止因地方财力问题诱发财政自主权情况的发生”。[③]

第三,充分发挥地方政府的信息优势和积极性,上级政府可以将支出财政事权和相应的支出权力同时授予给下级政府。地方政府特别是基层政府管理公共事务有其特有的优势,“具体事

---

① 吕炜、王伟同:《发展失衡、公共服务与政府责任——基于政府偏好和政府效率视角的分析》,载《中国社会科学》2008 年第 4 期。

② 马昊:《当代中国县级公共财政制度研究》,中国经济出版社 2008 年版,第 149 页。

③ 刘晓静:《浅析分权改革背景下的地方财政自主权》,载《时代金融(中旬)》2015 年第 12 期。

务决策所需要的知识是关于某些特定的人或事物在某个时间和地点的信息这些具有地方性的知识分散在每个人的手里,恰当合理的决策必须由这些人做出,或者需要他们的配合,攸关局部利益的决策最好由地方独立进行”。[①] 各级政府在掌握信息优势下,决定具体财政支出事项,上级起着指导与协调作用,有利于更好地实现公共服务均等化和地方政府职能的转变,解决分配不公平问题,以及缓和中央和地方、地方与地方之间的财政关系矛盾。

3. 落实各级人大财政支出决定权

在依法增强地方财政民主同时,应该同样落实地方各级人大的财政支出决定权,主要是财政预决算的审议权以及监督权。

第一,各级人大的预算和决算的审议权应当落到实处。这需要改革预决算编制方法、细化预决算草案里的数据、增加预算审批时间、调整人大议事日程、优化人大代表结构、壮大人大组成机构,使人大的预算审批权具备应有的效果和作用。同时也使越来越多的人大代表认识到自己所担负的预算民主职责,应当完全实现预算民主,即由立法机关对政府财政预算进行监督、审议、制衡和审计。从某种程度上来说,“能否有预算民主,这是衡量一个国家是否已经走向现代化国家的重要标识之一”。[②] 将财政立法权回归人大,由人大来制定财政支出规则,提高法律位阶,让财政支出规则更具有强制性、规范性,不可随意更改。从而进一步规范政府财政支出行为,破除财政部门的财政立法权与决定权垄断

① 王建勋编:《大家西学:自治二十讲》,天津人民出版社 2008 年版,第 3 页。

② 韦森:《财权制衡与中国改革》,载《国际融资》2013 年第 9 期。

格局,改变现有的行政主导的现状,形成以人大为中心的民主格局。

第二,监督政府的财政支出立法。我国的政府及其财政部门,特别是中央和省级人民政府和其财政部门都有着一定的立法权或者指定规范性文件的权力,这些立法行为较之财政方面的执法行为而言,其作用和影响面更大。正如汉密尔顿所言:“确保议会对政府进行有效监督的工具中,掌握财政预算的权力被认为是最完善的和最有效的武器,任何宪法利用这种武器,就能把人民的直接代表武装起来,纠正一切偏差,实行一切正当有益的措施。”[①]因此,对于这些立法行为,人大必须严格进行监督。

4. 强化人大和审计机关对财政支出的监督

第一,完善审计监督制度。我国的审计监督缺乏权威和公信力。各级审计机关是同级人民政府的组成部门,一方面,审计机关属于同级人民政府领导,对同级人民政府不可能实施监督;另一方面,审计机关与其他行政部门都是行政机关,而且属同一级人民政府领导,其监督的公信力并不强。即使“按照审计机关自身对审计监督是国家治理体系中的免疫系统定位,也与监督法理相违背”。[②] 将审计监督与人大监督相结合是可行的选择,因为“各级权力机关应当成为审计机关的主管机关,审计机关由权力机关产生并向权力机关负责,向本级权力机关报告工作,独立行使审计权,业务上只接受上级审计机关的领导”。[③] 将人大监督

① [美]汉密尔顿、杰伊、麦迪逊:《联邦党人文集》,陈逢如等译,商务印书馆 1980 年版,第 264 页。

② 刘家义:《论国家治理与国家审计》,载《中国社会科学》2012 年第 6 期。

③ 曾凡证:《加强人大对预算执行监督的路径》,载《法学》2017 第 12 期。

和审计监督合二为一，将审计部门置于人大的领导之下是一个可行的选择。人大监督缺乏技术力量，而这正是审计机关所具备的；审计监督缺乏权威和公信力，而人大监督恰恰有很强的权威和公信力，因为各级人大是由选民直接或者间接选举产生的，具有较强的合法性和权威性，人大是立法机关，人大的监督是立法机关对行政机关的监督，具有较强的公信力。

第二，将人大监督和财政部门内部监督紧密衔接。"财政部门内部监督和人大监督各有其特点和侧重，财政部门内部监督相对比较微观、具体，而人大的监督相对比较宏观、原则；财政部门内部监督时间在前，主要对政府各部门提交的财政收支预决算草案的监督，而人大的监督时间在后，主要对财政部门代表政府编制的财政预决算草案进行审查和监督；财政部门内部监督针对其他政府机关和事业单位，而人大的监督针对同级人民政府及其财政部门，这两种监督如果能够紧密衔接能够发挥各自的优势，有力地监督财政支出。人大的监督虽然重要但也不是万能的，不可能对事无巨细的财政支出进行监督，大量的财政支出需要财政部门的审查和监督，人大审查财政部门提交的财政支出的预决算草案。人大监督政府及其财政部门，财政部门监督其他政府部门，各个环节之间环环相扣，形成一个完整的整体。"①有些经济发达的省份的省人大也开始强化预算监督之风，如在"2004 年 2 月 10 日广东省十届人大二次会议上，一本 16 开、3 厘米厚、504 页、包括 115 个省级部门的《2004 年省级部门预算单位预算表》摆在出

① 宁立成、张兰兰：《论我国财政支出监督法律制度的改革》，载《江西社会科学》2014 年第 1 期。

席会议的人大代表面前"。[①] 这无疑为地方政府财政支出的监督和管理起了个良好开端。2018 年 7 月，辽宁省十三届人大常委会四次会议决定成立政府支出预算结构和政府性债务问题调查委员会。这在全国省级人大常委会中尚属首例。对我国的财政支出监督方面的改革又迈进一小步。从更长远的角度来说，"人大预算审查监督权的总体方向应当是民主化、法治化和绩效化，并遵循'有规、有序'的法定权限和法定程序，建构具有相当刚性约束力的'问责预算'"。[②]

第三，赋予公民个人监督权。我国财政监督体制中并未赋予公民个人的监督权。"公民为政治执行者授予了征税、开支以及制定和执行政策与法律等广泛的权力。作为回报，公民要求其承担责任。"[③]我国财政监督体系方面的研究，"大多数集中于人大监督、审计机关的监督、政府财政部门监督等权力机构的监督。即使有人在研究预算监督时提及了公众监督的问题，往往也失之空泛，或者简单地从舆论监督的层面予以展开"。[④] 我国《宪法》第 41 条规定，公民对任何国家机关和国家工作人员的违法失职行为都有提出申诉、控告或者检举的权利。地方财政支出行为是地方各级政府为了履行相应职能的政府活动，其具体的内容和标准

---

① 赵立韦、邵建斌：《从"广东现象"看如何加强预算监督》，载《人大研究》2004 年第 6 期。

② 王桦宇：《治国理政、财税改革与法治图景——中国语境下财税法律制度之建构》，载《北华大学学报（社会科学版）》2014 年第 1 期。

③ Mark Schacter, *When Accountability Fails: A Framework for Diagnosis and Action*, Policy Brief No. 9, May 2000. 1.

④ 蒋洪等：《公共财政决策与监督制度研究》，中国财政经济出版社 2008 年版，第 226 ~ 299 页。

理应受到作为纳税人公民的监督。任何作出违反法律法规的财政支出行为的政府及其工作人员都应受到相应的处罚，这才是法治社会应有之义。我国《宪法》虽然赋予公民监督权，但是财政监督体系中并未包含公民个人监督。因此，我国财政支出法律应当同时赋予公民财政监督权，并完善相应的配套措施保障权利的行使。建立纳税人诉讼机制，即"针对不符合宪法和法律的不公平税制、不公平征税行为特别是政府的违法使用税款等侵犯国家和社会公共利益的行为向法院提起的诉讼"。[①] 将公民个人监督与司法监督相结合，更有利于对政府随意支出行为进行有效监督与管理。

（三）转移支付立法权的配置

1. 构建财政转移支付法律制度，明确规范中央与地方的财政转移支付规则

转移支付制度的作用大多数时候都是正面的，但是也有一些负面的作用，例如"由于均等化转移支付会改变地区间税收收入的分成关系，尤其是如果来自中央政府的无偿转移支付资金被地方政府用作对本地征税成本的替代，则转移支付的增加很可能会降低地方政府的税收努力，这不仅会加大地方的财政收支缺口，也会造成地方财政对上级转移制度的更大依赖"。[②] 如何兴利除弊，发挥转移支付的功能和作用，减小其不利的影响，就需要从制度层面进行设计，由全国人大制定《财政转移支付法》对转移支付制度进行全面规制是一个可行的选择。制定《财政转移支付

① 施正文：《我国建立纳税人诉讼的几个问题》，载《中国法学》2006年第5期。

② 付文林、赵永辉：《财政转移支付与地方征税行为》，载《财政研究》2016年第6期。

法》要注意两个大的问题，一是应当与现有的《预算法》《各级人大常委会监督法》等法律相互配合、相互衔接、协调一致的问题；二是制度设计应当既要有原则性又要有一定的灵活性，既有刚性又有一定的弹性，使之能够适应形势变化而能够依据情况对转移支付作出适当调整。

2. 优化财政转移支付的构成，明确计算标准和方式

我国的转移支付包括一般性财政转移支付和专项转移支付，一般性转移支付包括均衡性转移支付以及其他的非专项转移支付。我国现在的转移支付结构在进行完善和改革，具体的计算标准也在不断变得科学合理，但还是有值得改进和完善的地方。

(1)取消税收返还。中央对地方的税收返还源于1993年的分税制改革，其目的是保证1993年地方既得财力，从而减少地方对分税制改革的阻力，规定中央财政对地方税收返还数额，以1993年为基期年核定。1994年以后，税收返还额在1993年基数上逐年递增，递增率按全国增值税和消费税增长率的1∶0.3系数确定。后来中央对于地方税收返还的基数增加了所得税、成品油税费改革税、地方上解预算。依据财政部《关于2016年中央对地方税收返还和转移支付预算的说明》《关于2017年中央对地方税收返还和转移支付预算的说明》《关于2018年中央对地方税收返还和转移支付预算的说明》：2016年中央对地方税收返还预算数比2015年执行数增加6.59亿元，增长0.1%；2017年中央对地方税收返还预算数比2016年执行数减少537.35亿元，下降5.6%；2018年中央对地方税收返还预算数比2017年执行数增加51.91亿元，增长0.6%。从这些数据可以看出，中央对地方的税收返还有逐年微弱增长的趋势。

中央对地方的税收返还的初衷是保证地方既得财力，归根结底是作为维护既得利益保留的项目，发达地区税收返还额远远高于不发达地区，导致富裕地区与贫困地区的财力差距越来越大，既违反了转移支付的公平性原则，又不利于均等化及宏观调控目标的实现，影响了转移支付作用的发挥。

从以上财政部近几年公布的数字来看，中央对地方的税收返还的数额相对于财政收入的增长速度来说确实是减少了，但是其绝对数额还是不小，应当加快改革的步伐，在未来三到五年取消税收返还项目，把资金并入一般性转移支付中，通过统一的公式进行分配。

(2)规范专项转移支付。专项转移支付有其优点也有其缺点，优点是能够实现中央的财政投向目标，专款专用，灵活多样；缺点也是如此，专款专用导致“买盐的钱不能买油”，灵活多样导致地方财政收入没有稳定的预期。规范专项转移支付，最基本的途径就是尽可能减少专项转移支付，然后才是规范专项转移支付。因此，这就涉及两方面的改革，一是尽可能减少专项转移支付，对于现有的转移支付进行研究和清理，对于那些能够并入一般性转移支付，甚至是均衡性转移支付里面的专项转移支付应当毫不犹豫地合并，只是保留那些不能够合并的转移支付。这些予以保留的专项转移支付有其特有的政策作用，必须依据情况变化灵活支付，因此必须保留。二是规范专项转移支付，最关键的问题是明确专项转移支付的标准和计算方式，既然专项转移支付主要的目的是依据时势的变化进行政策引导，以发挥政策导向功能，那么就应当因地制宜、因势施策，依据客观的标准，而不能随意而行。

第五节　完善财政立法监督和责任追究制度

一、完善财政立法监督和责任追究制度

我国宪法和法律对财政立法的监督和追责有很多规定,各级国家机关依据这些规定做了大量的工作。然而,我国关于财政立法的监督和追责的法律规定存在一些缺陷和不足,各级国家机关的相关实践还有需要完善的地方。

(一)完善财政立法的监督制度

1. 完善全国人大对国务院、地方人大对同级地方政府的财政立法监督

全国人大常委会是我国非常重要的立法监督机关也是非常重要的财政立法监督机关,国务院关于财政方面的立法需要向全国人大常委会进行备案。根据《立法法》的规定,全国人大常委会有权撤销同宪法和法律相抵触的行政法规,地方人大常委会有权撤销同级地方政府制定的不适当的规章。各级政府由同级人大产生,对其负责,人大完全有权监督政府的立法权。在财政立法方面,通过全国人大常委会对国务院、地方人大对同级地方政府的备案与撤销等制度可以对其进行监督。从我国财政立法监督的宏观立法来看,现阶段已经形成了一个以人大监督为主,人大在监督中居核心地位的财政立法监督体系,我国的财政立法监督体系符合民主立法的要求,财政立法监督工作既具有权威性,又具有民主性。

不过,我国《宪法》和《立法法》规定了全国人大及其常委会、地方人大及其常委会有备案权、批准权、撤销权和接受请求并对立法进行审查的权力等立法监督权,但只有宏观的规定,缺乏具体和细化的规定。

要完善全国人大对国务院、地方人大对同级地方政府的财政立法监督,应当做好两方面的工作。

一方面,应当在《立法法》或者其他法律中对全国人大及其常委会的上述财政立法监督权的程序、期限、方式等问题加以明确,以利于具体实施,主要应当规定:全国人大常委会应当在多长时间内批准或者决定不批准自治区的自治条例和单行条例;如果全国人大常委会不批准自治区的自治条例和单行条例,那么已经过自治区通过的自治条例和单行条例该怎样处理;全国人大常委会撤销国务院行政法规的具体程序;全国人大常委会应当在接到请求后多长时间内作出是否启动审查程序的决定、审查程序应当在多长时间完成、审查程序的具体步骤是怎样、是否需要为原立法机关提供申辩的机会;细化财政立法监督建议的受理、处理、反馈等程序。省级人大常委会、设区的市的人大常委会在行使财政立法监督时的具体程序和细化规定也应当在《立法法》中加以规定。

另一方面,制度的力量在于执行,要积极做好财政立法监督工作,在这些具体的程序和实施规范确定以后,全国人大常委会和省、设区的市的人大常委会应当积极行使税收立法监督权,将法律规定的权力转变为现实。要提升备案审查工作的地位和人大法律监督的权威,必须在制度执行上下功夫,通过执法检查、定期清理、专题询问、重点抽查等方式推动财政立法备案审查工作的开展。对确实存在合法性问题且国务院、同级政府“久拖不纠”的文件，全国人大常委会委员长会议及各级人大常委会主任会议应当依法启动监督程序，切实增强人大财政立法监督的权威。全国人大常委会、省人大常委会、设区的市人大常委会要通过定期听取备案审查专项工作报告，定期召开备案审查工作通报会等方式，进一步增强财政立法备案审查制度的实效。应当通过加强沟通协调、定期核查通报等方式，督促国务院、同级地方政府按照有关规定和要求，及时报备，做到不漏报、不瞒报。国务院、同级机关应当与全国人大常委会、地方人大常委会进行沟通。

2. 完善全国人大对地方人大、上级人大对下级人大的财政立法监督

我国法律规定，全国人大常委会有权撤销同宪法、法律和行政法规相抵触的地方性法规。地方性法规应当由省级人大常委会报送全国人大常委会备案。设区的市的地方性法规须报省、自治区的人大常委会批准后施行。省、自治区的人大常委会对报请批准的地方性法规，应当对其合法性进行审查。较大市的人大及其常委会根据本市的具体情况和实际需要，在不同宪法、法律、行政法规相抵触的前提下，可以制定地方性法规，报省、自治区的人大常委会批准后施行。自治州的人大及其常委会可以行使设区的市制定地方性法规的职权。

完善全国人大对地方人大、上级人大对下级人大的财政立法监督，主要是合宪性监督和合法性监督，就是要完善财政立法监督的内容，明确财政立法监督标准。财政立法监督对财政立法工作中的活动和作为活动的结果都要进行审查，并判断其是否符合宪法和法律是审查的主要内容。财政立法监督的内容涉及各级人大立法主体、立法工作是否符合法定程序等多方面。具体来

讲,各级人大财政立法主体是否适格;各级人大财政立法活动要按照法定程序才能保证立法的科学民主性;各级人大财政立法活动所产生的规范性法律文件必须具有合宪性和合法性,法与法之间要相互协调,不能互相矛盾和冲突,否则就会导致法律体系的混乱。

3. 完善国务院对地方政府、上级政府对下级政府的财政立法监督

国务院是中央人民政府,是最高国家行政机关,它统一领导全国各地方国家行政机关的工作,因此,在财政立法方面,国务院对地方人民政府、上级政府对下级政府,可以通过备案、改变和撤销来实现由上至下的监督。依据宪法和法律的规定,国务院有权改变和撤销不适当的地方政府规章。省、自治区政府有权改变或撤销下一级政府制定的不适当的规章。

进一步完善国务院对地方政府、上级政府对下级政府的财政立法监督制度,需要从以下两个方面着手。

其一,要加强监督主体的组织建设,保证有足够的人力实施监督。国务院领导监督省级人民政府、省级人民政府领导监督市级人民政府、市级人民政府领导监督县级人民政府,都是一个上级政府领导监督很多个下级政府,如果没有足够的组织力量肯定是力不从心的。我国各级政府中对下级政府进行监督的组织力量较薄弱,需要加强。

其二,要对其财政立法进行全面审查,将其没有纳入财政立法监督范围的也进行审查,及时纠正一切违反宪法和上位法的规范性法律文件。如果财政立法监督不能对其监督内容全面审查,立法过程就可能产生不合法、不合理和不公正的现象,依宪治国和依法治

国就无从谈起，进而影响公民权利和自由的保障。

4. 完善国务院对财政部等部门、地方政府对其财政等职能部门的财政立法监督

各级人民政府的职能部门都是本级人民政府的组成部分，当然应当受其监督。国务院各个部门制定的部门规章都要报送国务院备案，国务院有权改变和撤销不适当的部门规章。国务院和各级地方人民政府可以通过备案、改变和撤销等监督方式对国务院部门或者地方政府职能部门的财政立法进行监督，防止其出现违宪或者违法的情形。

实践中，我国的很多财政立法是由财政部制定的，一些国务院的行政法规和决定是由财政部起草的，财政部在国家的财政立法中地位非常重要，加强对财政部的监督非常重要。要完善对财政部的监督最主要的是加强法制部门（原来是国务院法制办，现在是司法部）对其进行合宪性、合法性监督，对财政部的规章进行严格把关和审核。另外，要加强国务院其他部门对财政部规章的合法性和合理性的监督，发现问题，及时向国务院报告。同样，我国地方政府的很多财政立法或者规范性文件是由财政部门制定或者是由财政部门起草的，财政部门在各地方的财政立法中地位非常重要，因此，加强对地方财政部门的监督非常重要。要完善对地方财政部门的监督最主要的是加强地方法制部门（原来是各级政府法制办，现在是司法部门）对其进行合法性监督，对财政部门的规范性文件进行严格把关和审核。另外，要加强各级政府的其他部门对财政部门规范性文件的合法性和合理性的监督，发现问题及时向本级人民政府报告。

(二)完善财政立法的责任追究制度

责任追究是法治政府的内在要求和核心机制。在财政方面,根据责任法治化的要求,责任必须由法定的追究主体在法定权限内,按照法律规定的情形和程序予以追究。构建科学有效的追责制度既是法治政府的内在要求,又是责任政府的核心内容。我们应当立足于我国财政立法监督的具体情况,改善具体制度和相关立法,明确责任体制和处罚体制。

“现代政府依法对国家和社会公共事务进行管理,具有政治、经济、社会等方面的职能。”[①]明确职责是追责的前提和基础,是谁的职责没有履行好就是谁的责任。追责制度应当有明确的法律规定,追责制度法治化是法治原则在行政责任追究领域的集中体现。在这一过程中,应当明确责任追究的主体和权限,弄清楚责任的追究范围,完善责任追究的程序,统一责任的承担方式。

目前,我国财政行政追究制度已初步确立,但相关立法还有地方不明确;一些法律规定不一致,缺乏统一性;有些法律规定较抽象,缺乏可操作性。我国权力机关对财政立法权的监督力度较有限,责任和权力不对称,责任追究机制没有起到应有的作用,因此出现很多问题。

完善财政立法追责制度的关键在于三个方面。第一,明确在财政立法中各个国家机关以及人员的职责,为责任追究提供前提条件。第二,将责任追究扩展至党纪党规的责任追究,因为从广义上说,财政收入立法权的责任追究也包括通过党纪党规对相关

---

① 陈党:《行政责任追究制度与法治政府建设》,载《山东大学学报(哲学社会科学版)》2017 年第 3 期。

党组织和党员个人进行责任追究。第三,应当加强责任追究的实施,将纸面上的、文本上的法律规定落到实处,真正将财政立法的追责制度建立起来。

二、完善财政支出监督和责任追究制度

2020 年 10 月召开的党的十九届五中全会通过的报告《中共中央关于制定国民经济和社会发展第十四个五年规划和二〇三五年远景目标的建议》明确提出:“深化预算管理制度改革,强化对预算编制的宏观指导。推进财政支出标准化,强化预算约束和绩效管理。”这为完善财政支出的监督和追责制度指明了方向。

财政支出作为国家为全社会、全国人民提供公共服务的主要手段,作为国家实现公共管理的一种方式,在国家政治经济生活中发挥的作用也越来越重要,它在提升政府公共产品与服务的供给能力等方面具有最基础的功能和作用。我国现行《宪法》《预算法》《各级人民代表大会常务委员会监督法》《审计法》是规范财政支出的最主要的法律,也是规范财政支出的监督和追责制度最主要的法律。我国现行法律对财政支出的监督和追责制度的规定,相关的实践都存在一些问题,完善财政支出的监督和追责制度,对于提高监督能力,实现我国治理能力和治理方式的现代化具有重要意义。

(一)财政支出监督和追责的法理依据

1. 宪法精神的必然要求

“财政首先或从根本上说是一种政治的和法律的制度,然后它才是一种经济制度,有什么样的政治和法律制度,就有什么样

的经济问题。”财政受到监督是随着宪法的产生和发展而确立的，从历史上看，财政是政治的核心问题，也是宪法产生的主因。在宪法的发源地英国，财政是宪法产生的直接原因，在税收问题上经过长期斗争后，1215 年英国国王约翰和贵族代表签署了《自由大宪章》，其第 12 条规定，除了给国王被俘后赎身等三项税金外，课税必须得到贵族和大地主代表会议的同意，从而确定了“不得人民同意不课税”的原则。财政问题导致了宪法的产生，同时宪法的产生使得财政理念和制度发生了根本的变化，宪法国家的财政是民主的、法治的、公开的、服务于人民的、受制约的财政。

2. 民主的必然要求

我国《宪法》第 2 条规定“中华人民共和国的一切权力属于人民”，明确了人民是国家的主人。既然人民是国家的主人，政府和国家工作人员是人民的“公仆”，当然人民有权监督“公仆”如何用钱，更何况财政收入本来就是人民的，是作为纳税人的人民交税所形成的。

因此，作为纳税人的人民有权要求“税收取之于民，用之于民”，人民交税的目的就在于要求政府做人民的“公仆”，为人民提供公共产品和服务，在于要求政府保障和维护人权；人民有权要求公开财政收支，当今世界上多数国家的财政收支除了涉及国家机密的内容以外都是公开的，任何公民都能通过网络、报纸等媒体获得相关信息；人民有权要求监督财政支出的去向、过程和绩效等。

3. 权力制约的必然要求

广义上权力制约包括两层意义：一是作为整体的国家权力应受到限制，政府的权力应是有限的，即有限政府原则。二是国家权力各部分之间的制约，即狭义上的权力制约。通常我们所说的是狭义上的权力制约，“权力制约原则是指国家权力的各部分之间相互监督、彼此牵制，以保障公民权利的原则”。[①] 权力制约之所以必要，一个重要的原因是人民主权与间接民主的矛盾。因为受到地域、人口、交通、专业分工等因素的限制，人民不可能经常直接决定国家事务，更多是以间接民主的方式行使民主权利，因此必然要借助于国家机关之间的相互制约。前文提到人民有权监督政府的财政收支，但是监督财政是一个专业性很强的、需要耗费大量时间的工作，公民对财政的监督是自愿的，要求每一个公民都有能力和精力进行财政监督是不现实的，所以“要防止滥用权力，就必须以权力制约权力”。[②]

当今世界各国的国家机关的财政权互相制约，财政权主要属于议会，即所谓财政议会主义，但是议会往往只享有审批权和监督权，预算草案基本上都是由行政机关编制的，通过的预算由行政机关执行。这种制度安排有其深意：财政权是国家重大权力，不能由一个国家机关独享。虽然议会是人民的代议机关，由其享有财政事项最终决定权理由更充分，但也不能由其独享财政权，毕竟议会只是人民的代议机关而不是人民本身。如果由议会编制预算草案并组织实施预算，同时又享有审批权和监督权，那么财政权就会失去制约和监督，失去制约和监督的权力就面临着异化的危险；当然如果财政由政府“自编自导”，那么财政支出的失控和变质就是必然的。

---

① 周叶中主编：《宪法》（第3版），高等教育出版社2011年版，第98页。

② ［法］孟德斯鸠：《论法的精神》（上），孙立坚等译，陕西人民出版社2001年版，第183页。

4. 人性中的恶性

人性中的恶性是权力需要监督和制约的深层次原因。如果我们将政府及其工作人员定义为善的化身，那么就可以将自己的所有托付给政府及其工作人员，制约和监督就是多余的，但是事实并非如此。

休谟提出了著名的政治制度设计中的“无赖假定”，他说：“在设计任何政府制度和确定该体制中的若干制约、监控机构时，必须把每个成员都设想为无赖之徒，并设想他的一切作为都是为了谋求私利，另无其他目标。”[①]基督教也认为由于人类的始祖亚当和夏娃偷吃了伊甸园的智慧果因而天生就有“原罪”。之所以需要对权力加以制约和监督是因为人性有其致命的弱点，因而不得不加以防范和制约。

(二)我国财政支出应当坚持的原则

1. 我国财政支出的目标原则：公共、人权

财政的英文“public finance”直译为汉语就是“公共财政”，其意在于与私人领域分开。1998 年党的十五届五中全会的决议《中共中央关于制定国民经济和社会发展第十个五年计划的建议》明确提出了要“逐步建立适应社会主义市场经济要求的公共财政框架”。国务院批转发展改革委《关于 2010 年深化经济体制改革重点工作意见的通知》(已失效)提出：“推动国有资本从一般竞争性领域适当退出。”公共、人权的目标对财政支出的方向提出了要求：财政支出应当解决市场本身无法解决的问题，即

---

① [英]休谟：《休谟政治论文选》，张若衡译，商务印书馆 1993 年版，第 27 页。

提供市场无法提供的公共产品和服务、弥补市场缺陷，而不是为极少数人服务。从这种意义上说国家不应利用财政资金与民争利，凡是市场经济能够解决的问题财政就不要介入，特别是不介入一般竞争性领域。财政支出应当注重基本人权的实现，投向社会保障、环境保护、教育、科技、文化、卫生等民生工程，逐步实现基本公共服务均等化。

判断财政支出的方向时，我们应当以此为标准，每一项财政投入都要审查这是否为公共服务和民生所需要，是为了公众还是极少数人的利益，是否能够通过市场解决。一些财政投入和支出引起了一些争议，原因就在于这些财政支出与公共服务和民生没有直接的关系，而只有间接的关系，例如国家财政补贴家用电器的"以旧换新"、国家对上市公司的财政补贴等[②]。限于文章的篇幅，笔者在这里并不具体分析这些财政开支的合理与否，只是强调所有财政支出都应当以公共、人权为标准审慎决定。

2. 我国财政支出的程序原则：公开、法治

"阳光是最好的消毒剂"，财政支出公开既是人民主权的要求，也是行政信息公开制度的要求，财政支出应当透明，财政支出的内容、活动过程和结果，除了涉及国家机密的，都应当向议会向社会公众、新闻媒体公开。

党的十八届三中全会通过的《中共中央关于全面深化改革若干重大问题的决定》明确提出要"实施全面规范、公开透明的预算制度"，审核预算的重点由平衡状态、赤字规模向支出预算和政策拓展。目前我国预算审批的核心是收支平衡，而不是支出规模与政策，应当实施全面规范的预算公开，以后预算要更多强调公开支出政策，预算公开除了"报账"以外，要让大家更多知道

是怎样一种支出政策，增强预算的透明度。[①] 这表明一方面我国现在更加重视财政支出，另一方面明确提出了公开、透明的财政支出原则。

法治财政中的“法”特指代议机关制定的法律而不包括其他机关的法律性文件，体现了当今世界各国实行的财政议会主义原则。当今世界多数国家都实行财政预算制度，议会每年以法律的形式通过预算案，不允许政府随意进行财政收支。法治财政是宪法的法治原则对财政制度的必然要求，同时也是财政民主的制度化体现，是实现人民在财政方面基本权利的必要手段。

公开、法治要求财政支出的内容除了国家机密都应当公开，尽可能具体、细致地公开，而不是仅仅公布一些模糊的数字，越具体越好，因为公开的目的是便于监督；政府的财政支出必须严格依法而行，各级政府的财政支出接受同级人大的严格监督，增强人大财政监督的权威性。

3. 我国财政支出的效果原则：节省、绩效

节省是指办一件事情，应尽可能花最少的钱办好，不能奢靡和浪费；绩效强调财政支出的效果。财政部发布的《关于推进预算绩效管理的指导意见》要求：“在预算编制、执行、监督的全过程中更加关注预算资金的产出和结果，要求政府部门不断改进服务水平和质量，花尽量少的资金、办尽量多的实事，向社会公众提供更多、更好的公共产品和公共服务，使政府行为更加务实、高效。推进预算绩效管理，有利于提升预算管理水平、增强单位支

① 李丽辉、吴秋余：《楼继伟解读三中全会深化财税改革重点》，载《人民日报》2013年11月21日，第2版。

出责任、提高公共服务质量、优化公共资源配置、节约公共支出成本。”财政支出实质上是作为人民受托人的政府运用人民上交的钱为人民服务的行为。党的十九届五中全会通过的报告《中共中央关于制定国民经济和社会发展第十四个五年规划和二〇三五年远景目标的建议》明确提出:“推进财政支出标准化,强化预算约束和绩效管理。”正因为如此,我们才更应该加强对财政支出绩效的管理,督促政府及其工作人员认真、负责地履行自己的义务。

节省、绩效要求财政支出不是“花完钱”,更不是“年底突击花钱”,而是要“花好钱”,尽量用最少的钱办最多、最好的事情。我国财政支出应当坚持的原则和标准确立后,就应当依据这些原则和标准对我国的财政支出监督制度加以完善,避免“年底突击花钱”之类现象的出现。我们应当从以下几个方面改革和完善我国财政支出监督制度。为了保证财政支出的绩效,一方面要科学设定绩效评价指标、评价标准和方法;另一方面要明确责任,奖优罚劣,奖励财政支出绩效好的政府机关及其工作人员,推广其好的经验,对于财政经费浪费严重,使用效率低下的政府机关以及相关工作人员应追究其责任。

(三)完善财政支出的监督法律制度

1. 完善全国人大对国务院、地方人大对同级地方政府的财政支出监督

根据我国现行法律的规定,中央预算由全国人大审查和批准,地方各级预算由本级人大审查和批准。县级以上各级政府应当接受本级人大及其常委会对预算执行情况和决算的监督,乡级人民政府应当接受本级人大对预算执行情况和决算的监督;按照本级

人大常委会的要求，报告预算执行情况；认真研究处理本级人大或者其常委会组成人员有关改进预算管理的建议、批评和意见，并及时答复。对预算调整方案的审查和批准，从根本上来讲是人大审查和批准政府预算职能的延伸，是为了维护预算的权威性，是确保“硬预算”的重要保障。

综上所述，这些法律都规定了全国人大对国务院、地方人大对同级地方政府的财政支出的监督。因为政府预算是为实现特定的政策目标所做的财政资金的分配，所以，地方各级人大对政府预算的审查批准，实际上就是对政府相关政策的批准，也是对政府活动范围和方向的监督和审查。在我国人大预算监督制度的改革进程之中，地方各级人大积极作为，取得了显著的成绩、积累了相当的经验，但存在不足。如人大的预算监督倾向于形式化、缺乏实质性的监督、人大预算监督程序设计粗放等问题存在，究其主要原因是地方各级人大及其常委会的预算监督主体的责任赋予不充分、预算监督公开力度的不足、预算执行监督成“盲区”、预算监督法律责任设置宽泛等。

新时代全国人大对国务院、地方人大对同级地方政府的财政支出监督的完善。其一，要提高有关人员和组织机构的政治素质和监督能力，为依法、科学、有效监督打好基础。其二，应完善审查和监督的制度保障，建立统一的协调机制，修订或建立相关配套支持制度。其三，应当细化财政预算的内容，将财政支出的内容细化、具体化，解决现在财政预算都是一些“大数据”，人大及其常委会无法深入审查监督的问题。其四，人大的监督应当拓展至绩效监督，不仅仅看是否依法花了钱，还要看、要管花钱是否有效率，是否把钱花在刀刃上。

2. 完善全国人大和国务院对地方政府、上级人大和政府对下级政府的财政支出监督

根据现行我国法律的规定，乡、民族乡、镇政府应当及时将经本级人大批准的本级预算报上一级政府备案。县级以上地方各级政府应当及时将经本级人大批准的本级预算及下一级政府报送备案的预算汇总，报上一级政府备案。县级以上地方各级政府将下一级政府报送备案的预算汇总后，报本级人大常委会备案。国务院将省、自治区、直辖市政府报送备案的预算汇总后，报全国人大常委会备案。

省、自治区、直辖市政府根据国务院的指示和财政部的部署，结合本地区的具体情况，提出本行政区域编制预算草案的要求。汇编本级总预算时，发现下级政府预算草案不符合国务院和本级政府编制预算要求的，应当及时向本级政府报告，由本级政府予以纠正。国务院于每年 11 月 10 日前向省、自治区、直辖市政府和中央各部门下达编制下一年度预算草案的指示，提出编制预算草案的原则和要求。下级政府应当接受上级政府对预算执行的监督；根据上级政府的要求，及时提供资料，如实反映情况，不得隐瞒、虚报；严格执行上级政府作出的有关决定，并将执行结果及时上报。

我们应当进一步完善向上级人大和政府报告制度，向上级人大和政府及时报告预算是预算信息公开的重要内容和组成部分，是预算信息公开的基础。首先，应在及时性上加大力度，明确预算编制的要点、难点和主要原则，在备案时应与相关机构积极沟通。其次，进一步扩大备案的内容，继续增加向上级人民代表大会和政府备案的部门预算数量，逐步过渡到将所有部门预算信息

提交上级人大常委会和政府备案。最后，进一步细化向上级人大和政府备案的程度，即可进一步细化支出功能分类科目，将支出预算细化到款级，并就重点单位提供具体的明细项目，又能推进支出经济分类改革，将每一项支出明确到具体的使用用途。

总的来说，完善全国人大和国务院对地方政府、上级人大和政府对下级政府的财政支出监督，最重要的是要不断加强人大的财政支出监督的备案制度，将备案制度"做实""做活""做通"。所谓"做实"，就是要将备案制度的对象，也就是报送的财政预算进行细化，尽可能具体和细致，不要总是用"宏大叙事"的大数字；所谓"做活"，就是不要只是停留在纸面静态的数字，而是要深入监督这直面数字背后的活生生的现实情况，发现有疑点问题要及时进行调查研究核实，让静态的数字"活"起来；所谓"做通"，就是将备案这种监督方式与改变、撤销等监督方式联通起来，改变那种"备而不审"，备案就是单纯的备案，审查就是纯粹的审查，两边互不相干的状况。

3. 完善国务院对财政部等部门、地方政府对其财政等职能部门的财政支出监督

我国《预算法》规定财政部根据国务院编制下一年度预算草案的指示，部署编制预算草案的具体事项，规定预算收支科目、报表格式、编报方法，并安排财政收支计划。各级政府应当加强对预算工作的领导，定期听取财政部门有关预算执行情况的汇报，研究解决预算执行中出现的问题。政府财政部门应当每月向本级政府报告预算执行情况，具体报告内容和方式由本级政府规定。中央各部门应当根据国务院的指示和财政部的部署，结合本部门的具体情况，提出编制本部门预算草案的要求，具体布置所

属各单位编制预算草案。县级以上地方各级政府财政部门编制本级决算草案，报本级政府审定后，由本级政府提请本级人大常委会审查和批准。

总的来讲，国务院对财政部等部门、地方政府对其财政等职能部门的财政支出监督工作方面进行了很多的制度创新和探索，监督能力与水平得到不断提高，但还是有需要进一步完善的空间。一方面，国务院要完善对财政部的监督，最主要的是加强法制部门（原来是国务院法制办，现在是司法部）对其进行合宪性、合法性监督，对财政部财政支出的具体决定进行严格把关和审核，加强国务院其他部门对财政部支出具体决定的合法性和合理性的监督，发现问题及时向国务院报告。另一方面，地方政府要完善对地方财政部门的具体财政支出决定的监督，最主要的是加强地方法制部门（原来是各级政府法制办，现在是司法部门）对其进行合法性监督，对财政部门的具体财政支出决定进行严格把关和审核，加强各级政府的其他部门对财政部门的具体财政支出决定的合法性和合理性的监督，发现问题及时向本级人民政府报告，改变那种监督偏重于程序，浮于表面、流于形式、刚性不够的问题。

4. 完善审计监督和财政部门的内部监督

各级审计机关应当依照《审计法》以及有关法律、行政法规的规定，对本级预算执行情况，对本级各部门和下级政府预算的执行情况和决算，进行审计监督。《审计法》确立了审计机关代表本级政府向本级人大常委会就本级预算执行情况作审计工作报告的制度。对于财政问责来说，审计工作报告制度是非常重要的依据，这一制度充分发挥了审计监督的职能。审计工作报告制度在人大预算监督中发挥着越来越重要的作用,地方人大常委会借助审计力量加强对预决算的监督,审计工作报告也可以帮助其发现预算执行中的问题,但是具体的问题还需要人大、政府甚至监察委员会、司法机关进行解决。

完善和加强审计监督应当主要从以下三个方面入手:首先,细化预算和标准,我国现行预算比较粗糙,这就为监督增加了难度,预算本身不明确,就无法准确判断是否严格执行了预算,使审计人员对预算执行的科学性、完整性及合理程度难以判断和认定,标准不明,监督必然失灵。因此,细化预算和明确标准是审计监督的前提和基础,应当下大力气解决。其次,应当加强组织制度建设,增强审计力量,提高审计人员的专业素质,审计工作是一项专业性技术性很强的工作,审计手段也急需改进。最后,应当强化审计监督与财政机关内部监督、群众监督等监督方式的密切配合,使审计部门和财政部门实现互联互通,形成对财政支出监督的合力。

财政内部监督是指由各级财政部门内设的财政监督检查机构派出的检查组成人员,对财政部门内设各职能机构的财政财务、会计管理、预算编制执行、内部控制制度、直属单位的财务收支和会计信息质量以及有关财政经济管理活动的真实性、合法性和效益性进行综合性或专题性检查和监控的经济管理活动。财政内部监督也必须“依法行政,依法监督”,有一套切实可行的操作规定。

我国现行法律所规定中央各部门负责本部门所属各单位预算草案的审核,并汇总编制本部门的预算草案,于每年 12 月 10 日前报财政部审核。县级以上各部门及其所属各单位按照本级财政部门的要求，如实提供有关预算资料，执行本级财政部门提出的检查意见。各部门依照有关法律、行政法规和国家有关规定，对所属各单位的预算执行情况，进行监督检查。

目前，虽然各地各部门基本已经开始执行内部监督程序，但是内控制度还不能高效和科学地开展。应当说，财政部门内部监督工作有其特有的、天然的优点，也有其固有的、天然的缺点，优点在于内部监督效率高、速度快，因为处于一个机关内部，信息传递快，人员相互之间都比较熟悉，能够及时快速有效的沟通；缺点在于监督者与被监督者关系密切，难以有效进行监督，系统内部的监督也缺乏公信力。针对这些优缺点，我们应当发挥其优势，克服其缺点，有针对性地改革和加强财政部门内部监督工作。其一，细化监督规则，建立和健全财政监督法律体系，大力加强制度建设。财政部制定的《财政部机关内部监督检查暂行办法》（已失效）是关于这一方面做的基本规范，但只是基本的规则和规范，很多问题没有细化，不能满足财政监督依法行政的要求。我国社会主义市场经济体制改革的不断深化，迫切要求财政监督从计划管理手段向法制管理手段转变，财政内部监督应当更加规范化、程序化、法治化，而这就需要对相关规定细化和进一步规范，省一级立法部门根据地方具体情况，制定地方性的财政监督法规、条例，使下级部门有一个明确执法依据，更好地进行监督。其二，强化执行，将相关规定落到实处。在完善和细化了相关的法律规定之后，财政内部监督的相关单位和人员应当积极履行自己的职责。其三，加强与其他监督形式的互补和协作，取长补短，共同做好财政支出的监督。财政内部的监督有其固有的缺陷，这个缺陷有些不能够通过自己内部的改革得以解决，只有通过与其他监督形式的相互协作才能够解决。应当加强财政内部监督与人大监督、审计监督、群众监督，以及与监察委的监督、党的纪委监督等多种形式的合作，将财政内部监督的优势充分发挥出来，将其缺点进行有效克服。

5. 完善我国财政支出监督的基本准则

(1)改“负激励”为“正激励”，鼓励节约，惩处“突击花钱”。财政支出的目的应当是“办事”，而不是“花钱”，现在的制度有一定弊端。

我们所做的改革应当是鼓励节约和效率的、“正激励”的制度，应当对政府机关财政支出的绩效进行评价，对于财政支出绩效高的国家机关和个人给予奖励和表彰，对财政支出绩效差的，甚至存在铺张浪费现象的国家机关和个人给予批评和惩处。同时，我们还应当改变那种今年花不完预算就少安排明年预算的“负激励”机制，这需要改变财政预算编制的方式方法。

(2)公开性、透明性。我国的财政体制改革在财政公开和透明问题上取得了相当的进步，然而财政公开的广度、深度和刚性不够，大量存在的预算外收支使得透明度大打折扣，部门预算虽较之以往的预算科学、明晰，但仍然不细致，预算报告也过于笼统，让公众的监督无从下手。有些地方已经开始改革，2001 年广东省通过了《广东省预算审批监督条例》，该条例的预算科目扩延到 300 多个款级、500 多个项级。2004 年广东省人大开会时的《2004 年省级部门预算单位预算表》是一本 16 开、3 厘米厚、504 页、包括 115 个省级部门的大部头，而且每个部门的预算草案都附有一份文字说明，列明单位基本情况、人员设置、新一年工作任务收入预算说明、支出预算说明等。①

公开性、透明性不仅仅针对财政支出的内容，也针对财政支出的过程，财政支出的法律法规依据、所依据的标准和程序、评审的过程都应当公开，例如专项转移支付资金的支出就应当实行过程的完全公开，否则资金的支付完全变成了随心所欲，想给谁就给谁的事情，就会出现“权力寻租”“跑部钱进”等问题。

(3)完整性。财政支出的完整性应该表现在内容和时间两个方面，即实现全口径、全时间的监督。

其一，内容的完整。我国现行的《预算法》并未将政府所有的收支都纳入预算，还存在大量的所谓预算外收支。这样的预算不可能监督好财政支出，就如同我们不要指望一个不完整的、有漏洞的堤坝能够拦得住河水一样。只有内容完整的预算，才可能有真正的监督。

其二，时间的完整。我国的财政预算年度自公历 1 月 1 日至 12 月 31 日，而全国人大会议在每年的 2、3 月召开，也就是说，人大开会审议预算草案之前预算已经执行两三个月了，形成了先执行、后审批，人大的预算缺乏权威性和严肃性的状况。我国现行的《预算法》第 54 条规定，“预算年度开始后，各级政府预算草案在本级人民代表大会批准前，本级政府可以先按照上一年同期的预算支出数额安排支出”，这个规定违背了“预算”是预先安排计划好财政收支的本义，也就是说这段时间没有计划，直接就按照上一年同期的预算支出数额安排支出。解决这个问题有两种方

① 张悦、李益崇：《广东：多方合力打造阳光财政》，载《南方周末》2007 年 5 月 24 日，A05 版。

式,一种是将我国的财政预算年度改为自当年的4月1日至次年的3月31日;另一种是将全国人大开会的时间改为每年的11月或者12月。

(4)科学性。财政支出的科学性要求编制预算支出一定要遵循科学规律、遵循常理。“年底突击花钱”的一个重要原因是预算制度的不科学,形成了“负激励”机制。我国的预算编制部门由于人力不够或者为了平衡关系,或者由于懒政、怠政而实行“基数预算”,即每一年的预算都是在上一年的基础上增加一定的数额,并且结余全部上缴,“于是,把本年度的钱在年底前突击花完,在某种意义上就成了一项重要的任务,而对经费使用的合理性和有效性却往往不予在意”。[①] 解决这个问题的方法是实行“零基预算”,即每年的预算不考虑上一年的金额,依当年的实际需要确定预算经费,要办多少事就拨多少钱,这应当说是一个常识。党的十九届五中全会通过的报告《中共中央关于制定国民经济和社会发展第十四个五年规划和二〇三五年远景目标的建议》明确提出:“推进财政支出标准化,强化预算约束和绩效管理。”

财政支出的“正激励”、公开性、透明性、完整性和科学性是一个有机联系、不可分割的整体,“正激励”是基本的方式、公开透明是目的,完整和科学是实现公开透明的必然要求和手段,不公开透明的财政支出往往不完整、不科学;不完整的财政支出预决算既不公开透明也不科学;不科学的财政支出预决算必然影响其公开透明性和科学性。

① 梁昌杰:《年底“突击花钱”的悖论》,载《当代贵州》2011年第32期。

(四)完善财政支出的责任追究制度

按照我国宪法的制度设计,政府是由人大产生并受其监督的,人大能通过预算监督对政府花钱进行约束,人大拥有重大事项决定权,人大代表及其人大常委对政府及其部门可以提出质询案,对相关官员可以进行质询、罢免。

根据现行法律的规定,政府财政部门有权对本级各预算收入征收部门征收预算收入的情况进行监督检查,对擅自减征、免征、缓征及退还预算收入的,责令改正。各级政府应当加强对下级政府预算执行的监督,对下级政府在预算执行中违反法律、行政法规和国家方针政策的行为,依法予以制止和纠正;对本级预算执行中出现的问题,及时采取处理措施。政协也可以对国家宪法、法律和法规的实施、重大方针政策的贯彻执行、国家机关及其工作人员的工作,通过建议和批评进行追责。

上文提到,对于财政支出决定权行使过程的相关主体和人员的追责,法律有比较多的规定,特别是对违法的个人进行行政责任追究的规定相对较多,但是对于作为一个整体的国家机关的责任追究的规定相对较少。我国财政支出立法的责任追究主要在《预算法》当中进行规定,明确了相关人员不行使或者不依法行使《预算法》规定的各项权力的,应当依法追究行政责任,情节严重的应当追究刑事责任。然而《预算法》作为一个整体的国家机关的责任追究的规定相对比较缺乏,例如,既然人民代表大会有预算审批权,政府提交的预算草案人民代表大会既有可能被批准也有可能被否决,被否决之后政府有什么样的后果和责任? 这些问题在法律中未作规定。再如,追究决策者个人的法律责任也是必要的,如果人民代表大会改变或者撤销本级人民代表大会常务委员会关于预算、决算的不适当的决议;撤销了本级政府关于预算、决算的不适当的决定和命令,那么本级人民代表大会常务委员会或者本级政府是否应当承担责任,承担何种责任,特别是故意弄虚作假并作出不适当的预算、决算的决定和命令的相关领导应当承担何种责任,法律应当加以规定。法律对违法责任的追究不明确,规定预算约束不力,必然导致公共部门的过度膨胀和公共资金的浪费,形成所谓的“公共投入当中的漏洞”。针对上述这些问题,具体应当从以下几方面进行改革和完善。

其一,强化人大监督的责任追究,将人大的责任追究具体化、程序化。我国的人大预算监督的责任追究没有具体化和程序化,如果人大对预算草案只有批准的权力而没有否定的权力,就表明人大的监督权和审批权是虚的而不是实的,既然法律根本就没有规定人大对预算草案不批准会有什么后果,就表明预算草案没有被否决的可能,而且即使被否决政府也没有责任,因为法律没有规定政府有任何法律责任。应当明确规定,人大有权否决政府的预算草案,明确规定政府的预算草案被否决之后,政府应当承担的法律责任,政府是否应当辞职或者承担别的什么责任,应当在法律中明确规定。同时应当规定上述这些行为的法定程序、步骤和具体的形式等。还有一些情况,例如本级人大常委会改变或者撤销人大常委会关于预算、决算的不适当的决议;撤销了本级政府关于预算、决算的不适当的决定和命令,那么本级人大常委会或者本级政府是否应当承担责任,承担何种责任,这些权力行使的程序和方式也应当进行具体明确,将人大的财政支出监督权和责任追究权力落到实处。

其二，改革对相关国家机关行使财政支出权力的责任追究，明确其法律责任，针对存在的问题举一反三填补制度漏洞，完善财政支出制度。相对而言，国家机关的财政支出责任追究的制度安排欠缺，一方面规定不具体，另一方面多数的责任追究就是责令改正，此外就是执行力度也不大，查出来的概率低。因此，一方面，我们应当完善相关法律制度，特别是要设定具体的操作程序，使得对有关国家机关的财政支出责任追究有法可遵循；另一方面要改变检查力度大，查办力度小的状况，对于预算监督中发现的问题不能仅仅整改、收回违规资金或者采取措施挽回损失，还要加大惩处力度，否则会助长了相关部门违反预算管理规定的风气。并且应当加大执行力度，将相关检查和核查制度化、经常化、常态化。另外，针对查出来的问题，我们还应当进行改革和完善，检查和查处也不仅仅是为了就事论事的发现问题，更不是为了查处相关国家机关工作人员，而是为了完善制度，防患于未然，将权力关进制度的笼子，使财政支出的相关制度更加完善。

其三，完善对个人行使财政支出权力的责任追究，建立对个人行使财政支出权力责任追究的体系。这个责任追究体系由三种责任追究体系构成，即政纪、刑事和党纪责任追究。一是政纪责任追究，2018 年 3 月 20 日全国人大通过的《监察法》取代了《行政监察法》，监察委取代了原来的行政监察部门，政纪责任追究取代了原来的行政责任追究。《监察法》对所有行使公权力的人员和行为实行全覆盖，所有行使公权力的人员和行为都在监察之列，当然实施财政支出的人员和行为当然在监察之列，一旦违法行使权力而尚未构成犯罪的将由党追究其政纪责任。二是刑事责任追究，依据《监察法》和2018年修订的《刑事诉讼法》的规定，除了司法机关工作人员在司法活动中的违法犯罪行为由检察院负责侦查，其他的涉嫌职务犯罪的行为都是由监察委负责调查。最高人民检察院检察委员会2018年11月24日公布的《关于人民检察院立案侦查司法工作人员相关职务犯罪案件若干问题的规定》明确检察院管辖14个司法工作人员相关职务犯罪的罪名；中央纪委国家监委2018年4月17日印发的《关于国家监察委员会管辖规定(试行)》，国家监委管辖的六大类88个职务犯罪案件罪名。依据这些规定，国家机关工作人员以及其他人员在行使财政支出权力的时候触犯刑法，涉嫌犯罪时应当由监察委追究其刑事责任。三是党纪责任，中国共产党是中国的执政党，当具有党员身份的国家机关工作人员利用职务违法犯罪时，几乎都是违反了党的纪律，反过来说国家机关工作人员利用职务从事了不适当的行为，情节显著轻微没有构成违法犯罪时，也很可能违反了党的纪律，因为“纪在法前，纪严于法”。在这种情况下，我们应当追究其违纪责任，防患于未然，将很可能出现的严重的违法犯罪行为消除在萌芽状态。同样对于负责国家财政支出的党员在行使财政支出职权的过程中很可能出现虽未违法犯罪但是已经违反党纪，此时党的纪律检查机关就应当追究其党纪责任；如果负责国家财政支出的党员在行使财政支出职权的过程中违反了国家法律甚至构成犯罪，此时他也肯定已经违反了党纪，应当在追究他的违法责任或者刑事责任的同时追究其党纪责任。

三、完善行政复议、行政诉讼等财政立法监督和责任追究制度

本节的财政立法包括两大类财政收入立法权和财政支出立法权，但是财政收入立法权与财政支出立法权的特点有很大的不同，最主要的区别是，财政收入立法权是通过一步完成的，就是确立收税或者收费的税率、数额、主体、程序等规则，不管是通过一部法律还是几部法律进行规定，都是通过比较纯粹的立法或者规范性文件制定完成财政收入的立法；财政支出立法权是要通过两步来完成的，第一步就是确立财政支出的投向、主体、程序等规则，第二步就是通过预决算程序确定每一年的具体的财政开支项目的额度。财政支出立法权要分两步实现是因为政府财政支出事项不是一成不变的，而是随着社会经济的发展及政府职能的变化而适时调整，不可能通过一部法律对各项财政开支占总财政收入的比例做一个确定的、几年甚至几十年不变的规定。因此，财政收入立法权就是或者说就等于财政收入规则立法权，而财政支出立法权包括财政支出规则立法权和财政支出决定权，从严格意义上说，财政支出决定权不是立法权而是执行规则的权力，但是由于上述财政支出立法的特点，也由于包括我国在内的当今世界各国普遍遵循由代议机关通过预决算的方式作出财政支出决定，类似于立法程序，带有一定的立法性质，甚至可以说税率是几年、十几年或者几十年通过立法程序调整一次，财政支出的比例是每年通过立法程序调整一次，财政支出决定权也是立法权。

鉴于以上原因，我们可以将财政立法权分成两类，财政立法规则的制定权和财政支出决定权，前者包括财政收入立法权和财政支出规则立法权，前者是规则制定权，是比较严格意义上的立

法权，后者从严格意义上说是执行行为而不是制定规则的行为。对于财政立法规则的制定权和财政支出决定权这两类有较大差别的行为，行政复议、行政诉讼对其进行监督和责任追究的方式也有很大不同。

（一）完善行政复议财政立法监督和责任追究制度

1. 完善行政复议对财政立法规则制定权的监督和责任追究

为了保护公民、法人和其他组织的合法权益，我国《行政复议法》规定，当其认为具体行政行为所依据的规定不合法的时候，可以在对具体行政行为申请行政复议的同时，一并向行政机关提出审查该规定的申请。这些规定包括国务院部门的规定，县级以上地方各级人民政府及其工作部门的规定及其乡、镇人民政府的规定。行政复议机关对该决定有权处理的，应当在 30 日内依法处理。无权处理的，也应当按照法定程序转送有权处理的行政机关处理。有权处理的行政机关，应当在 60 日内依法处理。由此，我们可以得知，当这些规定涉及财政立法规则制定权时，我们可以通过行政复议对其进行监督。

目前，在财政立法规则制定权的行政复议方面还存在一些问题，完善行政复议财政立法规则制定的监督是法治建设不断走向深入的必然要求和具体体现，针对现实存在的问题，我们可以从以下三方面进行改革。一是完善行政复议机关与相关财政立法机关的沟通与交流机制，在行政复议机关内部建立同类别行政复议案件统计报告总结分析交流制度，财政立法类别的行政复议案件是非常重要的一类，在行政复议机关与财政立法机关之间要建立总结分析交流制度，使得财政立法机关及时得到相关信息和资料，行政复议机关也及时得到相关处理结果。财政立法的相关主体应当高度重视行政复议过程中发现的问题，认真总结、分析财政立法工作中存在的问题和不足，最大限度降低行政复议风险，当然最终的目的是提高财政立法的质量。二是充分发挥有关专家的作用，因为财政立法和财政立法的行政复议工作都是专业性很强的工作，在办理复议案件的过程当中，要从专业化和科学化的角度出发，应当根据财政立法行政复议工作的需要和特点建立财政立法行政复议专家库和咨询论证制度，保证财政立法方面的行政复议更加合法、合理、科学。三是通过立法明确对违反法律进行财政立法者的责任追究制度，法律对行政机关的财政立法行为的责任追究的规定大多为原则性规定，不具体。法律对于行使财政立法的行政主体以及直接责任人员都应当规定明确的法律责任。

2. 完善行政复议对财政支出决定权的监督和责任追究

行政复议对于财政支出决定权的监督和责任追究与行政复议对于别的具体行政行为的监督与责任追究没有本质的区别，因为财政支出决定行为就是具体行政行为。因此，完善有关财政支出决定方面的行政复议与完善行政复议对一般具体行政行为的监督基本上是一样的，只是财政支出行为的专业性更强。笔者认为，完善行政复议对财政支出决定权的监督和责任追究，可以从三个方面着手。一是针对财政支出决定专业性强的特点，应当借助专家、会计师事务所、律师审计事务所等专业力量对财政支出决定的合法性和合理性进行判断。二是结合一些地方特别是江西本地正在进行的行政复议制度改革，理顺相关主体的权利和义务，提高行政复议的法治化程度，完善行政复议的具体程序。三是完善行政复议与其他监督追责方式的结合，将其与行政诉讼制度、监察委的责任追究制度、党的纪委的责任追究制度紧密结合，形成合力，共同对财政支出行为进行更好的监督和追责。

（二）完善行政诉讼财政立法监督和责任追究制度

1. 完善行政诉讼对财政立法规则制定权的监督和责任追究

相对于行政复议而言，行政诉讼作为司法救济更为公正合理，因为人民法院是作为独立的第三方对行政行为的合法性进行公正裁判。由于人民法院与行政诉讼的双方当事人不存在直接的利害关系，只对法律负责，因此我国将绝大多数的行政争议的终局裁决方式设定为行政诉讼。我国《行政诉讼法》规定，当公民、法人或者其他组织认为行政行为所依据的国务院部门和地方人民政府及其部门制定的规范性文件不合法，在对行政行为提起诉讼时，可以一并请求对该规范性文件进行审查。在许多国家，行政诉讼制度都是公民财政监督的重要方式，随着公民财政和宪法意识的不断提高，我们国家也应当加大通过行政诉讼监督财政立法权的力度。

"虽然说我们国家明确了对规范性文件的附带审查，但司法机关并没有直接的权限能够对规范性文件进行纠错。我们国家在这一制度的设计方面，应当吸取其他国家的成功经验，寻找可供利用的本土资源有利于制度的借鉴和推行。我们可以结合现有的法律因素，构建我国财政立法权行政诉讼制度。"[①]完善行政诉讼对财政立法规则制定的监督有利于规范财政立法权的行使，

① 曾茂元：《论审计决定行政救济途径的完善》，广东财经大学 2016 年硕士学位论文，第 22 页。

也有利于完善行政诉讼制度，可以从两方面进行改革，即增强行政诉讼的刚性和普遍适用性。一是增强行政诉讼的刚性。《行政诉讼法》规定当人民法院审查规范性文件不合法时，法院可以向制定机关提出建议。仅仅这样规定，其刚性显然不足，应当进一步规定如果被建议的机关不接受建议，应当向人民法院说明理由，人民法院不接受其理由的，应当有权向其上一级国家机关或者有权对其实施管辖的国家机关提出异议；如果其上一级国家机关或者有权对其实施管辖的国家机关认为人民法院提出的异议不成立的，人民法院有权向不接受建议的行政机关同级的人大常委会提出申请，同级的人大常委会必须接受申请并作出裁决。这样一来，人民法院提出的建议的刚性就会得到很大的增强。二是增强行政诉讼的普遍适用性。我国司法的特征接近于大陆法系，法院的判决应当"以事实为依据，以法律为准绳"，但是判决本身并没有普遍适用性，这就会带来一个问题，人民法院不能通过判决获得普遍适用性，只能通过建议有关行政机关自行解决，相类似的法律性文件还是大行其道，因此，怎样让针对个例的判决具有普遍适用性就成为一个很重要的问题。除了刚提到的增强建议的刚性从而增强其普遍适用性之外，还应当加强人民法院与行政机关之间的联系与合作，在人民法院与财政立法机关之间要建立交流通报制度，将行政诉讼过程中发现的带有普遍性的问题向相关行政机关通报，提出建议，使得作为个例的案件判决转化为具有普遍适用性的立法。

2. 完善行政诉讼对财政支出决定权的监督和责任追究

如前文所述，财政支出决定权作为广义上的财政立法，其本身实际上不是财政立法，而是一种具体行政行为。行政诉讼对于财政支出决定权的监督和责任追究与行政诉讼对于别的具体行政行为的监督与责任追究没有本质的区别，因为财政支出决定行为就是具体行政行为。因此，完善有关财政支出决定方面的行政诉讼与完善行政诉讼对一般具体行政行为的监督基本上是一样的。当前我国行政诉讼制度的改革和完善，一方面应当扩大受案范围，增大行政诉讼对公民权利保护的覆盖范围，加大对公民权利的保护；另一方面应当改革对公民权利的救济途径和方式，拓展聚集的途径和领域，例如国家赔偿不能局限于人身健康权和自由权、财产权的赔偿，机会成本的损失等权利也应当被规定在国家赔偿的范围之内，例如国家机关侵害了公民的平等就业权国家应当承担赔偿责任，不应当像“乙肝歧视案”①一样，赢了官司没有任何赔偿，导致权利并没有得到实际救济。

在完善行政诉讼财政立法监督方面，我们应当畅通诉讼渠道建设。对符合法定受理条件的，司法机关都要依法受理；对不符合受理条件或者应当通过其他途径解决的，要说明情况，尽量为当事人指出解决问题的途径。深化法规制度建设。在办理有关财政立法权的行政诉讼案件中，要注重积累有益经验和好的做法，注重对典型案例进行统计分析，研究和查找同类案件中容易引发争议的关键点和薄弱环节，认真分析立法中存在的问题和不

① 2003年6月，张某著在芜湖市人事局报名参加安徽省公务员考试。经过笔试和面试，综合成绩在报考该职位的30名考生中名列第一。依照体检结果，芜湖市人事局宣布，张某著由于体检结论不合格而不予录取。在经过行政复议和行政诉讼后，张某著胜诉，但是，只能说是名义上的胜利。判决书上写道：鉴于2003年安徽省国家公务员招考工作已结束，且张某著报考的职位已由该专业考试成绩第二名的考生进入该职位，故该被诉具体行政行为不具有可撤销内容，所以张某著虽然胜诉了，但是其并没有得到补偿和救济。

足,充分发挥法制机构的职能作用,为加强财政管理、完善法规制度建设提供参考依据,建立健全重大决策法律咨询论证、合法性审查和法律顾问等制度。

从行政诉讼角度来看,在我国财政立法权的责任追究方面,《行政诉讼法》第 66 条规定,人民法院在审理行政案件中,认为行政机关的主管人员、直接责任人员违法违纪的,应当将有关材料移送监察机关、该行政机关或者其上一级行政机关;认为有犯罪行为的,应当将有关材料移送公安、检察机关。人民法院对被告经传票传唤无正当理由拒不到庭,或者未经法庭许可中途退庭的,可以将被告拒不到庭或者中途退庭的情况予以公告,并可以向监察机关或者被告的上一级行政机关提出依法给予其主要负责人或者直接责任人员处分的司法建议。这一规定对于财政立法权依法追责具有重要的意义,使得财政立法权的监督和责任追究有明确的程序可依,有具体的操作方式可循。

参考文献

一、中文原著

1. 周旺生:《立法学》,法律出版社 2009 年版。

2. 高培勇:《西方税收——理论与政策》,中国财政经济出版社 1993 年版。

3. 严振生主编:《税法》(修订版),北京大学出版社 1999 年版。

4. 刘剑文:《财税法专题研究》(第 2 版),北京大学出版社 2007 年版。

5. 许善达等:《中国税权研究》,中国税务出版社 2003 年版。

6. 胡小红:《税收立法权研究》,安徽大学出版社 2009 年版。

7. 刘积斌主编:《我国财政体制改革研究》,中国民主法制出版社 2008 年版。

8. 徐建国、庞凤喜、罗昕:《中国税权问题研究》,中国税务出版社 1998 年版。

9. 葛克昌:《行政程序与纳税人基本权》,北京大学出版社2005年版。

10. 葛克昌:《税法基本问题(财政宪法篇)》,北京大学出版社2004年版。

11. 曾康华编著:《财政支出学》,对外经济贸易大学出版社2011年版。

12. 陆建华编著:《财政与税收》,复旦大学出版社2005年版。

13. 唐朱昌主编:《新编公共财政学》,复旦大学出版社2004年版。

14. 杨丹芳:《财政支出经济分析》,上海三联书店2001年版。

15. 刘剑文等:《中央与地方财政分权法律问题研究》,人民出版社2009年版。

16. 蔡定剑:《中国人民代表大会制度》(第4版),法律出版社2005年版。

17. 孙承谷:《立法权与立法程序》,人民出版社1983年版。

18. 李步云、汪永清:《中国立法的基本理论与制度》,中国法制出版社1998年版。

19. 胡鞍钢:《中国政治经济史论(1949—1976)》,清华大学出版社2008年版。

20. 李建昌、高培勇:《当代美国财税教程》,世界知识出版社1988年版。

21. 陈共编著:《财政学》(第6版),中国人民大学出版社2009年版。

22. 辞海编辑委员会编纂:《辞海》,上海辞书出版社1999

年版。

23. 财政部《财政制度国际比较》课题组编著,刘长琨主编:《美国财政制度》,中国财政经济出版社1998年版。

24. 刘全顺、魏俊、张献勇:《地方财政体制的法律问题研究》,知识产权出版社2011年版。

25. 刘积斌主编:《我国财政体制改革研究》,中国民主法制出版社2008年版。

26. 时红秀:《财政分权、政府竞争与中国地方政府的债务》,中国财政经济出版社2007年版。

27. 葛克昌:《国家学与国家法》,台北,月旦出版社股份有限公司1996年版。

28. 王宏、高玉琢:《预算法治及其廉政功能》,北京大学出版社2015年版。

29. 刘尚希等:《地方税与地方治理》,经济科学出版社2018年版。

30. 黄俊杰:《财政宪法》,台北,翰芦图书出版有限公司2005年版。

31. 马昊:《当代中国县级公共财政制度研究》,中国经济出版社2008年版。

32. 王建勋编:《自治二十讲》,天津人民出版社2008年版。

33. 蒋洪等:《公共财政决策与监督制度研究》,中国财政经济出版社2008年版。

34. 李慈强:《税收征管改革的地方经验与立法完善:以上海自贸区为例》,北京大学出版社2017年版。

35. 曹静韬:《中国税收立法研究》,经济科学出版社 2016 年版。

36. 张怡主编:《财税法学》,法律出版社 2019 年版。

37. 王玮编著:《地方财政学》,北京大学出版社 2019 年版。

38. 刘佐编著:《中国税制概览》,经济科学出版社 2019 年版。

39. 刘尚希、石英华:《公共债务与财政风险》,经济科学出版社 2018 年版。

40. 朱军编著:《高级财政学》,上海财政大学出版社 2019 年版。

41. 王守义:《财政分权、转移支付与基本公共服务供给效率》,社会科学文献出版社 2017 年版。

42. 王曙光:《财政税收理论与政策研究》,经济科学出版社 2019 年版。

43. 陈昌龙主编:《财政与税收》,北京交通大学出版社 2019 年版。

44. 安彦林:《财政分权对政府公共文化服务供给的影响研究》,经济科学出版社 2018 年版。

二、中文译著

1. [英]亚当・斯密:《国民财富的性质和原因研究》(下卷),郭大力、王亚南译,商务印书馆 1972 年版。

2. [美]诺内特、塞尔兹尼克:《转变中的法律与社会》,张志铭译,中国政法大学出版社 1994 年版。

3. [美]汉密尔顿、杰伊、麦迪逊:《联邦党人文集》,程逢如等译,商务印书馆 1980 年版。

4. [英]洛克:《政府论》(下篇),叶启芳、翟菊农译,商务印书馆 1964 年版。

5. [南非]C. B. 维萨、P. W. 艾瑞斯莫斯:《公共财政管理学》,马海涛等译,经济科学出版社 2006 年版。

6. [美]爱伦·鲁宾:《公共预算中的政治:收入与支出,借贷与平衡》,叶娟丽等译,中国人民大学出版社 2001 年版。

7. [美]加布里埃尔·A. 阿尔蒙德、小 G. 宾厄姆·鲍威尔:《比较政治学:体系、过程和政策》,曹沛霖等译,上海译文出版社 1987 年版。

8. [美]哈维·S. 罗森:《财政学》,马欣仁、陈茜译,中国财政经济出版社 1992 年版。

三、论文

1. 翁礼华:《刘仲藜、项怀诚、金人庆三任财长忆谈 1993 年以来的中国财税体制改革》,载《经济研究参考》2009 年第 68 期。

2. 张守文:《税权的定位与分配》,载《中南政法学院学报》2000 年第 1 期。

3. 武晓慧:《论税收立法权的纵向配置》,华东政法大学 2011 年硕士学位论文。

4. 江依妮:《中国式财政分权下的公共服务供给探析》,载《企业经济》2011 年第 7 期。

5. 陈书垒:《"营改增"改革背景下地税机关职能履行问题研究》,南京大学 2017 年硕士学位论文。

6. 赵平:《国地税合并下的改革“红利”分析》,载《绿色财会》2018 年第 3 期。

7. 田春燕:《“非税收入管理制度”改革探析》,载《前沿》2012 年第 1 期。

8. 刘尚希:《论非税收入的几个基本理论问题》,载《湖南财政经济学院学报》2013 年第 3 期。

9. 黄然:《美国的非税收入和预算外基金》,载《经济研究参考》2004 年第 18 期。

10. 徐永翥:《美国政府非税收入管理》,载《中国财政》2007 年第 12 期。

11. 李晓光、苗连营:《非税收入的宪法学研究》,载《中国宪法年刊》2015 年。

12. 贾小雷:《我国非税收入法律规制与国家财权治理的现代化》,载《法学论坛》2017 年第 4 期。

13. 许多奇:《非税收入的合法性探讨》,载《法学》2013 年第 4 期。

14. 谭立:《非税管理权配置的理论依据与基本原则》,载《江西社会科学》2012 年第 8 期。

15. 李金龙、章彤:《国际经验视域下我国赋予地方政府举债权的可行性探讨》,载《武汉大学学报(哲学社会科学版)》2012 年第 4 期。

16. 张婉苏:《中央政府不救助地方政府债务的纠结、困惑与解决之道》,载《苏州大学学报(哲学社会科学版)》2016 年第 5 期。

17. 张婉苏:《地方政府举债层级化合理配置研究》,载《政治与法律》2017 年第 2 期。

18. 冉富强:《我国地方政府性债务困境解决的法治机制》,载《当代法学》2014 年第 3 期。

19. 蒋庆增:《构建我国财政支出法律制度的思考》,山东大学 2012 年硕士学位论文。

20. 刘刚志:《中央和地方的立法权限划分》,载《哈尔滨工业大学学报(社会科学版)》2016 年第 4 期。

21. 刘伟:《学习借鉴与跟风模仿——基于政策扩散理论的地方政府行为辨析》,载《国家行政学院学报》2014 年第 1 期。

22. 罗春梅:《地方政府预算自主权的缺失问题研究》,载《中央财经大学学报》2004 年第 10 期。

23. 罗长林:《合作、竞争与推诿——中央、省级与政府间财政事权配置研究》,载《经济研究》2018 年第 11 期。

24. 施正文:《财政补贴与市场公平竞争》,载《中国工商管理研究》2014 年第 9 期。

25.《财政补贴亏损国企不除,僵尸企业不死》,载《中国经营报》2016 年 1 月 25 日,A01 版。

26. 孟妮妮:《我国政府预算过程中的权力配置研究》,浙江财经学院 2010 年硕士学位论文。

27. 黎江虹:《新〈预算法〉实施背景下的预算权配置》,载《税务研究》2015 年第 1 期。

28. 华国庆:《预算民主原则与我国预算法的完善》,载《江西财经大学学报》2011 年第 4 期。

29. 宋达、郑石桥:《政府审计对预算违规的作用:抑制还是诱导?——基于中央部门预算执行审计数据的实证研究》,载《审计与经济研究》2014 年第 6 期。

30. 马海涛、任强:《我国中央对地方财政转移支付的问题与对策》,载《华中师范大学学报(人文社会科学版)》2015 年第 6 期。

31. 张道庆:《论中央与地方财政转移支付关系的法律调控》,载《现代法学》2007 年第 6 期。

32. 赵永冰:《德国的财政转移支付制度及对我国的启示》,载《涉外税务》2001 年第 1 期。

33. 刘剑文:《中国财政转移支付立法探讨》,载《法学杂志》2005 年第 5 期。

34. 杨述明:《论政府间财政关系》,武汉大学 2005 年博士学位论文。

35. 陈宝森:《分税制是深化财税改革的正确方向》,载《财政研究》1994 第 1 期。

36. 傅光明:《美英法三国财政体制及对我国的启示》,载《宏观经济研究》2001 年第 8 期。

37. 严伟林:《我国政府预算权的配置研究》,暨南大学 2013 年硕士学位论文。

38. 杨萌:《地方政府扎堆补贴上市公司　35 家企业获 11.53 亿元》,载《证券日报》2013 年 11 月 22 日,第 3 版。

39. 陈纪瑜、赵合云:《地方财政体制权责不对称问题研究》,载《经济经纬》2004 年第 5 期。

40. 于凌云、田发:《论我国政府财政层级的改革》,载《财政研究》2005 年第 9 期。

41. 杨继永:《论我国中央与地方事权配置的法治化》,河北师范大学 2016 年硕士学位论文。

42. 魏加宁、李桂林:《日本政府间事权划分的考察报告》,载《经济社会体制比较》2007 年第 2 期。

43. 任广浩:《国家权力纵向配置的法治化选择——以中央与地方政府间事权划分为视角的分析》,载《河北法学》2009 年第 5 期。

44. 张晓宁:《论重构中央与地方政府事权划分的法治化路径》,载《中共南昌市委党校学报》2015 年第 5 期。

45. 杨苏琳:《关于政府间事权划分存在问题及对策思考》,载《学理论》2014 年第 14 期。

46. 白宇飞、张紫娟:《地方政府非税收入困态摆脱路径研究》,载《财政研究》2015 年第 9 期。

47. 李勇辉、林森:《政府非税收入及其治理研究》,载《吉首大学学报(社会科学版)》2018 年第 1 期。

48. 谭立:《政府非税收入设立权及其配置》,载《社会科学战线》2015 年第 11 期。

49. 刘晓峰、邵冰、姜竹:《税收收入与非税收入的规模与规范化分析》,载《物流科技》2005 年第 10 期。

50. 吴礼民:《论权责对等原则》,载《经济管理》2000 年第 7 期。

51. 王宏霞、马宗平:《加强非税收入管理的几点建议》,载

《财会研究》2010 年第 4 期。

52. 聂少林:《地方政府非税收入现状、问题及管理创新》,载《社会科学辑刊》2011 年第 1 期。

53. 冉富强:《地方自主权基本构造的缺位与补正——以中央与地方财政关系法治化为目标》,载《政治与法律》2019 年第 2 期。

54. 张学博:《中国税收立法的历史观察(1977—2015)——从集权角度切入》,载《兰州学刊》2018 年第 4 期。

55. 姜峰:《人大授权立法与财政民主价值的流失》,载《国家检察官学院学报》2018 年第 1 期。

56. 贾小雷:《我国非税收入法律规制与国家财权治理的现代化》,载《法学论坛》2017 年第 4 期。

57. 武玉坤:《中国地方政府非税收入汲取研究——一个财政社会学分析框架》,载《贵州社会科学》2015 年第 10 期。

58. 吴国平、常永涛、黄燕:《税收立法权划分的研究》,载《财经理论与实践》2001 年第 5 期。

59. 徐键:《分权改革背景下的地方财政自主权》,载《法学研究》2012 年第 3 期。

60. 刘勇政、冯海波:《中国的财政分权与政府信任》,载《政治学研究》2015 年第 1 期。

61. 周旺生:《关于中国立法程序的几个基本问题》,载《中国法学》1995 年第 2 期。

62. 财政部财政科学研究所课题组:《我国公共财政框架下财政监督问题的研究》,载《财政研究》2003 年第 10 期。

63. 杨敬之:《论税收立法权的宪法规制——以税收两大基本原则为视角》,中国政法大学 2009 年硕士学位论文。

64. 李冬梅:《我国发行地方公债的新制度经济学分析》,载《财经问题研究》2005 年第 2 期。

65. 熊伟:《财政分税制与地方预算自主权》,载《武汉大学学报(哲学社会科学版)》2015 年第 3 期。

66. 齐海鹏、刘春风:《发行地方公债的必要性及制度约束》,载《地方财政研究》2004 年第 2 期。

67. 韦森:《财权制衡与中国改革》,载《国际融资》2013 年第 9 期。

68. 刘家义:《论国家治理与国家审计》,载《中国社会科学》2012 年第 6 期。

69. 曾凡证:《加强人大对预算执行监督的路径》,载《法学》2017 第 12 期。

70. 宁立成、张兰兰:《论我国财政支出监督法律制度的改革》,载《江西社会科学》2014 年第 1 期。

71. 赵立韦、邵建斌:《从"广东现象"看如何加强预算监督》,载《人大研究》2004 年第 4 期。

72. 王桦宇:《治国理政、财税改革与法治图景——中国语境下财税法律制度之建构》,载《北华大学学报(社会科学版)》2014 年第 1 期。

73. 陈少英:《可持续的地方税体系之构建——以税权配置为视角》,载《清华法学》2014 年第 5 期。

74. 施正文:《我国建立纳税人诉讼的几个问题》,载《中国法学》2006 年第 5 期。

75. 陈党:《行政责任追究制度与法治政府建设》,载《山东大学学报(哲学社会科学版)》2017 年第 3 期。

76. 曾茂元:《论审计决定行政救济途径的完善》,广东财经大学 2016 年硕士学位论文。

77. 刘剑文、熊伟:《预算审批制度改革与中国预算法的完善》,载《法学家》2001 年第 6 期。

78. 吕炜、王伟同:《发展失衡、公共服务与政府责任——基于政府偏好和政府效率视角的分析》,载《中国社会科学》2008 年第 4 期。

79. 刘晓静:《浅析分权改革背景下的地方财政自主权》,载《时代金融(中旬)》2015 年第 12 期。

80. 李翰林:《政府事权配置的制度困境与优化路径》,载《广西政法管理干部学院学报》2018 年第 4 期。

81. 刘尚希等:《明晰支出责任:完善财政体制的一个切入点》,载《经济研究参考》2012 年第 40 期。

82. 王曙光、王丹莉:《财政体制变迁 40 年与现代化国家治理模式构建——从正确处理中央与地方关系的角度》,载《长白学刊》2018 年 5 期。

83. 黄海鹰:《中央和地方事权与财权的法律划分》,载《东北财经大学学报》2006 年第 4 期。

84. 李友根:《论法治国家建设中的科学立法——学习〈中共中央关于全面推进依法治国若干重大问题的决定〉的一点思考》,载《江苏社会科学》2015 年第 1 期。

85. 章彤:《我国赋予地方举债权研究》,湖南大学 2012 年硕士学位论文。

86. 李楠楠:《论优化中央与地方税收授权立法的法治路径》,载《北方法学》2018 年第 5 期。

87. 杨志强、李娜:《税收授权立法问题探析》,载《法学杂志》2013 年第 11 期。

88. 徐仁辉:《多层级治理与财政收支划分》,载《财税研究》2007 年第 2 期。

89. 付文林、赵永辉:《财政转移支付与地方征税行为》,载《财政研究》2016 年第 6 期。

90.《中央与地方财政分权——中国经验、问题与出路》,载《政法论坛》2011 年第 5 期。

91. 黄韬:《央地关系视角下我国地方债务的法治化变革》,载《法学》2015 年第 4 期。

92. 高奎明:《地方政府发行公债的思考》,载《东北财经大学学报》2006 年第 4 期。

93. 金大卫:《我国地方政府发债:制度根源、风险控制、法律规范》,载《财政研究》2010 年第 1 期。

94. 晁茹:《中央与地方财政分权法律制度研究》,沈阳师范大学 2017 年硕士学位论文。

四、英文文献

1. Richard Nasgrwe, *Who should Tax, Where and What*? In Tax Assignment in Federal Countris by C. E. Mclure, 1983.

2. David N. Myman, *Public Finance: A Contemporary of Theroy to Practice*, 2nd edlition, The Dryden Press, Chciago, 1987.

3. Mark Schacter, *When Accountability Fails: A Framework for Diagnosis and Action*, Policy Brief No. 9, May 2000, 1.

4. Tiebout & Charles M., *A Pure Theory of Local Expenditures*, Journal of Political Economics, Vol. 64,1956.

5. Bagehot, *The English Constitution*, Cambridge University Press,2001.

6. Dennis C. Mueller, *Public Choice*, *Cambridge*, New York: Cambridge University Press,2003.

7. Kam C. A. D., *Taxing Powers of States and Local Governments*, Oecd Tax Policy Studies,1999.

8. Junghun Kim, *Tax Reform Issues in Korea*, Journal of Asian Economics 16,2015.

后 记

财政立法权纵向配置事关财政体制、立法体制和国家结构形式，需要从多视角对其进行研究，本书对我国财政立法权纵向配置的现状与存在的问题进行分析，对域外财政立法权的纵向配置进行探讨，提出我国财政立法权纵向配置的基本原则和具体构想。全书共五章，宁立成撰写第一、五章，共16.6万字；杨在平撰写第二、三、四章，共16.1万字。

本书得以付梓，要感谢南昌大学法学院和社科处领导们的关心、指导和支持，特别是杨峰院长的大力支持，感谢南昌大学法学院的资助，感谢法律出版社李军老师的专业指导和悉心编辑，感谢龚丹丹、江涯、濮佳珍、金楚悦和殷乐等同学在搜集整理文献资料、翻译外文资料、校对书稿中所做的大量工作！

宁立成　杨在平

2023年10月